최신판 2025
저자직강 동영상 강의
이패스비즈
www.epassbiz.com

ASSOCIATE
AI Certificate for Everyone
AICE

10회차 수록

이패스
AI 능력시험
AICE
ASSOCIATE

실전모의고사 10

데이터사이언티스트
신성진 & 김용재 저

이패스TV
YOUTUBE 채널

✓ 14개의 유형별 출제경향 분석 수록
✓ 최신 기출문제를 반영한 실전모의고사 10회 수록
✓ 유형별 핵심이론 및 필수 문법 수록

epasskorea

데이터, 이제는 AI로 말하는 시대

우리는 데이터의 홍수 속에서 살고 있습니다. 하루에도 수없이 쏟아지는 정보 속에서 의미 있는 가치를 발견하고, 미래를 예측하며, 현명한 결정을 내리는 능력은 이제 개인과 기업의 핵심 경쟁력이 되었습니다. 그리고 그 중심에는 바로 인공지능(AI)이 있습니다.

이 책의 저자들은 전작 『2025 이패스 AI능력시험 AICE Associate』를 통해 파이썬의 기초부터 차근차근 데이터 분석의 세계로 입문하는 길을 안내해 드렸습니다. 파이썬이라는 언어의 문법을 익히고, 데이터 분석의 기초 체력을 기르는 정통적인 학습 과정이었습니다.

왜 또 다른 AICE Associate 수험서인가?

AICE Associate 자격시험은 단순히 파이썬 문법을 아는지를 묻지 않습니다. 실제 현장에서 마주할 법한 데이터를 가지고 전처리, 모델링, 평가, 예측에 이르는 데이터 분석의 전 과정을 수행할 수 있는 '실무 역량'을 검증합니다.

최근 데이터 분석을 공부하는 학생, 직장인, 일반인이 많아지면서, 많은 분들이 이미 파이썬 기초나 데이터 분석 경험을 어느 정도 갖추고 계십니다. 이분들에게 필요한 것은 이론의 반복이 아니라, 자신의 지식을 실제 문제에 적용하고 자격증 취득이라는 구체적인 목표를 달성하는 '실전 훈련'입니다.

바로 이 지점에서 이 책, 『이패스 AICE Associate 실전모의고사 10』이 탄생했습니다.

이 책의 특징과 활용법

이 책은 AICE Associate 자격증 취득을 위한 가장 빠른 길을 제시하는 '실전 대비 전략서'입니다.

- **10회 분량의 실전 모의고사**
  중고차 가격 예측, 고객 이탈 예측, 제품 불량 예측 등 실제 현장에서 다루는 다채로운 주제의 데이터를 통해 10번의 완결된 프로젝트를 경험하게 됩니다. 각 회차를 풀어보는 것만으로도 데이터 분석의 전체 흐름을 자연스럽게 체득할 수 있습니다.

- **'문제-해설'의 유기적인 구조**
  단순히 정답 코드만 나열하지 않았습니다. 각 문제가 데이터 분석의 어떤 단계에 해당하는지, 왜 이 코드를 사용해야 하는지, 그리고 이 코드가 어떤 의미를 갖는지 상세한 해설과 핵심 이론을 함께 담았습니다. 문제를 풀고, 해설을 읽는 과정을 통해 흩어져 있던 지식이 하나의 완성된 그림으로 맞춰질 것입니다.

- **초심자를 위한 특별 챕터, '핵심 이론 및 필수 문법 마스터'**
  실전 문제 풀이가 아직 부담스러운 분, 혹은 중간중간 막히는 개념이 있는 분들을 위해 특별 부록을 마련했습니다. 헷갈리는 파이썬 문법부터 데이터 전처리, 머신러닝 및 딥러닝 모델링의 핵심 이론까지, 문제 은행 전체를 아우르는 개념들을 체계적으로 정리했습니다. 이 챕터는 여러분의 든든한 이론적 버팀목이 되어줄 것입니다.

데이터 분석은 자전거 타기와 같습니다.

아무리 이론을 완벽하게 익혀도, 직접 페달을 밟고 넘어지며 균형을 잡아보지 않으면 앞으로 나아갈 수 없습니다. 이 책에 담긴 10번의 실전 프로젝트는 여러분이 넘어지지 않고 데이터 분석이라는 자전거를 능숙하게 탈 수 있도록 돕는 튼튼한 보조 바퀴가 되어줄 것입니다.

부디 이 책을 통해 AICE Associate 자격증 취득이라는 목표를 달성하시는 것은 물론, 데이터를 통해 세상을 읽고 문제를 해결하는 즐거움을 느끼시기를 진심으로 바랍니다.

2025년 9월

저자 신성진, 김용재 드림

일러두기

이 책은 AICE Associate 자격증 취득을 목표로, 이론 학습을 넘어 실전 문제 해결 능력을 기르고자 하는 분들을 위해 탄생했습니다. 단순히 개념을 암기하는 것을 넘어, 실제 데이터를 다루는 전 과정을 직접 경험하며 데이터 분석의 실무 감각을 익힐 수 있도록 10회 분량의 실전 모의고사 형태로 구성되었습니다.

이 책의 구성

실전 모의고사 (10회분): 각 회차는 실제 시험과 동일하게 총 14개의 문항으로 구성되어 있습니다. 데이터 로딩부터 탐색적 데이터 분석(EDA), 전처리, 피처 엔지니어링, 머신러닝 및 딥러닝 모델링, 그리고 성능 평가와 예측에 이르기까지, 하나의 완결된 데이터 분석 프로젝트를 처음부터 끝까지 수행하게 됩니다.

- ### 상세 해설 및 핵심 이론

  모든 문제에는 단순히 정답 코드만 제시하는 것을 넘어, 왜 이 코드를 사용해야 하는지에 대한 상세한 해설과 문제 해결에 필요한 핵심 이론이 함께 수록되어 있습니다. 이를 통해 코드 한 줄 한 줄의 의미를 깊이 있게 이해하고 응용력을 기를 수 있습니다.

- ### 핵심 이론 및 필수 문법 마스터 (특별 챕터)

  10회 분량의 문제 은행 전체를 아우르는 핵심 개념과 헷갈리기 쉬운 파이썬, Pandas, Scikit-learn 문법들을 별도의 챕터로 상세히 정리했습니다. 문제 풀이 중 막히는 부분이 있거나, 특정 개념을 더 깊이 공부하고 싶을 때 찾아보는 참고서처럼 활용하실 수 있습니다.

Jupyter Notebook 실습 파일 제공

이 책의 가장 큰 특징 중 하나는 모든 문제와 해설이 담긴 Jupyter Notebook (.ipynb) 실습 파일을 제공한 다는 점입니다. 독자 여러분은 제공된 파일을 통해 직접 코드를 실행하고, 수정하며, 결과를 바로 확인하는 능동적인 학습을 경험할 수 있습니다.

실습 환경

Jupyter Notebook, JupyterLab, Google Colab 등 .ipynb 파일을 지원하는 모든 환경에서 실습이 가능합니다.

데이터 파일

각 회차별 실습에 필요한 데이터(csv) 파일은 data 폴더 안에 모두 제공됩니다.

학습 방법

먼저 문제만 있는 코드 셀의 답안을 직접 작성해본 뒤, 바로 아래에 있는 해설과 정답 코드를 비교하며 학습하는 것을 추천합니다. 상세한 주석과 이론 설명이 함께 있어, 마치 1:1 과외를 받는 것처럼 효율적인 학습이 가능합니다.

이 책이 AICE Associate 자격증을 준비하는 여러분의 든든한 동반자가 되어주기를 바랍니다. 10번의 실전 프로젝트를 완수하고 나면, 비단 자격증뿐만 아니라 데이터를 다루는 자신감까지 얻게 될 것이라 확신합니다.

Ⅰ. 시험의 전체적인 흐름 (Overall Workflow)

AICE Associate 시험은 하나의 완성된 데이터 분석 프로젝트를 처음부터 끝까지 직접 경험해보는 것과 같습니다. 14개의 문항은 각각의 미션이며, 이 미션들을 순서대로 해결하면 자연스럽게 데이터로 의미 있는 이야기를 만드는 전체 과정을 체험하게 됩니다. 그 흐름을 '요리'에 비유해볼까요?

[1단계 : 재료 준비 – 데이터 확보]

어떤 요리를 할지 정하고, 필요한 재료(데이터 파일)를 가져옵니다.

[2단계 : 재료 탐색 – 탐색 및 시각화 (EDA)]

가져온 재료의 신선도, 맛, 양을 확인합니다. 어떤 재료가 많고 적은지, 재료들끼리 잘 어울리는지(상관관계) 등을 눈으로 보고 맛보며(시각화) 파악하는 과정입니다.

[3단계 : 재료 손질 – 데이터 전처리]

본격적인 요리 전, 재료를 다듬습니다. 흙 묻은 부분을 씻어내고(결측치 처리), 썩은 부분을 도려내며(이상치 제거), 먹기 좋은 크기로 자르고(스케일링), 양념이 잘 배도록 칼집을 냅니다(피처 엔지니어링). 이 단계가 요리의 맛을 좌우하는 가장 중요한 과정일 수 있습니다.

[4단계 : 레시피 개발 – 모델링]

손질된 재료들을 어떤 순서와 비율로 섞을지 '레시피'(알고리즘)를 정하고, 그대로 요리(학습)를 시작합니다.

[5단계 : 맛 평가 – 평가]

완성된 요리의 맛을 봅니다. 우리가 원했던 맛(예측 성능)이 나는지, 너무 짜거나 싱겁지는 않은지(정확도, F1-score 등) 객관적인 기준으로 평가합니다.

[6단계 : 새로운 요리 – 예측]

성공적인 레시피를 바탕으로, 새로운 재료가 들어왔을 때도 맛있는 요리를 만들어낼 수 있는지(새로운 데이터 예측) 실전 테스트를 합니다.

각 문항을 '점수'를 위한 관문으로만 보지 말고, 내가 지금 데이터 요리의 어느 지점에 와 있는지 생각하며 푼다면 훨씬 재미있고 쉽게 학습할 수 있습니다.

II. 문항별 유형 분석 및 파생 문제 예측

각 문항별 핵심 역량, 출제 의도, 파생 문제 예측과 함께 Python 입문자를 위한 대표 예제 코드를 추가하여 이해를 돕습니다.

1. 데이터 준비 및 탐색(1번 ~ 5번)

요리를 시작하기 전, 어떤 재료가 있는지 확인하고 살펴보는 단계입니다.

[1번] 라이브러리 임포트

1. 문제 유형

본격적인 분석을 시작하기 전에, 필요한 분석 도구들을 '작업대' 위로 불러오는 과정입니다. 파이썬에서는 이 도구들을 '라이브러리'라고 부르며, import 명령어로 불러옵니다. 마치 요리를 하기 위해 서랍에서 칼, 도마, 계량컵을 꺼내는 것과 같습니다. 시험에서는 가장 기본적이고 필수적인 도구들을 불러올 수 있는지 확인합니다.

2. 핵심 역량

import 라이브러리이름 as 별명 형태의 코드를 이해하고 작성하는 능력입니다. 'as' 뒤에 붙는 별명은 긴 라이브러리 이름을 짧게 부르기 위한 약속이며, 전 세계 개발자들이 공통적으로 사용하는 관례(예: pandas는 pd로, numpy는 np로)를 따르는 것이 중요합니다. 이는 다른 사람들과 협업할 때 코드를 쉽게 이해하기 위한 예의와도 같습니다.

3. 파생/변형 문제 예측

1) 기본 도구 추가

seaborn 외에 데이터 분석의 3대장인 numpy(숫자 계산 전문), pandas(표 데이터 전문), matplotlib(기본 그래프 전문)을 불러오도록 요구할 수 있습니다.

특정 기능만 불러오기:sklearn이라는 큰 도구 상자에서 '데이터 분리' 기능(train_test_split)만 콕 집어 꺼내오는 것처럼, from 도구상자 import 특정기능 형태의 코드를 요구할 수 있습니다. 이는 작업대를 깔끔하게 쓰기 위해 필요한 도구만 꺼내놓는 것과 같습니다.

4. 학습 전략

"데이터 분석 하려면 이 4개는 무조건 부르고 시작한다"는 느낌으로 import pandas as pd, import numpy as np, import matplotlib.pyplot as plt, import seaborn as sns 코드를 눈과 손에 익혀두세요. 하나의 세트처럼 외워두면 시험장에서 시간을 크게 절약할 수 있습니다.

5. 대표 예제 코드

```
# 데이터 분석의 필수 라이브러리들을 표준 별칭으로 불러옵니다.
# pandas는 데이터프레임(표 형태의 데이터)을 다루는 데 사용됩니다.
import pandas as pd

# numpy는 수치 계산, 특히 배열(행렬) 연산에 사용됩니다.
import numpy as np

# matplotlib.pyplot은 데이터 시각화(그래프)의 기본 도구입니다.
import matplotlib.pyplot as plt

# seaborn은 matplotlib을 기반으로 더 아름답고 통계적인 그래프를 쉽게 그릴 수 있게 도와줍니다.
import seaborn as sns
```

[2번] 데이터 로딩

1. 문제 유형

데이터 분석의 진짜 시작점입니다. 컴퓨터에 파일 형태로 저장된 데이터(주로 CSV 파일)를 파이썬이 다룰 수 있는 '표(DataFrame)' 형태로 읽어오는 과정입니다. DataFrame은 단순한 표가 아니라, 정렬, 계산, 그룹화 등 다양한 기능을 가진 '슈퍼 엑셀 시트'라고 생각하면 좋습니다. 이 과정이 성공해야만 데이터의 내용을 들여다보고 분석을 시작할 수 있습니다.

2. 핵심 역량

pd.read_csv('파일이름.csv') 명령어를 정확히 사용하는 능력입니다. 컴퓨터에게 "이 이름의 CSV 파일을 읽어서, df라는 변수에 저장해줘" 라고 지시하는 것과 같습니다. 파일 이름과 변수명을 문제에서 제시한 대로 정확히 쓰는 것이 중요합니다. 사소한 오타 하나로도 에러가 발생할 수 있습니다.

3. 파생/변형 문제 예측

1) 한글 깨짐 문제

데이터를 열었는데 '고객명' 같은 한글이 'Ä§ ́명'처럼 외계어로 보일 때가 있습니다. 이는 파일이 저장된 방식(인코딩)이 파이썬이 읽는 방식과 달라서 생기는 문제입니다. 이때 encoding='cp949' (주로 윈도우 환경에서 만든 한글 파일) 또는 encoding='utf-8'(주로 웹이나 macOS/Linux 환경에서 만든 파일) 옵션을 추가해 해결하도록 요구할 수 있습니다.

2) 구분자 변경 문제

CSV는 'Comma(쉼표)로 분리된 값'이라는 뜻이지만, 가끔 쉼표 대신 다른 기호(탭, 세미콜론 등)로 값이 나뉜 파일도 있습니다. 이때 sep='\t'(탭으로 분리된 경우)처럼 구분 기호를 직접 지정해주는 옵션을 아는지 물어볼 수 있습니다.

4. 학습 전략

Pandas 공식 문서에서 read_csv를 찾아보되, 모든 옵션을 다 외울 필요는 없습니다. 시험에 자주 나올 수 있는 filepath_or_buffer(파일 경로), sep(구분자), encoding(인코딩 방식) 파라미터 위주로 예제를 한 번씩 눈에 익혀두는 것이 효율적입니다. df.head()로 상위 5개 행을 출력해보는 것은 데이터를 제대로 불러왔는지 확인하는 가장 기본적이고 중요한 습관입니다.

5. 대표 예제 코드

```python
# 파일 경로를 지정합니다. 시험에서는 보통 파일명만 쓰면 됩니다.
file_path = 'your_data.csv'

# pd.read_csv() 함수를 사용해 CSV 파일을 읽어와 DataFrame 변수에 저장합니다.
# df라는 변수명은 dataframe의 약자로 관례적으로 많이 사용됩니다.
df = pd.read_csv(file_path)

# 만약 한글이 깨진다면 encoding 옵션을 추가해야 할 수 있습니다.
# df = pd.read_csv(file_path, encoding='cp949')

# 데이터의 첫 5행을 출력하여 잘 불러왔는지 확인합니다.
print(df.head())
```

[3번] 상관관계 분석 및 시각화

1. 문제 유형

데이터의 여러 숫자 항목들 사이에 어떤 관계가 있는지 한눈에 파악하는 과정입니다. 예를 들어 '광고비'와 '매출'처럼 하나가 커질 때 다른 하나도 커지는지(양의 상관), 아니면 '운동 시간'과 '체지방률'처럼 하나가 커질 때 다른 하나는 작아지는지(음의 상관) 등을 분석합니다. 히트맵(Heatmap)은 이 관계의 강도를 색깔로 보여주어, 마치 날씨 예보의 기온 분포도처럼 데이터의 '뜨겁고 차가운' 관계를 직관적으로 보여주는 유용한 시각화 도구입니다.

2. 핵심 역량

① 숫자 데이터들 간의 상관관계를 계산하는 .corr() 함수를 사용할 줄 알고, ② 그 결과를 seaborn.heatmap()으로 시각화할 줄 알며, ③ 시각화된 그래프를 보고 "어떤 항목끼리 관계가 깊구나"를 해석할 수 있는 능력입니다. annot=True 옵션은 히트맵에 실제 상관계수 값을 표시해줘서 해석을 쉽게 도와주는 중요한 옵션이며, cmap 옵션으로 색상 테마를 바꿀 수도 있습니다.

3. 파생/변형 문제 예측

   1) 주관식 변형

      "상관계수가 가장 높은(또는 낮은) 두 변수의 조합을 직접 찾아 변수에 저장하세요" 와 같이, 그래프 해석을 넘어 코드 작성을 통해 답을 찾도록 요구할 수 있습니다. 이는 시각적 판단뿐만 아니라 코드를 통한 데이터 핸들링 능력까지 평가하는 것입니다.

   2) 다른 데이터 시각화

      상관관계가 아닌 다른 집계 데이터(예: 월별/카테고리별 매출액)를 pivot_table로 만든 후, 이를 히트맵으로 시각화하라는 응용 문제가 나올 수 있습니다. 이는 히트맵이 단지 상관관계뿐만 아니라 다양한 2차원 데이터를 시각화하는 데 쓰일 수 있음을 아는지 확인하는 문제입니다.

4. 학습 전략

   상관계수는 +1에 가까울수록(진한 빨간색 계열) 강한 양의 관계(정비례), -1에 가까울수록(진한 파란색 계열) 강한 음의 관계(반비례), 0에 가까울수록(옅은 색) 관계가 없다는 점을 명확히 이해해야 합니다. Seaborn 예제 갤러리에서 다양한 히트맵 예제를 보며 색상과 값의 관계를 눈에 익히는 것이 좋습니다. 상관관계를 보는 이유는, 나중에 모델을 만들 때 서로 너무 비슷한 변수들은 하나만 넣는 등(다중공선성 문제 방지)의 판단을 하기 위해서이기도 합니다.

5. 대표 예제 코드

```python
# 분석하고 싶은 수치형 컬럼들의 리스트를 정의합니다.
numeric_features = ['feature1', 'feature2', 'feature3', 'target']

# 해당 컬럼들만 선택하여 상관계수 행렬을 계산합니다.
correlation_matrix = df[numeric_features].corr()

# 히트맵을 그릴 그래프 크기를 설정합니다.
plt.figure(figsize=(10, 8))

# seaborn의 heatmap 함수로 시각화합니다.
# annot=True 옵션은 각 셀에 숫자(상관계수)를 표시해줍니다.
sns.heatmap(correlation_matrix, annot=True, cmap='coolwarm')
plt.title('Feature Correlation Heatmap')
plt.show()
```

[4번] 범주형 변수에 따른 연속형 변수 분포 시각화

1. 문제 유형

'성별'(남/여)이나 '고객 등급'(VIP/Gold/Silver) 같은 범주형 데이터에 따라, '구매 금액'이나 '사이트 체류 시간' 같은 연속형 데이터가 어떻게 다르게 나타나는지 비교하는 문제입니다. Boxplot은 각 그룹의 데이터 분포(최솟값, 25% 지점, 중앙값, 75% 지점, 최댓값)를 상자 모양으로 요약해서 보여주어 그룹 간 비교를 쉽게 해줍니다. 상자의 길이가 짧을수록 데이터가 중앙에 밀집되어 있고, 길수록 넓게 퍼져있음을 의미합니다.

2. 핵심 역량

seaborn.boxplot() 함수의 주요 파라미터(x, y, hue, data)에 어떤 컬럼명을 넣어야 하는지 정확히 아는 능력입니다. 또한, 그려진 박스플롯을 보고 "A 그룹이 B 그룹보다 중앙값이 높구나", "C 그룹은 값의 편차가 매우 크구나(상자가 길구나)", "D 그룹에는 유독 튀는 값(이상치, outlier)이 많구나" 와 같이 의미 있는 해석을 할 수 있어야 합니다.

3. 파생/변형 문제 예측

1) 다른 그래프 요구

Boxplot 대신 countplot(각 범주에 데이터가 몇 개 있는지 막대그래프로 표시)이나 barplot(각 범주의 평균값을 막대그래프로 표시)처럼 다른 종류의 범주형 그래프를 그리도록 요구할 수 있습니다. 각 그래프는 서로 다른 질문에 답하므로, 문제의 요구사항을 정확히 파악해야 합니다.

2) 관계 시각화

두 숫자 데이터 간의 관계를 점으로 표현하는 scatterplot을 그리고, 그 위에 추세선(회귀선)을 추가하는 regplot을 통해 데이터의 경향성을 파악하는 문제가 나올 수 있습니다. 이는 변수 간의 선형적 관계를 시각적으로 확인하는 데 유용합니다.

4. 학습 전략

Seaborn 공식 사이트의 예제 갤러리에서 'Categorical plots' 부분을 집중적으로 보세요. 각 그래프가 어떤 질문에 답하기 위해 사용되는지(예: countplot은 "어떤 그룹이 가장 많은가?", boxplot은 "그룹별로 값의 분포가 어떻게 다른가?")를 이해하는 것이 중요합니다. 특히 박스플롯의 각 부분이 무엇을 의미하는지(상자 하단: 1사분위수, 상자 안 선: 중앙값, 상자 상단: 3사분위수)를 명확히 알아두어야 객관식 문제에서 함정에 빠지지 않습니다.

5. 대표 예제 코드

```
# 그래프 크기를 설정합니다.
plt.figure(figsize=(12, 6))

# boxplot을 그립니다.
# data: 사용할 전체 데이터프레임
# x: x축에 놓을 범주형 변수 컬럼명
# y: y축에 놓을 연속형 변수 컬럼명
# hue: 추가로 그룹을 나누어 색상으로 구분할 범주형 변수 컬럼명
sns.boxplot(data=df, x='category_features', y='numeric_features',
 hue='target_variable')
plt.title('Distribution of Numeric Feature by Category')
plt.show()
```

[5번] 데이터 집계(Aggregation)

1. 문제 유형

데이터를 특정 기준(예: 고객 등급별, 상품 카테고리별)으로 그룹으로 묶은 뒤, 각 그룹에 대한 통계치 (평균, 합계, 개수 등)를 계산하는, 매우 실용적이고 중요한 기능입니다. "VIP 고객들의 평균 구매액은 얼마일까?", "어떤 카테고리의 상품이 가장 많이 팔렸을까?" 와 같은 비즈니스 질문에 직접적인 답을 줄 수 있는 강력한 도구입니다.

2. 핵심 역량

df.groupby('그룹화할기준컬럼')['계산할대상컬럼'].계산방식() 이라는 코드 패턴을 자유자재로 사용할 수 있는 능력입니다. 예를 들어, df.groupby('고객등급')['구매액'].mean() 코드는 "데이터프레임(df)을 '고객등급'으로 그룹화하고, 각 그룹의 '구매액'에 대한 평균(mean)을 구해줘" 라는 의미입니다. 이 패턴만 잘 이해해도 데이터 분석의 절반은 할 수 있다고 할 정도로 중요합니다.

3. 파생/변형 문제 예측

1) 다중 그룹화

'고객 등급'과 '성별'을 동시에 고려하여 그룹을 더 잘게 나누는 것처럼, groupby(['컬럼1', '컬럼2']) 형태로 여러 기준을 적용하도록 요구할 수 있습니다. 이는 더 세분화된 분석을 가능하게 합니다.

2) 다중 집계

각 그룹에 대해 평균뿐만 아니라 합계, 개수, 최댓값 등을 한 번에 계산하는 .agg(['mean', 'sum', 'count']) 함수의 사용법을 물어볼 수 있습니다. 이는 여러 통계치를 한눈에 비교하고 싶을 때 유용합니다.

결과에서 값 찾기: 집계 결과표에서 "평균 구매액이 가장 높은 고객 등급은 무엇인가?"를 찾기 위해 .idxmax() 함수를, 가장 낮은 등급을 찾기 위해 .idxmin() 함수를 사용하는 심화 문제로 연결될 수 있습니다.

4. 학습 전략

Pandas 공식 문서의 "Group by: split-apply-combine" 파트는 데이터 분석의 꽃이라 불릴 만큼 중요합니다. 이 부분의 예제들을 직접 따라 쳐보며 '데이터를 쪼개고(split), 각 그룹에 함수를 적용하고(apply), 결과를 다시 합친다(combine)'는 개념을 몸으로 익히는 것이 좋습니다. groupby는 단순히 평균만 구하는 것이 아니라, 데이터를 탐색하고 인사이트를 발견하는 핵심적인 과정임을 이해해야 합니다.

5. 대표 예제 코드

```python
# 'category_feature' 컬럼을 기준으로 데이터를 그룹화하고,
# 'numeric_feature1'과 'numeric_feature2'의 평균을 계산합니다.
grouped_data = df.groupby('category_feature')[['numeric_feature1', 'numeric_feature2']].mean()
print(grouped_data)

# 집계 결과에서 가장 큰 값을 가진 그룹의 이름을 찾을 수도 있습니다.
# 예: numeric_feature1의 평균이 가장 높은 category_feature 찾기
answer = grouped_data['numeric_feature1'].idxmax()
print(f"가장 평균이 높은 그룹: {answer}")
```

2. 데이터 전처리 및 피처 엔지니어링(6번 ~ 9번)

본격적인 요리를 위해 재료를 다듬는 과정입니다. 지저분한 부분을 잘라내고, 먹기 좋은 크기로 썰고, 양념이 잘 배도록 준비하는 단계로, 모델의 성능에 직접적인 영향을 미치는 매우 중요한 파트입니다.

[6번] 데이터 정제(Cleaning)

1. 문제 유형

데이터에 포함된 불필요한 정보(예: 분석에 사용하지 않을 고객 ID 컬럼)를 제거하거나, 잘못된 값(예: 숫자여야 할 '나이' 컬럼에 들어간 '모름'이라는 문자)을 올바르게 수정하고, 데이터의 형식을 통일시키는 '청소' 작업입니다. 데이터 분석가의 업무 중 가장 많은 시간을 차지하지만, 그만큼 모델의 성능을 결정짓는 중요한 과정입니다.

2. 핵심 역량

① 컬럼을 삭제하는 .drop(),

② 특정 값을 다른 값으로 바꾸는 .replace(),

③ 데이터의 종류(타입)를 바꾸는 .astype() 함수의 사용법을 정확히 아는 것입니다. 예를 들어, '1,000원'이라고 저장된 값을 쉼표와 '원'을 제거하고 숫자 1000으로 바꾸는 작업, '성별' 컬럼의 '남'/'여'를 1/0으로 바꾸는 작업 등이 모두 여기에 해당합니다.

3. 파생 / 변형 문제 예측

1) 문자열 처리 심화

'2023-01-01' 같은 날짜 형식의 문자열에서 '년도'만 추출하는 것처럼, .str 접근자를 사용한 복잡한 문자열 처리(자르기, 바꾸기, 특정 문자 포함 여부 확인 등)를 요구할 수 있습니다.

2) 범주형 데이터 변환

'남/여' 또는 'Y/N'과 같은 문자형 데이터를 모델이 이해할 수 있도록 숫자(예: 1/0)로 바꾸는 .map() 함수나, 여러 범주(예: '서울', '부산', '인천')를 0, 1, 2 와 같이 자동으로 숫자로 바꿔주는 LabelEncoder의 사용을 직접 코딩하도록 요구할 수 있습니다.

4. 학습 전략

"내가 가진 데이터를 모델이 좋아하는 깔끔한 숫자 형태로 어떻게 바꿀 수 있을까?"를 항상 고민하는 것이 좋습니다. Pandas 공식 문서의 "Working with text data" 섹션에서 다양한 문자열 처리 함수들을 익혀두면 큰 도움이 됩니다. 특히 .str.replace(), .str.split(), .str.contains() 등은 실무에서도 매우 유용하게 쓰입니다.

5. 대표 예제 코드

```python
# 원본 데이터프레임을 복사하여 전처리용 데이터프레임을 만듭니다.
df_clean = df.copy()

# 1. 불필요한 'unnecessary_column' 컬럼을 삭제합니다. (axis=1은 컬럼을 의미)
df_clean = df_clean.drop('unnecessary_column', axis=1)

# 2. 'price' 컬럼에서 쉼표(,)를 제거하고, 데이터 타입을 숫자로 변경합니다.
df_clean['price'] = df_clean['price'].str.replace(',', '').astype(int)

# 3. 'gender' 컬럼의 'Male'/'Female'을 1/0으로 변경합니다.
df_clean['gender'] = df_clean['gender'].map({'Male': 1, 'Female': 0})

print(df_clean.head())
print(df_clean.info()) # 데이터 타입 변경 확인
```

[7번] 결측치 처리

1. 문제 유형

데이터 수집 과정에서 누락된 값, 즉 비어있는 칸(결측치, NaN)을 처리하는 문제입니다. 비어있는 칸이 있으면 모델이 수학 계산을 할 수 없어 에러를 일으키거나, 데이터의 분포를 왜곡시켜 성능이 저하될 수 있으므로, 적절한 값으로 채워주어야 합니다. 마치 설문조사에서 응답하지 않은 항목을 어떻게 처리할지 결정하는 것과 같습니다.

2. 핵심 역량

① .isnull().sum() 코드로 어떤 컬럼에 결측치가 몇 개 있는지 확인하는 능력,
② .fillna(채울값) 코드로 결측치를 특정 값(가장 간단하게는 0)으로 채우는 능력입니다. 어떤 컬럼에 얼마나 많은 결측치가 있는지 먼저 파악하는 것이 처리 방향을 결정하는 첫걸음입니다.

3. 파생/변형 문제 예측

1) 통계값으로 채우기

무조건 0으로 채우는 대신, 해당 컬럼의 '평균값'(.mean())이나 '중앙값'(.median()) 같은 대표값으로 채우도록 요구할 수 있습니다. 이는 데이터의 전체적인 분포를 덜 왜곡시키는 합리적인 방법입니다. 특히, 나이처럼 이상치(outlier)가 있을 수 있는 데이터는 평균보다 중앙값이 더 안정적인 대표값이 될 수 있습니다.

2) 행 삭제

결측치가 너무 많거나(예: 50% 이상) 중요하지 않은 행일 경우, .dropna() 함수를 사용해 해당 행 전체를 삭제하도록 요구할 수 있습니다. 단, 이 방법은 소중한 데이터를 버리는 것이므로 신중하게 사용해야 합니다.

4. 학습 전략

결측치를 처리하는 방법은 정답이 없습니다. "왜 0으로 채워야 할까?", "왜 평균값으로 채워야 할까?" 등 각 방법의 장단점을 생각해보는 것이 중요합니다. 예를 들어, '자녀 수' 컬럼의 결측치를 평균값인 '1.8명'으로 채우는 것은 비상식적이므로, 0이나 최빈값으로 채우는 것이 더 합리적일 수 있습니다. Pandas 공식 문서의 "Working with missing data" 섹션에서 다양한 결측치 처리 예제를 확인하세요.

5. 대표 예제 코드

```
# 1. 칼럼별 결측치 개수를 확인합니다.
print("결측치 처리 전:")
print(df.isnull().sum())

# 2. 모든 결측치를 0으로 채웁니다.
df_filled = df.fillna(0)

# (다른 방법) 'age' 칼럼의 결측치는 'age'의 평균값으로 채우기
# age_mean = df['age'].mean()
# df['age'] = df['age'].fillna(age_mean)

# 3. 결측치 처리가 잘 되었는지 다시 확인합니다.
print("\n결측치 처리 후:")
print(df_filled.isnull().sum())
```

[8번] 데이터셋 분리

1. 문제 유형

모델을 '훈련'시키고 '평가'하기 위해 전체 데이터를 두 세트로 나누는 과정입니다. 모든 문제와 답을 미리 보고 시험을 치면 100점을 받겠지만, 그건 진짜 실력이 아니듯, 모델도 마찬가지입니다. 모델에게 공부할 자료(훈련 데이터)와 실력을 테스트할 시험지(검증 데이터)를 따로 주어야 공정한 평가가 가능합니다. 이 과정을 통해 모델이 단순히 데이터를 외운 것인지, 아니면 진짜 패턴을 학습한 것인지 알 수 있습니다.

2. 핵심 역량

sklearn.model_selection.train_test_split 함수를 올바르게 사용하는 능력입니다. 특히 중요한 파라미터는 test_size(시험지의 비율, 보통 0.2~0.3), random_state(나눌 때의 규칙을 고정시켜 매번 똑같이 나뉘게 함), 그리고 stratify=y(훈련/검증 데이터의 정답 비율을 원본과 똑같이 맞춰주는 매우 중요한 옵션)입니다.

3. 파생/변형 문제 예측

1) 회귀 문제

집값 예측과 같은 회귀 문제에서는 정답의 비율이라는 개념이 없으므로 stratify 옵션을 사용하지 않습니다. 문제의 종류(분류/회귀)에 따라 이 옵션을 쓰고 안 쓰고를 판단하는 능력을 물어볼 수 있습니다.

2) 시계열 데이터

주가 예측처럼 시간 순서가 중요한 데이터는 무작위로 섞으면 안 됩니다. 과거 데이터로 미래를 예측해야 하는데, 미래 데이터로 과거를 학습하는 꼴이 될 수 있기 때문입니다. 이때 shuffle=False 옵션을 추가하도록 요구할 수 있습니다.

4. 학습 전략

train_test_split은 머신러닝 프로젝트의 필수 루틴입니다. "문제지(X)와 정답지(y)를 나눈다 → 훈련용과 검증용으로 나눈다"는 흐름을 기억하세요. 특히 stratify=y 옵션의 중요성을 깊이 이해해야 합니다. 예를 들어, 고객 100명 중 이탈 고객이 10명뿐인 데이터에서 무작위로 나누면, 운이 나쁘게도 검증 데이터에 이탈 고객이 한 명도 포함되지 않을 수 있습니다. 그러면 모델은 이탈을 예측하는 능력을 전혀 평가받지 못하게 됩니다. stratify=y는 이런 불상사를 막아줍니다.

5. 대표 예제 코드

```python
from sklearn.model_selection import train_test_split

# 1. Feature(문제지, X)와 Label(정답지, y)을 분리합니다.
# 'target' 컬럼을 예측하는 것이 목표라고 가정합니다.
X = df.drop('target', axis=1) # target 컬럼을 제외한 모든 컬럼
y = df['target']              # target 컬럼

# 2. 훈련 데이터와 검증 데이터로 분리합니다.
# test_size=0.2: 전체 데이터의 20%를 검증용으로 사용
# random_state=42: 매번 동일한 방식으로 데이터를 나누기 위한 시드값
# stratify=y: 훈련/검증 데이터의 타겟 비율을 원본과 동일하게 유지 (분류 문제에서 중요)
X_train, X_valid, y_train, y_valid = train_test_split(X, y, test_size=0.2, random_state=42, stratify=y)

# 분리된 데이터의 크기를 확인합니다.
print("X_train shape:", X_train.shape)
print("X_valid shape:", X_valid.shape)
```

[9번] 데이터 스케일링

1. 문제 유형

데이터의 '단위'를 통일시켜주는 작업입니다. 예를 들어 '연봉'은 천만 원 단위(5000, 8000 등)이고 '나이'는 십 단위(30, 40 등)로 값의 범위(스케일)가 다릅니다. 모델은 값의 크기에 영향을 받기 때문에, 스케일이 큰 '연봉' 변수를 더 중요하다고 착각할 수 있습니다. 스케일링은 모든 변수들이 비슷한 범위의 값을 갖도록 '단위를 맞춰주는' 과정으로, 모델이 모든 변수를 공평하게 바라보고 편견 없이 학습하도록 돕습니다.

2. 핵심 역량

StandardScaler와 같은 스케일러의 올바른 사용법을 아는 것입니다. 가장 중요한 원칙은 훈련 데이터로 규칙을 배우고(fit), 그 규칙을 훈련 데이터와 검증 데이터에 동일하게 적용(transform)하는 것입니다. 그래서 훈련 데이터에는 fit_transform(), 검증 데이터에는 transform()을 사용합니다.

이는 시험(검증 데이터)의 정보를 미리 학습에 반영하지 않기 위한, 데이터 누수(Data Leakage)를 막는 핵심적인 절차입니다. 마치 모의고사(훈련 데이터)의 평균과 표준편차로 내 점수의 위치를 계산하는 법을 배운 뒤, 수능(검증 데이터)에서도 모의고사 때 배운 그 기준으로 점수를 환산하는 것과 같습니다.

3. 파생/변형 문제 예측

1) 다른 스케일러

StandardScaler(평균 0, 표준편차 1로 변환) 대신, 모든 값을 0과 1 사이로 바꿔주는 MinMaxScaler 나 이상치(outlier)의 영향을 덜 받는 RobustScaler를 사용하도록 요구할 수 있습니다.

MinMaxScaler는 이미지 처리에서 픽셀 값을 0~1로 맞출 때 자주 쓰이고, RobustScaler는 데이터에 극단적인 값이 많을 때 유용합니다.

4. 학습 전략

"훈련 데이터로 기준을 잡고(fit), 검증 데이터는 그 기준으로 변환만 한다(transform)"는 원칙을 반드시 기억하세요. fit은 '기준을 잡는 행위', transform은 '기준에 맞춰 변환하는 행위'라고 이해하면 쉽습니다. 만약 검증 데이터에 fit_transform을 또 사용한다면, 이는 검증 데이터의 평균과 표준편차라는 '미래 정보'를 미리 엿보는 것과 같아서 모델의 성능이 과대평가되는 심각한 오류를 낳습니다. Scikit-learn 공식 문서의 "Preprocessing data" 섹션에서 각 스케일러가 데이터를 어떻게 변환하는지 그림으로 확인하면 이해에 도움이 됩니다.

5. 대표 예제 코드

```
from sklearn.preprocessing import StandardScaler

# 1. 스케일러 객체를 생성합니다.
scaler = StandardScaler()

# 2. 훈련 데이터(X_train)를 이용해 스케일링 규칙을 학습(fit)하고, 바로 적용(transform)합니다.
X_train_scaled = scaler.fit_transform(X_train)

# 3. 검증 데이터(X_valid)에는 훈련 데이터에서 학습한 규칙을 그대로 적용(transform)만 합니다.
# (주의!) 여기서 fit_transform을 다시 사용하면 안 됩니다.
X_valid_scaled = scaler.transform(X_valid)

# 스케일링 후 데이터는 numpy 배열(array) 형태가 됩니다.
print("Original data sample:\n", X_train.head(1))
print("\nScaled data sample:\n", X_train_scaled[0])
```

3. 머신러닝 & 딥러닝 모델링 및 평가(10번 ~ 14번)

잘 다듬어진 재료를 가지고 드디어 요리(모델링)를 하고, 맛을 평가하며, 새로운 손님에게 음식을 내어주는 마지막 단계입니다.

[10번 & 11번] 머신러닝 모델 학습 및 특성 중요도 분석

1. 문제 유형

잘 준비된 데이터를 가지고 실제로 예측 모델을 만드는 과정입니다. 시험에서는 RandomForest나 XGBoost처럼 성능이 좋다고 알려진 유명한 모델(레시피)을 사용법에 맞게 만들고, 훈련 데이터로 학습(fit)시키도록 요구합니다.

RandomForest는 여러 개의 작은 의사결정나무를 만들어 다수결로 결정하는 '집단 지성' 모델이고, XGBoost는 이전 나무의 실수를 보완하는 방식으로 똑똑한 나무를 연속해서 만드는 '엘리트 교육' 모델이라고 비유할 수 있습니다.

11번 문제는 더 나아가, 학습된 모델에게 "어떤 재료(특성)가 예측에 가장 큰 영향을 미쳤니?"라고 물어보는 .feature_importances_ 기능을 확인합니다.

2. 핵심 역량

① sklearn이나 xgboost 라이브러리에서 원하는 모델을 불러와, 문제에서 제시한 옵션(하이퍼파라미터)에 맞춰 객체를 생성하는 능력,

② model.fit(훈련문제지, 훈련정답지) 코드로 모델을 학습시키는 능력,

③ 학습 후 .feature_importances_ 속성을 통해 어떤 변수가 중요한지 확인하는 능력입니다. 이 특성 중요도는 모델의 예측 근거를 설명해주므로, 단순히 예측만 하는 '블랙박스' 모델을 넘어 비즈니스에 실질적인 인사이트를 제공할 수 있게 해줍니다.

3. 파생/변형 문제 예측:

1) 다른 모델 사용

RandomForest 외에 LogisticRegression(가장 기본적인 분류 모델), DecisionTreeClassifier(의사결정나무) 등 다른 종류의 분류 모델을 사용하도록 요구할 수 있습니다.

2) 회귀 문제로 변경

고객의 이탈 여부(분류)가 아닌, 내년 예상 매출액(회귀)을 예측하는 문제가 나온다면 RandomForestRegressor, XGBRegressor 등 이름에 'Regressor'가 붙은 회귀 모델을 사용해야 합니다. 모델의 종류가 문제의 종류(분류/회귀)에 따라 달라진다는 점을 아는 것이 중요합니다.

4. 학습 전략

각 모델의 이름과 그것이 '분류용'인지 '회귀용'인지를 짝지어 알아두는 것이 좋습니다. 모든 하이퍼파라미터를 외울 필요는 없고, 문제에서 주어지는 n_estimators(나무 개수), max_depth(나무 깊이) 등 자주 나오는 옵션 위주로 눈에 익혀두세요. 특성 중요도를 확인하는 것은 모델의 성능뿐만 아니라 '설명 가능성' 측면에서도 매우 중요하므로, 이 부분의 코드는 꼭 숙지해두는 것이 좋습니다.

5. 대표 예제 코드

```python
from sklearn.ensemble import RandomForestClassifier

# 1. 지정된 하이퍼파라미터로 랜덤 포레스트 모델 객체를 생성합니다.
model_rf = RandomForestClassifier(n_estimators=100, max_depth=5, random_state=42)

# 2. 스케일링된 훈련 데이터로 모델을 학습시킵니다.
model_rf.fit(X_train_scaled, y_train)

# 3. (11번 유형) 학습된 모델의 특성 중요도를 확인합니다.
importances = model_rf.feature_importances_
feature_names = X.columns # 원래 컬럼 이름
```

```
# 특성 중요도를 데이터프레임으로 만들어 보기 쉽게 정렬합니다.
feature_importance_df = pd.DataFrame({'feature': feature_names, 'importance': importances})
feature_importance_df = feature_importance_df.sort_values(by='importance', ascending=False)

print(feature_importance_df)
```

[12번] 모델 성능 평가

1. 문제 유형

열심히 만든 모델이 얼마나 똑똑한지 '성적'을 매겨보는 단계입니다. 미리 떼어놓았던 '검증 데이터'(시험지)로 예측을 시켜본 뒤(predict), 실제 정답과 얼마나 일치하는지 여러 기준으로 채점합니다. 이 평가를 통해 우리 모델이 실전에 투입될 준비가 되었는지, 아니면 더 개선이 필요한지 판단할 수 있습니다.

2. 핵심 역량

① model.predict(검증문제지) 코드로 예측 결과를 얻는 능력,
② sklearn.metrics 라이브러리의 다양한 평가 함수(예: accuracy_score, f1_score)를 사용하여 (실제 정답, 예측결과) 순서로 값을 넣어 성능을 계산하는 능력입니다. 인자의 순서가 바뀌면 결과가 달라지거나 에러가 날 수 있으므로 (실제값, 예측값) 순서를 꼭 지켜야 합니다.

3. 파생/변형 문제 예측

1) 다른 평가 기준

accuracy(정확도)는 가장 직관적이지만, 정답이 한쪽으로 쏠린 데이터(예: 99%가 정상, 1%가 불량)에서는 성능을 제대로 나타내지 못할 수 있습니다. (무조건 '정상'이라고만 예측해도 정확도가 99%가 나오기 때문) 이때 모델의 '정밀함'을 보는 precision(모델이 '불량'이라고 한 것 중 진짜 '불량'의 비율)이나, '빠짐없이 잘 찾아내는지'를 보는 recall(실제 '불량' 중 모델이 '불량'이라고 찾아낸 비율), 이 둘을 종합한 f1_score 등 다른 평가 지표를 계산하도록 요구할 수 있습니다.

2) 회귀 문제 평가

예측값이 숫자인 회귀 문제에서는 '얼마나 틀렸는지'를 측정하는 mean_squared_error(MSE, 오차 제곱의 평균)나, 실제값의 분산을 얼마나 잘 설명하는지를 나타내는 r2_score(1에 가까울수록 좋음) 같은 회귀용 평가 지표를 사용해야 합니다.

4. 학습 전략

"Accuracy is not enough!" (정확도만으로는 충분하지 않다)라는 말을 기억하세요. 내가 푸는 문제가 어떤 종류이고(스팸 메일 필터링? 암 진단?), 데이터가 어떤 특징을 가졌는지에 따라 적절한 평가 지표가 달라진다는 점을 이해하는 것이 중요합니다. 예를 들어, 암 진단 모델은 한 명의 환자라도

놓치면 안 되므로 recall이 매우 중요합니다. Scikit-learn 공식 문서의 "Model evaluation" 섹션에서 각 지표가 어떤 상황에 유리한지 설명과 예제를 함께 보세요.

5. 대표 예제 코드

```
from sklearn.metrics import accuracy_score, f1_score

# 1. 학습된 모델로 검증 데이터(X_valid_scaled)의 결과를 예측합니다.
y_pred = model_rf.predict(X_valid_scaled)

# 2. 실제 정답(y_valid)과 예측값(y_pred)을 비교하여 성능을 계산합니다.
# 정확도(Accuracy): 전체 중 얼마나 맞췄는가
accuracy = accuracy_score(y_valid, y_pred)

# F1 Score: 정밀도와 재현율의 조화 평균 (데이터가 불균형할 때 중요)
f1 = f1_score(y_valid, y_pred)

print(f"모델의 정확도: {accuracy:.4f}")
print(f"모델의 F1 Score: {f1:.4f}")
```

[13번] 딥러닝 모델 설계 및 학습

1. 문제 유형

머신러닝보다 더 복잡하고 강력한 '딥러닝' 모델을 만드는 과정입니다. 마치 레고 블록을 쌓듯, 신경망의 각 층(Layer)을 순서대로 쌓아(Sequential) 모델의 구조를 설계하고, 컴파일(compile)과 학습(fit)을 시킵니다. 딥러닝은 더 복잡한 패턴을 학습할 수 있는 잠재력이 있지만, 그만큼 섬세한 설계가 필요합니다.

2. 핵심 역량

① Sequential()로 모델의 뼈대를 만들고, model.add()로 Dense 같은 층을 차곡차곡 쌓는 능력,

② model.compile()에서 학습 방향을 결정하는 세 가지 요소(optimizer, loss, metrics)를 설정하는 능력,

③ model.fit()으로 실제 학습을 진행하는 능력입니다. 각 단계는 마치 건물을 짓는 과정(설계 → 자재 및 공법 결정 → 시공)과 같습니다.

3. 파생/변형 문제 예측

1) 구조 변경

층의 개수를 늘리거나 줄이고, 각 층의 뉴런 수(Dense의 첫번째 인자)를 바꾸거나, activation 함수를 'selu'가 아닌 'relu'로 바꾸도록 요구할 수 있습니다. 'relu'는 가장 보편적으로 쓰이는 활성화 함수 중 하나입니다.

2) 과적합 방지

모델이 훈련 데이터만 너무 열심히 외워서 시험(검증 데이터)을 못 보는 '과적합' 현상을 막기 위해,
중간에 Dropout 레이어를 추가하도록 요구할 수 있습니다. Dropout은 학습 과정에서 일부러 몇
몇 뉴런을 쉬게 만들어, 특정 뉴런에만 의존하지 않고 팀 전체가 협력하여 학습하도록 유도하는
효과적인 기법입니다.

4. 학습 전략

딥러닝 모델링은 '설계 → 컴파일 → 학습' 3단계로 이루어진다는 큰 그림을 기억하세요. 각 단계에
사용되는 함수와 주요 파라미터의 역할을 이해하는 것이 중요합니다. optimizer는 모델을 똑똑하게
만들어줄 선생님, loss는 모델이 얼마나 틀렸는지 알려주는 채점 기준, metrics는 우리가 학습 과정을
지켜볼 수 있는 성적표라고 비유하며 이해하면 쉽습니다. TensorFlow 공식 사이트의 Keras 가이드에
있는 "Sequential model" 예제를 따라 해보는 것이 가장 좋은 학습 방법입니다.

5. 대표 예제 코드

```python
import tensorflow as tf
from tensorflow.keras.models import Sequential
from tensorflow.keras.layers import Dense, BatchNormalization

# 0. y값이 0, 1인 경우 원-핫 인코딩으로 변환해야 할 수 있습니다.
# y_train_cat = tf.keras.utils.to_categorical(y_train)
# y_valid_cat = tf.keras.utils.to_categorical(y_valid)

# 1. 딥러닝 모델의 뼈대를 만듭니다.
model_dl = Sequential()

# 2. 층(Layer)을 순서대로 쌓습니다.
# input_shape는 첫 번째 레이어에만 지정하며, 특성(컬럼)의 개수와 일치해야 합니다.
model_dl.add(Dense(64, activation='selu', input_shape=(X_train_scaled.shape[1],)))
model_dl.add(BatchNormalization()) # 각 층의 출력을 정규화하여 학습 안정성 높임
model_dl.add(Dense(32, activation='selu'))
model_dl.add(BatchNormalization())

# 마지막 출력층: 예측할 클래스의 개수만큼 노드(unit)를 설정합니다. (예: 이진분류는 2)
# 활성화 함수는 softmax를 사용하여 결과의 총합이 1이 되도록 합니다.
model_dl.add(Dense(2, activation='softmax'))
```

```
# 3. 모델을 학습할 수 있도록 컴파일합니다.
# optimizer: 어떻게 모델을 업데이트할지 (adam이 무난하게 많이 쓰임)
# loss: 오차를 어떻게 계산할지 (원-핫 인코딩된 다중분류는 categorical_crossentropy)
# metrics: 학습 과정을 모니터링할 지표 (정확도)
model_dl.compile(optimizer='adam', loss='categorical_crossentropy', metrics=['accuracy'])

# 4. 모델을 학습시킵니다.
# epochs: 전체 데이터를 몇 번 반복 학습할지
# batch_size: 한 번에 몇 개의 데이터를 보고 가중치를 업데이트할지
# validation_data: 매 에포크마다 검증 데이터로 성능을 확인
history = model_dl.fit(X_train_scaled, y_train_cat, epochs=10, batch_size=32, validation_data=
 (X_valid_scaled, y_valid_cat))
```

[14번] 새로운 데이터에 대한 예측(Inference)

1. 문제 유형

완성된 모델을 실전에 투입하는 마지막 단계입니다. 한 번도 본 적 없는 새로운 데이터(시뮬레이션 데이터)가 주어졌을 때, 모델이 과연 어떤 예측을 내놓는지 확인하는 과정입니다. 이는 우리가 만든 AI 모델이 실제로 현장에서 가치를 만들어낼 수 있는지 검증하는 최종 관문과 같습니다.

2. 핵심 역량

model.predict(새로운데이터) 코드를 사용하여 예측을 수행하고, 그 결과를 해석하는 능력입니다. 딥러닝 분류 모델의 예측 결과는 보통 각 클래스에 속할 '확률' 형태로 나옵니다. 예를 들어, 이탈 여부 예측이라면 [0.1, 0.9] 와 같이 '이탈 안 할 확률 10%, 이탈할 확률 90%' 형태로 결과가 나옵니다. 따라서 np.argmax 함수를 사용해 이 확률 배열에서 가장 큰 값의 위치(인덱스)를 찾아 '최종적으로 1(이탈)로 예측한다'고 결론 내리는 방법을 알아야 합니다.

3. 파생/변형 문제 예측

1) 전처리 직접 수행

가장 실무에 가까운 형태로, 스케일링되지 않은 날 것의(raw) 데이터가 주어지고, 수험생이 직접 앞에서 만들었던 스케일러를 사용해 transform 한 뒤 예측하도록 요구할 수 있습니다. 이는 전처리 과정의 일관성이 얼마나 중요한지 묻는 문제입니다. 학습 데이터와 새로운 데이터에 서로 다른 기준으로 전처리를 적용하면, 모델은 완전히 다른 기준으로 들어온 값을 해석해야 하므로 엉뚱한 결과를 내놓게 됩니다.

4. 학습 전략

"모델에 데이터를 넣으려면, 학습할 때와 똑같은 형태로 만들어주어야 한다"는 원칙을 기억하는 것이
핵심입니다. 새로운 데이터도 학습 데이터와 동일한 전처리(결측치 처리, 스케일링 등)를 거쳐야 올바
른 예측이 가능합니다. predict의 결과가 [0.1, 0.9] 와 같이 확률 배열로 나온다는 점과, np.argmax가
이 배열에서 더 큰 값의 위치(인덱스)를 찾아준다는 것을 이해하세요. (0번째 인덱스는 클래스 0, 1번
째 인덱스는 클래스 1을 의미)

5. 대표 예제 코드

```python
# 1. 시뮬레이션용 새로운 데이터가 주어졌다고 가정합니다. (1개의 샘플, feature 개수는 동일)
# (중요!) 이 데이터도 훈련 데이터에 사용된 것과 동일한 방식으로 스케일링되어야 합니다.
new_data_raw = np.array([[1.5, 2.3, -0.4, ...]]) # 원본 데이터 형태
new_data_scaled = scaler.transform(new_data_raw) # 학습된 스케일러로 변환

# 2. 학습된 딥러닝 모델로 결과를 예측합니다.
prediction_probabilities = model_dl.predict(new_data_scaled)
print("예측 확률 (클래스 0, 클래스 1):", prediction_probabilities)

# 3. 확률이 가장 높은 클래스를 최종 예측 결과로 선택합니다.
final_prediction = np.argmax(prediction_probabilities, axis=1)
print("최종 예측 클래스:", final_prediction)
```

Ⅲ. 최종 요약 및 제언

AICE Associate 시험은 단순히 코드 조각을 암기해서는 통과하기 어렵습니다. '왜 이 전처리를 해야 하는가?', '이 모델은 어떤 특징을 가지는가?', '이 평가 지표는 무엇을 의미하는가?' 와 같이 각 단계의 본질적인 의미를 이해하며 학습하는 것이 중요합니다.

제시된 7개의 공식 문서는 시험에 필요한 모든 정보를 담고 있는 '오픈북'입니다. 평소에 이 문서들을 브라우저에 즐겨찾기 해두고, 특정 함수나 개념이 궁금할 때마다 찾아보는 습관을 들이면 시험 환경에서도 당황하지 않고 필요한 정보를 빠르게 찾아 문제를 해결할 수 있을 것입니다. 마치 요리사가 항상 옆에 요리책을 두고 필요할 때마다 레시피를 확인하는 것과 같습니다.

이 분석 자료가 AICE Associate 자격증을 준비하는 데 있어 든든한 나침반이 되기를 바랍니다.

AICE 시험은 회차마다 부분적으로 문제의 유형이나 내용이 업데이트 되는 경우가 있답니다. 시험 후 변경사항 확인시 해당 내용들을 정리해 공유해드립니다. 시험 전 아래 QR 코드를 꼭 확인하시어 변경된 유형이나 내용관련된 사항들을 꼭 확인해주세요!!

[AICE Associate 변경사항 확인]

1. 효과적인 학습 전략

AICE Associate 시험은 이론적 이해뿐만 아니라 실질적인 데이터 분석 및 모델링 능력을 평가합니다. 따라서 이론 학습보다는 실제로 코드를 작성하고 실행하는 실습 위주의 학습이 가장 효과적입니다. 이 장에서는 시험 준비를 위한 구체적이고 실질적인 학습 전략을 소개합니다.

(1) 실습 위주의 학습

데이터 분석 및 모델링은 이론만으로는 익숙해지기 어렵습니다. 특히, 시험은 데이터를 다루고 결과를 도출하는 과정을 평가하기 때문에, 이론보다는 실질적인 코드 작성과 실행 경험이 더 중요합니다.

- 전체 과정을 반복 연습

  시험은 데이터 전처리 → 모델 구축 → 평가의 일련의 과정을 평가하므로, 이 전체 과정을 반복적으로 연습해야 합니다. 각 단계의 목적과 방법을 명확히 이해하고, 문제 상황에 따라 유연하게 대처할 수 있도록 준비합니다.

- 주요 라이브러리 숙지

  각 라이브러리의 주요 함수와 메서드를 직접 사용해 보며 익숙해져야 합니다.

  - Pandas : 데이터 로딩, 전처리, 변환
  - NumPy : 수치 연산 및 배열 처리
  - Matplotlib / Seaborn : 데이터 시각화
  - Scikit-learn : 머신러닝 모델 구축 및 평가

(2) 실습 팁

예제 코드를 단순히 따라 치기보다는, 코드를 변형하거나 응용하여 다른 데이터셋에 적용해 봅니다. 코드를 작성할 때, 왜 특정 기능을 사용했는지 스스로에게 질문하며 이해를 강화합니다.

- 샘플 문제 활용

  AICE에서 제공하는 샘플 문제는 시험과 유사한 환경과 문제 유형을 제공합니다. 이를 활용하면 실제 시험에서 마주하게 될 문제 유형과 난이도를 사전에 파악할 수 있습니다.

- 시험 환경 익히기

  샘플 문제는 Jupyter Notebook 환경에서 제공되므로, 시험 중에 사용될 환경과 도구에 익숙해질 수 있습니다. 특히, 문제 풀이와 답안 제출 형식을 숙지할 수 있습니다.

- 실전 감각 강화

  제한된 시간 안에 샘플 문제를 풀어보며 실전 감각을 키웁니다. 시간을 재며 문제를 풀어보는 것이 특히 중요합니다.

- 오답 분석

  샘플 문제 풀이 후, 틀린 문제나 비효율적인 코드를 검토하여 개선 방안을 찾습니다. 이를 통해 자신만의 오류 해결법을 정립할 수 있습니다.

(3) 샘플문항 접근방법

AICE Associate 시험 준비를 위해 제공되는 샘플 문항은 다운로드 방식이 아닌, 온라인 상에서 직접 풀어보는 형태로 제공됩니다. 이는 실제 시험 환경과 유사한 Jupyter Notebook 인터페이스를 통해 연습할 수 있도록 설계되어 있습니다.

- 샘플 문항 접근 및 활용 방법
  - AICE 공식 홈페이지 접속 : AICE 공식 홈페이지에 방문합니다.
  - 샘플 문항 페이지 이동 : 상단 메뉴에서 'AICE 시험' 〉 '샘플 문항'을 선택합니다.
  - 샘플 문항 풀기 : 해당 페이지에서 '샘플문항 풀기' 버튼을 클릭하면, Jupyter Notebook 환경이 로드되며, 여기서 직접 문제를 풀어볼 수 있습니다. 이 과정에서 PC 및 네트워크 환경에 따라 로딩 시간이 다소 걸릴 수 있으니 참고하시기 바랍니다.

- 주의사항
  - 샘플 문항은 다운로드하여 오프라인에서 풀 수 있는 형태가 아니며, 온라인상에서만 풀이 가능합니다.
  - 샘플 문항 풀이를 마친 후 '종료' 버튼을 클릭하더라도, 이후에 반복적으로 연습할 수 있으니 필요 시 여러 번 활용하시기 바랍니다.
  - 이러한 방식을 통해 실제 시험과 유사한 환경에서 연습함으로써, 시험 준비에 큰 도움이 될 것입니다.

2. 시험 준비시 유의사항

(1) 문제의 연속성

AICE 시험의 문제들은 서로 연계되어 있으며, 초기 단계에서의 실수가 후속 문제 풀이에 직접적인 영향을 미칠 수 있습니다. 그러므로 첫 번째 문제의 해결 여부가 시험 전체 점수에 중요한 영향을 미칩니다. 따라서 문제를 읽고 이해하는 단계부터 철저하게 접근해야 합니다.

- 대비 방법
  - 문제 이해 : 각 문제를 신중히 읽고 요구사항을 명확히 파악합니다.
  - 정확성 중시 : 답안을 작성할 때는 정확성을 최우선으로 고려합니다.
  - 효율적 시간 관리 : 전체 시험 시간을 고려하여 각 문제 풀이에 적절한 시간을 배분하고, 여유 시간을 확보하여 검토를 진행합니다.

(2) 오픈북의 한계

시험 중 정해진 사이트에 한해 검색이 허용되지만, 제한된 시험 시간으로 인해 자료를 검색하고 적용하는 데 실질적인 한계가 존재합니다. 그러므로 핵심 지식과 기술을 사전에 익혀두지 않으면 제한된 시간 내에 문제를 해결하기 어려울 수 있습니다.

- 대비 방법
  - 기본기 숙지 : 주요 라이브러리(예 pandas, numpy, sklearn 등)의 사용법과 주요 함수에 대한 기본 지식을 익힙니다.
  - 실습 강화 : 데이터 전처리, 분석, 모델링 등 시험에 필요한 과정을 반복적으로 실습합니다.

(3) 코드 작성 주의사항

답안은 반드시 문제에서 지정된 답안 입력 셀에만 작성해야 하며, 불필요한 셀 추가나 수정은 감점 요인이 될 수 있습니다. 시험에서 제시한 형식과 규칙을 준수하지 않으면 감점으로 이어질 수 있습니다.

- 대비 방법
  - 정확한 변수명 사용 : 문제에서 제공된 변수명과 데이터프레임명을 정확히 사용합니다.
  - 답안 입력 셀 확인 : 코드 작성 전에 답안 입력 셀을 명확히 파악합니다.
  - 간결한 코드 작성 : 불필요한 출력문과 주석을 최소화하고, 요구사항에 맞는 간결하고 명확한 코드를 작성합니다.
- 추가 고려사항
  - 시간 관리 : 시험 시간을 고려하여 각 문제에 적절한 시간을 배분합니다. 제한된 시간 내에 문제를 모두 해결할 수 있도록 연습과 계획이 필요합니다.
  - 데이터 이해 : 주어진 데이터셋의 특성을 빠르게 파악하는 능력을 기릅니다. 데이터의 구조, 결측값 여부, 변수 간의 관계를 신속히 분석할 수 있어야 합니다.
  - 오류 대처 능력 : 코드 실행 중 발생할 수 있는 일반적인 오류들을 사전에 숙지하고, 이를 해결하는 방법을 반복적으로 연습합니다.

1. AICE 개요

AICE(Artificial Intelligence Certificate for Everyone)는 KT와 한국경제신문이 공동으로 개발 및 주관하는 인공지능 활용 능력 평가 시험입니다. 이 자격증은 인공지능 기술을 실무에 적용할 수 있는 역량을 검증합니다. 이를 위해 AICE는 세 가지 핵심적인 단계를 중심으로 학습 목표와 시험 내용을 구성하고 있습니다. 이 세 가지 단계는 해석(Analysis), 활용(Application), 해결(Solution)로 구분되며, 각 단계는 실무에 필요한 구체적인 기술과 능력을 함양하는 데 초점이 맞추어져 있습니다.

초등학생부터 성인까지, 비전공자부터 전문가까지 다양한 수준에 맞춰 5개의 등급으로 구성되어 있습니다.

- 해석(Analysis) : 데이터를 이해하고 다룰 수 있는 능력

  첫 번째 단계는 인공지능의 기본 재료인 데이터를 이해하고, 이를 적절히 다룰 수 있는 능력을 평가하는 것입니다. 데이터를 해석하는 능력은 데이터의 구조와 특성을 파악하고, 이를 통해 유의미한 정보를 도출하는 과정에서 매우 중요합니다. 이를 위해 AICE 시험에서는 다음과 같은 데이터의 종류와 특징을 다룹니다.

  - 다양한 데이터 형태 이해 : 기업 데이터, 공공 데이터, 표 형태 데이터(Tabular Data), 이미지 데이터(Image Data), 텍스트 데이터(Text Data) 등 다양한 형태의 데이터를 다루며, 각 데이터의 특성을 분석합니다.
  - 핵심 목표 : 데이터를 불러오고, 결측치를 파악하며, 이상치를 탐지하는 등 기본적인 데이터 분석 기법을 수행할 수 있는지 확인합니다. 이를 통해 데이터가 가진 잠재적 가치를 도출하고, AI 모델에 적합한 데이터로 변환하는 능력을 키웁니다.

- 활용(Application) : AI 기술을 실무 환경에 맞게 적용

  두 번째 단계는 데이터를 활용하여 인공지능 기술을 실제 문제 상황에 적합하게 적용하는 것입니다. 이 단계에서는 데이터를 분석하고, 이를 바탕으로 AI 모델을 생성하며, 성능을 평가하는 과정을 포함합니다. 이는 AI 기술의 실질적인 응용 능력을 평가하는 단계로, AICE 시험에서는 다음과 같은 활동을 요구합니다.

AICE 자격시험안내

- AI 모델 활용 능력 : 데이터 탐색(Exploratory Data Analysis), 데이터 전처리(Data Preprocessing), 머신러닝 및 딥러닝 모델 생성 등을 수행하며, 실질적인 AI 응용 사례를 다룹니다.
- 모델 성능 평가 : 모델의 정확도, 정밀도, 재현율 등 주요 성능 지표를 평가하며, 이를 바탕으로 모델을 개선하거나 보완할 수 있는 능력을 요구합니다.
- 핵심 목표 : 데이터를 기반으로 인사이트를 도출하고, 이를 통해 예측하거나 분류 문제를 해결하는 능력을 배양합니다.

  예를 들어, 고객 데이터를 분석하여 특정 제품에 대한 구매 가능성을 예측하거나, 물류 데이터를 기반으로 최적의 배송 경로를 도출하는 실습이 포함될 수 있습니다.

- 해결(Solution) : 현실의 문제를 AI로 해결하는 능력

  마지막 단계는 AI 기술을 사용해 현실의 문제를 해결하는 역량을 평가합니다. 단순히 모델을 생성하는 것을 넘어, 이를 통해 실제 상황에서의 문제를 해결할 수 있는지에 초점을 둡니다. 이는 AICE 자격증의 가장 실무적인 단계로, AI 기술의 문제 해결력을 강화하는 데 목적이 있습니다.

  - 문제 해결 중심의 실습 : AI 모델을 활용하여 교통 혼잡 시간 예측, 매장 내 적정 재고량 추정, 특정 소비자 행동 패턴 분석 등 현실에서 직면하는 다양한 문제를 해결합니다.
  - 핵심 목표 : 실생활 데이터를 기반으로 문제를 정의하고, 이에 적합한 데이터 분석 및 모델링 방법을 선택하여 결과를 도출합니다. 이후 결과를 해석하고, 실무에 적용할 수 있는 결론을 도출하는 능력을 배양합니다.
  - 이 단계는 데이터 기반 의사결정을 통해 기업이나 조직이 직면한 문제를 해결하는 데 직접적인 도움을 줄 수 있는 역량을 기릅니다.

AICE 자격증은 위의 세 가지 단계, 즉 해석 - 활용 - 해결을 체계적으로 학습하고 이를 검증하는 시험입니다. 이 구조는 단순한 이론적 지식 전달이 아니라, 실질적인 AI 활용 능력을 함양하는 데 초점을 맞추고 있습니다. 수험자는 데이터를 이해하고, AI 기술을 활용하며, 이를 통해 현실적인 문제를 해결할 수 있는 통합적인 역량을 배양하게 됩니다.

결론적으로, AICE는 데이터와 인공지능을 활용한 실무 능력을 강화하고, 이를 통해 개인과 조직이 디지털 전환 시대에 성공적으로 적응할 수 있도록 돕는 자격증입니다. "해석, 활용, 해결"의 세 단계는 이러한 목표를 구체화하는 중요한 틀을 제공합니다.

2. AICE의 레벨 구성 및 특징

레벨	대상	내용	문항/시간	합격 기준	응시료	유효 기간	출제 범위
FUTURE 1급	초등학생/ 초등교사	블록코딩 기반 데이터 분석 및 예측 모델링	8문항 / 60분	60점 이상	50,000원 (VAT 포함)	영구	블록코딩 고급 / 데이터분석 심화 / 머신러닝 코딩 심화
FUTURE 2급	초등학생/ 초등교사	블록코딩 기반 데이터 분석 및 머신러닝 코딩 기초	8문항 / 60분	60점 이상	40,000원 (VAT 포함)	영구	블록코딩 심화 / 데이터분석 기초 / 머신러닝 코딩 기초
FUTURE 3급	초등학생/ 초등교사	블록코딩 기반 AI 작동원리 이해 및 구현	8문항 / 50분	60점 이상	30,000원 (VAT 포함)	영구	AI 이론 / 블록코딩 기초 / 프로그램 코딩 기초
JUNIOR	중고등학생/ 중고등교사	코딩 없이 Auto ML 기반 데이터 분석/ 모델링	13문항 / 60분	80점 이상	50,000원 (VAT 포함)	영구	AI 모델링 프로세스 이해 / 데이터 전처리 및 분석 / 딥러닝 모델링
BASIC	비전공자/ 조직리더	코딩 없이 Tabular 데이터 분석/모델링	15문항 / 60분	80점 이상	50,000원 (VAT 포함)	영구	탐색적 데이터 분석 / 머신러닝, 딥러닝 / 모델 성능 평가
ASSOCIATE	준/전공자, 기획/분석가	파이썬 기반 데이터 분석/처리/모델링	14문항 / 90분	80점 이상	80,000원 (VAT 포함)	3년	탐색적 데이터 분석 / 데이터 전처리 / 머신러닝, 딥러닝 / 모델 성능 평가
PROFESSIONAL	전공자, AI/SW 개발자	다양한 데이터 기반 AI 모델링	3문항 /180분	80점 이상	120,000원 (VAT 포함)	3년	다양한 데이터 분석 및 처리 / 모델링 최적화 및 고도화

3. AICE Associate 자격시험 일정

회차	시험 종류	시험 일정	접수 일정
25년 2회	Associate	2025.04.25 (금) 14:00 ~ 15:30	03.24 (월) ~ 04.18 (금)
		2025.04.26 (토) 10:00 ~ 11:30	03.24 (월) ~ 04.19 (토)
		2025.04.26 (토) 16:00 ~ 17:30	03.24 (월) ~ 04.19 (토)
25년 3회	Associate	2025.06.27 (금) 14:00 ~ 15:30	05.26 (월) ~ 06.20 (금)
	Associate (오프라인 병행)	2025.06.28 (토) 10:00 ~ 11:30	05.26 (월) ~ 06.21 (토)
	Associate	2025.06.28 (토) 16:00 ~ 17:30	05.26 (월) ~ 06.21 (토)
25년 4회	Associate	2025.08.22 (금) 14:00 ~ 15:30	07.21 (월) ~ 08.15 (금)
	Associate (오프라인 병행)	2025.08.23 (토) 10:00 ~ 11:30	07.21 (월) ~ 08.16 (토)
	Associate	2025.08.23 (토) 16:00 ~ 17:30	07.21 (월) ~ 08.16 (토)
25년 5회	Associate	2025.10.24 (금) 14:00 ~ 15:30	09.22 (월) ~ 10.17 (금)
	Associate (오프라인 병행)	2025.10.25 (토) 10:00 ~ 11:30	09.22 (월) ~ 10.18 (토)
	Associate	2025.10.25 (토) 16:00 ~ 17:30	09.22 (월) ~ 10.18 (토)
25년 6회	Associate	2025.12.19 (금) 14:00 ~ 15:30	11.17 (월) ~ 12.12 (금)
		2025.12.20 (토) 10:00 ~ 11:30	11.17 (월) ~ 12.13 (토)
		2025.12.20 (토) 16:00 ~ 17:30	11.17 (월) ~ 12.13 (토)

1. 국가공인 AICE 자격증

AICE Associate는 실무에서 가장 많이 쓰는 Tablular Data에 대해 코딩(파이썬)을 기반으로 데이터를 분석 / 처리하고 AI 모델링을 직접 할 수 있는 역량을 검정하는 국가공인자격증입니다.

2. 시험 구성

시험은 이론과 실습으로 나누어져 있으며, 실습에서는 주어진 데이터를 활용하여 데이터 분석, 전처리, 모델링, 성능 평가 등을 수행합니다. 시험 응시를 위해서는 개인 PC와 웹캠, 신분증, 휴대폰이 필요하며, 시험 전 사전 점검을 통해 응시 환경을 확인해야 합니다.

AICE Associate 시험은 인공지능 기술의 활용 능력을 평가하는 자격시험으로, 데이터 분석과 머신러닝 모델링 전반에 걸친 실무 역량을 테스트합니다.

3. 응시 자격 및 절차

(1) 응시 대상 및 자격 요건

AICE Associate 시험은 인공지능 활용 능력을 평가하는 자격시험으로, 응시 대상 및 자격 요건은 다음과 같습니다.

- 학력 및 경력 제한 없음 : 누구나 응시 가능

  누구나 학력과 경력에 상관없이 시험에 응시할 수 있습니다. 이는 AICE Associate 시험이 특정 배경을 요구하지 않고, 모든 개인이 AI와 데이터 분석 능력을 인증받을 수 있는 기회를 제공하기 위해 설계되었음을 의미합니다.

- 파이썬 활용 능력 권장 : 파이썬을 능숙하게 다루는 것을 권장

  시험은 실질적인 데이터 분석 및 머신러닝 구현을 포함하기 때문에, 파이썬 프로그래밍 언어를 활용한 코딩이 시험의 핵심입니다. 따라서 파이썬 문법과 데이터 분석 관련 라이브러리(Numpy, Pandas, Matplotlib 등)에 대한 숙련도가 필요합니다. 시험의 특성상 응시자는 Jupyter Notebook 환경에서 실습 문제를 해결하게 되므로, Jupyter Notebook의 기본적인 사용법도 미리 익혀두는 것이 좋습니다.

AICE Associate 시험안내

(2) 응시 신청 방법

AICE Associate 시험은 인공지능 활용 능력을 평가하는 자격시험으로, 응시 대상 및 자격 요건은 다음과 같습니다.

- 응시절차
  - AICE 공식 홈페이지 접속 : AICE 공식 홈페이지에 방문합니다.
  - 회원가입 또는 로그인 : 기존 계정이 없으시다면 회원가입을 진행하시고, 이미 계정이 있으시다면 로그인합니다.
  - 시험 신청 페이지 이동 : 상단 메뉴에서 'AICE 시험'을 선택한 후, '시험 신청' 페이지로 이동합니다.
  - 시험 선택 및 접수 : 원하는 시험 등급(AICE Associate)을 선택하고, 해당 시험의 접수 기간 내에 신청을 완료합니다.
- 응시료 납부 및 확인
  - 응시료 납부 : 시험 신청 시 안내되는 결제 방법을 통해 응시료를 납부합니다. 응시료는 시험 등급에 따라 다를 수 있으므로, 정확한 금액은 홈페이지에서 확인하시기 바랍니다.
  - 납부 확인 : 결제가 완료되면, 마이페이지에서 신청 내역과 결제 상태를 확인할 수 있습니다. 이메일로도 결제 완료 안내가 발송되니 참고하시기 바랍니다.
- 사전 점검 절차
  카메라 설정 및 화면 공유 확인 : 시험 중에는 웹캠을 통한 실시간 모니터링과 화면 공유가 필요합니다. 사전 점검을 통해 카메라와 화면 공유 기능이 정상적으로 작동하는지 확인합니다.
  - AICE 홈페이지 접속 및 로그인 : AICE 공식 홈페이지에 접속하여 로그인합니다.
  - 마이페이지에서 사전 점검 진행 : '마이페이지' 〉 '시험신청현황' 〉 '사전점검'을 클릭하여 사전 점검을 시작합니다.
  - 카메라 및 화면 공유 설정 확인 : 사전 점검 화면에서 카메라와 화면 공유 설정을 점검합니다.
  - 신분증 확인 절차 수행 : 신분증을 카메라에 제시하여 신원 확인을 완료합니다.
- 주의사항
  - 사전 점검은 지정된 기간 내에 완료해야 하며, 이를 수행하지 않을 경우 시험 응시에 제한이 있을 수 있습니다.
  - 시험 당일 원활한 진행을 위해 사전 점검을 반드시 완료하시기 바랍니다.
  - 사전 점검에 대한 자세한 안내는 AICE 정기 시험 대비 사전 점검 안내에서 확인하실 수 있습니다.

[사전점검 매뉴얼]

4. 시험시간 및 문항 수

구분	내용
총 시험 시간	90분
문항 수	실습 14문항
시험 환경	Jupyter Notebook
시험 방식	온라인 비대면 방식(웹캠 필요)
출제 범위	탐색적 데이터 분석, 데이터 전처리, 머신러닝/딥러닝 모델링, 모델 성능평가

5. 시험 응시 안내

구분	내용
응시 준비물	개인 PC, 웹캠, 신분증, 휴대폰
사전 점검 필요 사항	응시 환경 점검을 위해 시험 전 사전 점검 필수
접수 및 상세 정보	AICE 공식 홈페이지 https://aice.study
출제 범위 설명	AICE Associate 소개 페이지 https://aice.study/info/aice/asso
샘플 문항 제공	AICE 샘플 문항 페이지 https://aice.study/certi/practice/examRoom

6. 합격 기준 및 결과 발표

(1) 합격기준

AICE Associate 시험은 100점 만점 중 80점 이상을 받아야 합격으로 인정됩니다.

(2) 결과 학인 방법

- 결과 발표 일정 : 시험 응시일로부터 2주 후 결과 발표
- 결과 확인 방법
  - 결과 발표일에 응시자에게 이메일 및 문자로 개별 안내가 제공됩니다.
  - AICE 공식 홈페이지의 마이페이지에서 결과를 확인할 수 있습니다
  - 합격 시, AICE Associate 자격증과 디지털 배지가 발급됩니다.
  - 시험 결과 발표 일정은 상황에 따라 변동될 수 있으므로, AICE 공식 홈페이지의 공지사항을 수시로 확인하시기 바랍니다.

시험결과			
시험결과 ×		**시험결과** ×	
이름	박선영	이름	박선영
응시시험	[에이블스쿨] AICE Associate 11.3(금) 10:00-11:30	응시시험	[에이블스쿨] AICE Associate 11.3(금) 10:00-11:30
응시일자	2023-11-03 10:00	응시일자	2023-11-03 10:00
응시유형	ASSOCIATE	응시유형	ASSOCIATE
결과	합격	결과	합격
구분별 득점		**구분별 득점**	
데이터분석	30 / 30	데이터분석	30 / 30
전처리&시각화	30 / 30	전처리&시각화	30 / 30
모델링	40 / 40	모델링	40 / 40
결과	100 / 100	결과	100 / 100

자격증

차례

Part **2** AICE Associate 대비 핵심 이론 및 필수 문법 마스터

AICE associate
실전모의고사

AICE associate
실전모의고사

1회 중고차 가격 예측 AI 모델 개발

↘ **과제** : 중고차 가격 예측 AI 모델 개발

↘ **도메인** : 자동차

↘ **배경**

최근 중고차 시장은 온라인 플랫폼의 활성화와 함께 급격하게 성장하고 있습니다. 수많은 매물이 쏟아지는 상황에서, 소비자들은 합리적인 가격에 차량을 구매하기를 원하고 판매자들은 본인 차량의 적정 시세를 알고 싶어 합니다. 이에 중고차 거래 플랫폼 'AICE 모터스'는 AI 모델을 통해 판매자와 구매자 모두에게 신뢰도 높은 가격 정보를 제공하고자 합니다.

데이터셋 설명(파일명: 1_used_car_prices.csv)

컬럼 명	설명
brand	차량 제조사
age_years	차량의 연식
mileage_km	총 주행거리
engine_type	엔진 종류
engine_size_cc	배기량
horsepower	차량의 출력
fuel_efficiency_kml	연비
accident_count	사고 이력 횟수
color	차량의 색상
option_grade	옵션 등급
price_krw	예측 목표(Target), 중고차 거래 가격 (단위: 만원)

[사전 실행 지시사항]

· 모든 문제를 풀기 전에 아래 코드를 실행해주세요.

```
In [ ]:    # 데이터 분석 및 시각화에 필요한 기본 라이브러리들을 불러옵니다.
           import pandas as pd
           import numpy as np
           import matplotlib.pyplot as plt
           import xgboost as xgb
```

01 seaborn은 Matplotlib을 기반으로 더 다채롭고 통계적인 그래프를 쉽게 그릴 수 있도록 도와주는 시각화 라이브러리입니다. seaborn 라이브러리를 별칭 sns로 임포트하는 코드를 작성하세요.

In [ ]:   *# 여기에 답안코드를 작성하세요*

02 AI 모델링을 위해 분석할 데이터를 준비하려고 합니다. 아래 가이드에 따라 코드를 작성하세요.

- Pandas의 read_csv 함수를 사용하여 1_used_car_prices.csv 파일을 읽어 데이터프레임 변수 car_df에 할당하세요.
- 불러온 `car_df`의 `info()`를 통해 확인하고, 결측치가 32개가 존재하는 변수가 무엇인지 `답안01`에 작성하세요.(답안01 = brand)

In [ ]:   *# 여기에 답안코드를 작성하세요*

03 engine_type별로 차량 가격에 차이가 있는지 확인하려고 합니다. seaborn의 barplot을 사용하여 engine_type에 따른 price_krw의 평균을 시각화하세요.

- x축: engine_type
- y축: price_krw
- 데이터: car_df
- 그래프를 보고 가장 평균 가격이 높은 엔진 타입을 답안04변수에 문자열로 저장하세요.(예. 답안04 = 'gasoline')

In [ ]:
```python
# 한글화를 위해 아래의 코드를 작성해 주세요.
import platform
from matplotlib import rc
if platform.system() == 'Darwin':  # macOS
    rc('font', family='AppleGothic')
else:  # Windows
    rc('font', family='Malgun Gothic')
plt.rcParams['axes.unicode_minus'] = False
```

In [ ]:
```python
# 여기에 답안코드를 작성하세요
```

04 brand와 option_grade를 조합했을 때의 평균 가격을 확인하고자 합니다. groupby()를 사용하여 데이터를 brand와 option_grade로 그룹화하고, price_krw의 평균을 계산하세요. 계산된 결과에서 가장 평균 가격이 높은 조합의 brand와 option_grade를 답안04 변수에 문자열로 저장하세요.

- 계산된 결과에서 가장 평균 가격이 높은 조합의 brand를 답안04 변수에 문자열로 저장하세요.(예. 답안04 = 'brand_A')

In [ ]:
```python
# 여기에 답안코드를 작성하세요
```

05 모델링 성능을 높이기 위해 데이터를 정제하려고 합니다. option_grade 컬럼의 결측치(NaN)를 해당 컬럼에서 가장 자주 나타나는 값(최빈값)으로 채우고, 분석에 사용하지 않을 color 컬럼을 삭제하는 코드를 작성하세요. 전처리된 데이터프레임은 car_pre 변수에 저장하세요.

- 힌트: 최빈값은 .mode()[0]으로 얻을 수 있습니다.

```
In [ ]:    # 여기에 답안코드를 작성하세요
```

06 머신러닝 모델은 문자열 데이터를 이해할 수 없으므로, 범주형 데이터를 숫자형으로 변환해야 합니다. pandas의 get_dummies() 함수를 사용하여 아래의 범주형 컬럼들을 원-핫 인코딩(One-Hot Encoding)으로 변환하세요.

- 대상 컬럼: brand, engine_type, option_grade
- brand 컬럼의 결측치는 get_dummies 처리 전에 'unknown' 이라는 문자열로 채워주세요.
- 변환이 적용된 데이터프레임은 car_numeric 변수에 저장하세요.

```
In [ ]:    # 여기에 답안코드를 작성하세요
```

07 데이터의 수치형 특성(Feature)들 간의 선형적 관계를 확인하고자 합니다. 아래 가이드에 따라 seaborn의 heatmap을 생성하고, 출력 결과에 대한 답안을 작성하세요.

- 대상칼럼: age_years, mileage_km, engine_size_cc, horsepower, fuel_efficiency_kml, price_krw
- Heatmap 옵션: 상관계수 값을 각 셀에 표시 (annot=True), 색상 맵은 viridis 사용
- 출력 결과에 대한 해석으로 옳은 선택지를 '답안03' 변수에 저장하세요.(예. 답안03 = 5)
  1. price_krw과 가장 강한 음의 상관관계를 갖는 특성은 horsepower이다.
  2. age_years와 mileage_km는 서로 강한 음의 상관관계를 보인다.
  3. fuel_efficiency_kml는 price_krw는 상관관계가 거의 없다고 봐도 무방하다.
  4. engine_size_cc와 horsepower은 다중공선성을 의심하지 않아도 된다.

In [ ]: *# 여기에 답안코드를 작성하세요*

08 훈련과 검증에 사용할 데이터셋을 분리하려고 합니다. price_krw 컬럼을 label y로, 나머지 컬럼들을 feature X로 할당한 후 훈련 데이터셋과 검증 데이터셋으로 분리하는 코드를 작성하세요.

- 대상 데이터셋: car_numeric
- sklearn.model_selection의 train_test_split 함수 사용
- 훈련:검증 데이터 비율: 70:30
- random_state: 100(결과 재현을 위해 고정)
- (주의) 회귀 문제이므로 stratify 옵션은 사용하지 않습니다.

In [ ]: *# 여기에 답안코드를 작성하세요*

09 수치형 데이터들의 단위(Scale)를 맞춰주기 위해 데이터 스케일링을 진행합니다. 모든 값을 0과 1 사이로 변환하는 MinMaxScaler를 사용하여 훈련 데이터와 검증 데이터의 Feature(X_train, X_valid)를 스케일링하는 코드를 작성하세요.

- sklearn.preprocessing의 MinMaxScaler 함수 사용
- 훈련 데이터에는 fit_transform()을, 검증 데이터에는 transform()을 적용하세요.
- 스케일링된 결과는 각각 X_train_scaled, X_valid_scaled 변수에 저장하세요.

In [ ]: *# 여기에 답안코드를 작성하세요*

10 앙상블 모델 중 하나인 RandomForestRegressor를 사용하여 중고차 가격 예측 모델을 학습시키려고 합니다. 아래 가이드에 따라 모델을 생성하고 학습시키는 코드를 작성하세요.

- sklearn.ensemble의 RandomForestRegressor 함수 사용
- 하이퍼파라미터 설정
  - ▶ n_estimators (결정 트리 개수): 200
  - ▶ max_depth (트리의 최대 깊이): 10
  - ▶ random_state: 100
- 모델 객체는 model_rf 변수에 저장하고, 스케일링된 훈련 데이터로 학습시키세요.

In [ ]: *# 여기에 답안코드를 작성하세요*

11 이번에는 XGBRegressor 모델을 사용하여 학습을 진행하고, 모델이 어떤 특성을 중요하게 생각하는지 확인하려고 합니다. 아래 가이드에 따라 모델을 학습시키고, 가장 중요한 특성의 이름을 답안11 변수에 저장하세요.

- xgboost의 XGBRegressor 함수 사용(사전 실행 코드에서 xgb로 임포트)
- 하이퍼파라미터 설정
  - ▶ n_estimators: 200
  - ▶ learning_rate: 0.1
  - ▶ max_depth: 5
  - ▶ random_state: 100
- 모델 객체는 model_xgb 변수에 저장하고 학습시키세요.
- 학습 후 feature_importances_ 속성을 확인하여 가장 중요한 특성의 컬럼명을 답안11에 저장하세요. (예. 답안11 = 'mileage_km')

```
In [ ]:    # 여기에 답안코드를 작성하세요
```

12 앞서 학습한 두 머신러닝 모델(model_rf, model_xgb)의 성능을 평가하려고 합니다. 회귀 모델의 성능을 평가하는 대표적인 지표인 MSE(Mean Squared Error)와 R^2 Score(결정계수)를 계산하는 코드를 작성하세요.

- sklearn.metrics에서 mean_squared_error, r2_score 함수를 import하세요.
- 두 모델에 대해 각각 y_valid와 예측값을 사용하여 두 가지 평가지표를 모두 계산하고 출력하세요.

```
In [ ]:    # 여기에 답안코드를 작성하세요
```

13 이번에는 딥러닝을 사용하여 가격 예측 모델을 만들려고 합니다. 아래의 가이드와 토폴로지 그림에 따라 tensorflow.keras를 사용하여 회귀 모델을 구축하고 학습시키세요.

- Sequential 모델을 사용하세요.
- 모델 구조
  - ▶ 입력층: Dense 레이어, 128개 노드, 활성화 함수 relu
  - ▶ 은닉층 1: Dense 레이어, 64개 노드, 활성화 함수 relu
  - ▶ 은닉층 2: Dense 레이어, 32개 노드, 활성화 함수 relu
  - ▶ 출력층: Dense 레이어, 1개 노드(가격을 예측하므로)
- 컴파일 설정
  - ▶ optimizer: adam
  - ▶ loss: mean_squared_error(회귀 문제용 손실 함수)
- 학습 설정
  - ▶ epochs: 50
  - ▶ batch_size: 32
- validation_data로 X_valid_scaled, y_valid를 사용하여 검증 손실도 함께 확인하세요.
- 학습 과정은 history 변수에 저장하세요.

In [ ]:
```
# 아래의 코드를 실행해 주세요.
import tensorflow as tf
from tensorflow.keras.models import Sequential
from tensorflow.keras.layers import Dense
```

In [ ]:
```
# 여기에 답안코드를 작성하세요
```

PART 1

AICE associate 실전모의고사

14 최종적으로 완성된 딥러닝 모델을 사용하여, 아래와 같은 새로운 중고차 데이터가 들어왔을 때의 가격을 예측하려고 합니다. 주어진 시뮬레이션 데이터(new_car_data)를 9번 문제에서 생성한 스케일러 (scaler)를 사용하여 변환한 뒤, 딥러닝 모델로 가격을 예측하는 코드를 작성하세요.

- 결과는 predicted_price 변수에 저장하세요.

[사전 실행 지시사항]

- 아래 코드를 실행하여 시뮬레이션용 데이터를 생성하세요.

In [ ]:
```
new_car_data = np.array([[5, 80000, 2000, 150, 12.0, 1.0, 1, 0, 0, 0, 0, 1, 0, 0, 0, 0, 1, 0]])
```

In [ ]:
```
# 여기에 답안코드를 작성하세요
```

01 seaborn 라이브러리 임포트

- **상세 해설**
  - ▶ import 라이브러리 as 별칭 구문을 사용하여 seaborn 라이브러리를 sns라는 표준 별칭으로 불러옵니다. seaborn은 데이터 시각화에 필수적인 라이브러리입니다.

In [ ]:
```python
# 여기에 답안코드를 작성하세요
import seaborn as sns
```

02 데이터 로딩 및 기본 정보 확인

- **상세 해설**
  - ▶ pandas의 read_csv() 함수를 사용하여 지정된 파일명의 데이터를 읽어 car_df 데이터프레임에 저장합니다. 그 후, info() 메소드를 사용하여 데이터프레임의 전체적인 구조, 각 컬럼의 데이터 타입, 결측치 현황 등을 파악합니다.

In [ ]:
```python
# 여기에 답안코드를 작성하세요
# '1_used_car_prices.csv' 파일을 읽어 car_df 변수에 저장합니다.
car_df = pd.read_csv('1_used_car_prices.csv')

# 데이터프레임의 요약 정보 확인
car_df.info()
답안02 = 'color'
```

PART 1
AICE associate 실전모의고사

03 barplot을 이용한 그룹별 평균 비교

- **상세 해설**
  - ▶ seaborn의 barplot은 x축에 지정된 범주형 변수의 각 그룹에 대한 y축 변수의 평균값을 막대그래프로 보여줍니다. x='engine_type', y='price_krw'으로 설정하여 그래프를 그리면, '디젤' 엔진 타입의 평균 가격이 가장 높은 것을 시각적으로 확인할 수 있습니다.

In [ ]:
```
# 여기에 답안코드를 작성하세요.
# seaborn의 barplot을 사용하여 엔진타입별 평균 가격을 시각화합니다.
sns.barplot(data=car_df, x='engine_type', y='price_krw')
plt.title('Average Used Car Price by Engine Type')

# 그래프를 통해 '디젤'의 평균 가격이 가장 높음을 알 수 있습니다.
답안03 = '디젤'
```

- **핵심 이론**
  - ▶ sns.barplot(data, x, y): x축에 지정된 범주형 데이터의 각 그룹에 대해 y축에 지정된 수치형 데이터의 '평균'을 계산하여 막대그래프로 보여줍니다. 그룹 간 평균을 비교할 때 유용합니다. 신뢰구간(막대 위 검은 선)도 함께 표시하여 평균값의 불확실성을 나타냅니다.

04 groupby를 이용한 다중 그룹 집계

- **상세 해설**

  ▶ groupby()에 리스트 형태로 여러 컬럼(['brand', 'option_grade'])을 전달하여 다중 그룹화를 수행합니다. 그 후 ['price_krw'] 컬럼을 선택하고 .mean()으로 평균을 계산합니다. .idxmax() 함수는 가장 큰 값을 가진 인덱스(여기서는 멀티 인덱스)를 반환합니다. ('C사', '기본')이 가장 높은 평균 가격을 가지므로, brand와 option_grade는 'C사, 기본'입니다.

```
In [ ]:
# 'brand'와 'option_grade'으로 그룹화하여 가격의 평균을 계산합니다.
grouped_price = car_df.groupby(['brand', 'option_grade'])['price_krw'].mean()
print(grouped_price)

# 가장 평균 가격이 높은 그룹의 인덱스를 찾습니다. 이 부분은 groupby에 대한 결과를 보고 풀어도
무방하며, 아래 코드는 참고하시면 됩니다.
highest_price_combo = grouped_price.idxmax()
print(f"\n가장 평균 가격이 높은 조합: {highest_price_combo}")

# 해당 조합의 브랜드명을 답안으로 저장합니다.
답안04 = 'C사, 기본'
```

- **핵심 이론**

  ▶ df.groupby(by=[...]): 지정된 컬럼(들)을 기준으로 데이터를 그룹으로 묶어주는 매우 강력한 기능입니다. 뒤에 .mean(), .sum(), .count() 등 집계 함수를 붙여 의미 있는 결과를 얻습니다.

  ▶ .idxmax(): Series에서 가장 큰 값을 가진 인덱스를 반환합니다. groupby 결과에 사용하면 특정 조건에서 최댓값을 갖는 그룹을 쉽게 찾을 수 있습니다.

05 결측치 처리 및 컬럼 삭제

- 상세 해설
  ▶ 먼저 원본 데이터프레임을 copy()하여 car_pre를 만듭니다. option_grade의 최빈값은 car_pre['option_grade'].mode()[0]으로 구합니다. 이 값을 fillna()를 사용하여 결측치에 채워 넣습니다. .drop() 함수를 사용하여 color 컬럼을 삭제합니다. axis=1은 컬럼을 삭제하겠다는 의미입니다.

```
In [ ]:   # 여기에 답안코드를 작성하세요.
          # 원본 보존을 위해 데이터프레임을 복사합니다.
          car_pre = car_df.copy()

          # 1. option_grade 컬럼의 최빈값을 구합니다.
          mode_option = car_pre['option_grade'].mode()[0]
          print(f"option_grade의 최빈값: {mode_option}")

          # 2. fillna를 사용하여 결측치를 최빈값으로 채웁니다.
          car_pre['option_grade'].fillna(mode_option, inplace=True)

          # 3. drop을 사용하여 'color' 컬럼을 삭제합니다.
          car_pre.drop('color', axis=1, inplace=True)
```

- 핵심 이론
  ▶ df['컬럼명'].mode()[0]: 해당 컬럼에서 가장 자주 나타나는 값, 즉 최빈값을 반환합니다. 범주형 데이터의 결측치를 채울 때 주로 사용합니다.
  ▶ df['컬럼명'].fillna(value, inplace=True): 선택한 컬럼의 결측치(NaN)를 지정된 value로 채웁니다. inplace=True는 원본 데이터프레임에 변경사항을 바로 적용하라는 의미입니다.
  ▶ df.drop('컬럼명', axis=1): 지정된 컬럼 또는 행을 삭제합니다. axis=1은 '컬럼'을, axis=0은 '행'을 의미합니다.

06 원-핫 인코딩

- **상세 해설**
  - ▶ get_dummies()는 범주형 데이터를 여러 개의 0과 1로 이루어진 컬럼으로 변환해주는 강력한 함수입니다. 먼저 brand 컬럼의 결측치를 'unknown'으로 채웁니다. 그 후 car_pre 데이터프레임과 변환할 컬럼 리스트를 get_dummies() 함수에 전달하여 원-핫 인코딩을 수행합니다.

```
In [ ]:    # 여기에 답안코드를 작성하세요.
           # 6번 문제에서 처리된 car_pre 데이터프레임을 사용합니다.
           # brand 컬럼의 결측치를 'unknown'으로 채웁니다.
           car_pre['brand'].fillna('unknown', inplace=True)

           # 변환할 범주형 컬럼 리스트
           categorical_cols = ['brand', 'engine_type', 'option_grade']

           # get_dummies를 사용하여 원-핫 인코딩을 수행합니다.
           car_numeric = pd.get_dummies(car_pre, columns=categorical_cols)

           # 변환 결과 확인
           car_numeric.head()
```

- **핵심 이론**
  - ▶ pd.get_dummies(data, columns=[…]): 범주형 데이터를 원-핫 인코딩으로 변환합니다. 모델이 문자를 이해할 수 없으므로, 각 카테고리를 별도의 컬럼으로 만들고 해당 여부를 0과 1로 표시해주는 필수적인 전처리 과정입니다.

PART 1   AICE associate 실전모의고사

2025 이패스 AICE Associate 실전모의고사 10

07 상관관계 분석 및 시각화

- **상세 해설**
  - ▶ 상관계수 히트맵에서 price_krw와 가장 강한 음의 상관관계를 보이는 변수는 age_years(−0.77)입니다.
  - ▶ age_years와 mileage_km은 0.86으로 높은 양의 상관을 보이며, fuel_efficiency_km와 price_krw는 −0.12로 상관이 거의 없습니다.
  - ▶ engine_size_cc와 horsepower는 0.92로 매우 강한 양의 상관을 보여 다중공선성을 의심할 수 있습니다.

In [ ]:
```
# 여기에 답안코드를 작성하세요
답안07 = 3
```

- **핵심 이론**
  - ▶ 상관계수: −1~1 사이 값으로 두 변수 간 선형 관계 강도를 나타냅니다. 절댓값이 클수록 관계가 강하며, 부호는 관계 방향(양/음)을 의미합니다.
  - ▶ 다중공선성: 독립변수 간 상관이 높아($|r| \geq 0.8$) 회귀분석 결과의 신뢰도를 떨어뜨리는 현상입니다.

08 데이터셋 분리

- **상세 해설**
  - ▶ 먼저 drop()을 사용하여 price_krw 컬럼을 제외한 나머지를 X로, price_krw 컬럼을 y로 분리합니다. 그 후 train_test_split 함수에 X와 y를 넣고, test_size=0.3 (검증 데이터 30%), random_state=100 을 설정하여 데이터를 분리합니다.

```
In [ ]:    # 여기에 답안코드를 작성하세요.
           from sklearn.model_selection import train_test_split

           # Feature(X)와 Label(y)을 분리합니다.
           X = car_numeric.drop('price_krw', axis=1)
           y = car_numeric['price_krw']

           # 훈련 데이터와 검증 데이터로 분리합니다.
           X_train, X_valid, y_train, y_valid = train_test_split(X, y, test_size=0.3, random_state=100)

           # 분리 결과 확인
           print("X_train shape:", X_train.shape)
           print("X_valid shape:", X_valid.shape)
```

- **핵심 이론**
  - ▶ train_test_split(X, y, test_size, random_state): 전체 데이터셋을 훈련용과 검증용으로 나누어 주는 함수입니다.
  - ▶ test_size: 검증용 데이터셋의 비율 (0.3은 30%를 의미).
  - ▶ random_state: 난수 생성의 시드(seed) 값. 이 값을 고정하면 매번 실행할 때마다 동일한 방식으로 데이터가 나뉘어 결과의 재현성을 보장합니다.
  - ▶ 회귀 문제와 stratify: 분류 문제에서는 stratify=y 옵션을 주어 타겟의 비율을 유지하지만, 연속된 값을 갖는 회귀 문제의 타겟(y)에는 비율 개념이 없으므로 이 옵션을 사용하지 않습니다.

09   데이터 스케일링(MinMaxScaler)

- **상세 해설**
  - ▶ MinMaxScaler 객체를 생성합니다. 훈련 데이터(X_train)에는 fit_transform()을 적용하여 스케일링 규칙을 학습하고 동시에 변환합니다. 검증 데이터(X_valid)에는 transform()만 적용하여 훈련 데이터에서 학습한 규칙을 그대로 적용합니다. 이것이 데이터 누수(Data Leakage)를 방지하는 핵심 원칙입니다.

In [ ]:
```python
# 여기에 답안코드를 작성하세요.
from sklearn.preprocessing import MinMaxScaler

# MinMaxScaler 객체 생성
scaler = MinMaxScaler()

# 훈련 데이터에 fit_transform 적용
X_train_scaled = scaler.fit_transform(X_train)

# 검증 데이터에 transform 적용
X_valid_scaled = scaler.transform(X_valid)
```

- **핵심 이론**
  - ▶ MinMaxScaler(): 모든 수치형 데이터의 값을 0과 1 사이로 변환(스케일링)합니다.
  - ▶ .fit_transform(데이터): 데이터로부터 스케일링 규칙(최솟값, 최댓값)을 학습하고, 그 규칙을 데이터에 바로 적용합니다. 훈련 데이터에만 사용합니다.
  - ▶ .transform(데이터): 이미 학습된 규칙을 사용하여 데이터를 변환합니다. 검증 및 테스트 데이터에 사용합니다.

10 RandomForestRegressor 모델 학습

- **상세 해설**
  - ▷ RandomForestRegressor 클래스를 임포트하고, 문제에서 제시된 하이퍼파라미터(n_estimators=200, max_depth=10, random_state=100)로 모델 객체 model_rf를 생성합니다. .fit() 메소드를 사용하여 스케일링된 훈련 데이터(X_train_scaled, y_train)로 모델을 학습시킵니다.

In [ ]:
```
# 여기에 답안코드를 작성하세요.
from sklearn.ensemble import RandomForestRegressor

# RandomForestRegressor 모델 객체 생성
model_rf = RandomForestRegressor(n_estimators=200, max_depth=10, random_state=100)

# 모델 학습
model_rf.fit(X_train_scaled, y_train)
```

- **핵심 이론**
  - ▷ RandomForestRegressor(n_estimators, max_depth, random_state): 여러 개의 결정 트리를 사용하는 앙상블 기반의 회귀 모델입니다.
  - ▷ n_estimators: 생성할 트리의 개수.
  - ▷ max_depth: 각 트리의 최대 깊이.
  - ▷ random_state: 모델 내부의 무작위성을 제어하여 결과 재현성을 보장합니다.

11 XGBRegressor 모델 학습 및 특성 중요도 확인

- **상세 해설**
  - ▶ XGBRegressor 모델 객체 model_xgb를 주어진 하이퍼파라미터로 생성하고 학습시킵니다. 학습이 완료된 모델의 .feature_importances_ 속성은 각 특성이 예측에 얼마나 기여했는지를 나타내는 값들의 배열입니다. np.argmax()를 사용하여 이 배열에서 가장 큰 값의 인덱스를 찾고, X.columns를 이용해 해당 인덱스의 컬럼명을 찾아 답안11에 저장합니다.

```
In [ ]:   # 여기에 답안코드를 작성하세요.
          # XGBRegressor 모델 객체 생성 (사전 실행 코드에서 xgb로 임포트)
          model_xgb = xgb.XGBRegressor(n_estimators=200, learning_rate=0.1, max_depth=5, random
          _state=100)

          # 모델 학습
          model_xgb.fit(X_train_scaled, y_train)

          # 특성 중요도 확인
          importances = model_xgb.feature_importances_
          feature_names = X.columns

          # 가장 중요한 특성의 인덱스 찾기
          most_important_idx = np.argmax(importances)

          # 가장 중요한 특성의 이름 찾기
          most_important_feature = feature_names[most_important_idx]

          # 답안 변수에 저장
          답안11 = most_important_feature

          print(f"가장 중요한 특성: {답안11}")
```

- **핵심 이론**
  - ▶ .feature_importances_ : 트리 기반 모델(RandomForest, XGBoost 등) 학습 후 제공되는 속성으로, 각 특성(Feature)이 모델의 예측에 얼마나 중요한 역할을 했는지를 수치로 나타냅니다. 이 값이 높을수록 중요한 변수입니다.

12 회귀 모델 성능 평가

- **상세 해설**
  - ▷ mean_squared_error와 r2_score 함수를 임포트합니다. 각 모델(model_rf, model_xgb)에 대해 .predict()를 사용하여 검증 데이터의 예측값을 구합니다. 그 후, 각 평가 함수에 (실제값, 예측값) 순서로 y_valid와 예측값을 인자로 넣어 성능 지표를 계산하고 출력합니다.

In [ ]:
```python
# 여기에 답안코드를 작성하세요.
from sklearn.metrics import mean_squared_error, r2_score

# 1. RandomForestRegressor 모델 성능 평가
rf_pred = model_rf.predict(X_valid_scaled)
rf_mse = mean_squared_error(y_valid, rf_pred)
rf_r2 = r2_score(y_valid, rf_pred)

print("--- RandomForestRegressor 성능 ---")
print(f"MSE: {rf_mse:.4f}")
print(f"R² Score: {rf_r2:.4f}\n")

# 2. XGBRegressor 모델 성능 평가
xgb_pred = model_xgb.predict(X_valid_scaled)
xgb_mse = mean_squared_error(y_valid, xgb_pred)
xgb_r2 = r2_score(y_valid, xgb_pred)

print("--- XGBRegressor 성능 ---")
print(f"MSE: {xgb_mse:.4f}")
print(f"R² Score: {xgb_r2:.4f}")
```

- **핵심 이론**
  - ▷ mean_squared_error(y_true, y_pred): 회귀 모델의 성능을 평가하는 대표적인 지표로, 평균 제곱 오차를 계산합니다. (실제값 − 예측값)²의 평균이며, 값이 작을수록 모델의 예측이 정확하다는 의미입니다.
  - ▷ r2_score(y_true, y_pred): 결정계수(R-squared)를 계산합니다. 모델이 데이터의 변동성을 얼마나 잘 설명하는지를 나타내며, 값은 보통 0과 1 사이이며, 1에 가까울수록 모델의 설명력이 높다는 의미입니다.

13 딥러닝 회귀 모델 구축 및 학습

- **상세 해설**
  - ▶ Sequential 모델을 만들고 Dense 레이어를 순서대로 추가합니다. 회귀 문제이므로 마지막 출력층의 노드(unit) 개수는 1이고, 특별한 활성화 함수를 지정하지 않습니다 (선형 함수가 기본값). compile 시 손실 함수(loss)로 회귀 문제에 적합한 'mean_squared_error'를 사용합니다. fit 함수로 모델을 학습시키며, validation_data를 지정하여 매 에포크마다 검증 성능을 함께 모니터링합니다.

```python
# 여기에 답안코드를 작성하세요.
import tensorflow as tf
from tensorflow.keras.models import Sequential
from tensorflow.keras.layers import Dense

# 딥러닝 모델 설계
model_dl = Sequential([
    Dense(128, activation='relu', input_shape=[X_train_scaled.shape[1]]),
    Dense(64, activation='relu'),
    Dense(32, activation='relu'),
    Dense(1) # 회귀 문제이므로 출력층 노드는 1개, 활성화 함수 없음
])

# 모델 컴파일
model_dl.compile(optimizer='adam', loss='mean_squared_error')

# 모델 학습
history = model_dl.fit(
    X_train_scaled, y_train,
    epochs=50,
    batch_size=32,
    validation_data=(X_valid_scaled, y_valid),
    verbose=0 # 학습 과정 출력 생략
)

print("딥러닝 모델 학습 완료")
model_dl.evaluate(X_valid_scaled, y_valid)
```

- **핵심 이론**
  - ▶ 딥러닝 회귀 모델의 특징
  - ▶ 출력층: Dense(1) – 예측할 값이 1개(가격)이므로 노드는 1개입니다.
  - ▶ 활성화 함수: 마지막 출력층에는 활성화 함수를 지정하지 않아 linear 함수가 적용되도록 합니다.
  - ▶ 손실 함수: loss='mean_squared_error' 또는 loss='mse' – 회귀 문제의 대표적인 손실 함수를 사용합니다.

14 딥러닝 모델을 이용한 예측

- **상세 해설**
  - ▷ 새로운 데이터 new_car_data는 스케일링되지 않은 원본 형태이므로, 반드시 9번 문제에서 훈련 데이터로 학습시킨 scaler 객체를 사용하여 transform() 해야 합니다. 스케일링된 데이터를 학습된 딥러닝 모델 model_dl의 .predict() 메소드에 입력하여 가격을 예측하고, 그 결과를 predicted_price 변수에 저장합니다.

In [ ]:
```python
# 여기에 답안코드를 작성하세요.
# 1. 9번 문제의 scaler를 사용하여 새로운 데이터를 스케일링합니다.
new_car_scaled = scaler.transform(new_car_data)

# 2. 딥러닝 모델로 가격을 예측합니다.
predicted_price = model_dl.predict(new_car_scaled)

print(f"새로운 중고차의 예측 가격: {predicted_price[0][0]:.2f} 만원")
```

- **핵심 이론**
  - ▷ 예측 시 데이터 변환의 일관성: 모델을 학습시킬 때 적용했던 전처리 과정(결측치 처리, 원-핫 인코딩, 스케일링 등)은 새로운 데이터로 예측을 수행할 때도 반드시 동일하게 적용되어야 합니다. 특히 스케일링의 경우, 훈련 데이터로 학습된(fit) 스케일러를 그대로 사용(transform)해야 합니다.

AICE associate
실전모의고사

2회 지역별 부동산 가격 예측 AI 모델 개발

2회   지역별 부동산 가격 예측 [문제]

↘ **과제** : 지역별 부동산 가격 예측 AI 모델 개발

↘ **도메인** : 부동산

↘ **배경**

부동산 가격은 다양한 요인에 의해 복합적으로 결정됩니다. 'AICE 부동산' 데이터팀은 고객들이 합리적인 의사결정을 내릴 수 있도록, 축적된 실거래가 데이터를 기반으로 부동산의 가치를 예측하는 AI 모델을 구축하고자 합니다. 이 모델은 매물의 기본 정보와 주변 환경 요소를 바탕으로 적정 가격을 예측하여, 시장 투명성을 높이는 데 기여할 것입니다.

데이터셋 설명(파일명: 2_real_estate_valuation.csv)

컬럼 명	설명
region	지역
area_sqm	면적(제곱미터)
num_rooms	방 개수
num_bathrooms	욕실 개수
building_age	건물 나이(년)
building_material	주요 건축 자재
parking_spaces	주차 가능 대수
subway_stations_1km	반경 1km 내 지하철역 수
amenities_500m	반경 500m 내 편의시설 수
school_score	학군 점수
price_eok	예측 목표(Target), 부동산의 실제 거래 가격 (단위: 억 원)

[사전 실행 지시사항]

• 모든 문제를 풀기 전에 아래 코드를 실행해주세요.

In [ ]:
```
# 데이터 분석 및 시각화에 필요한 기본 라이브러리들을 불러옵니다.
import pandas as pd
import numpy as np
import matplotlib.pyplot as plt
import seaborn as sns
```

01 LightGBM은 Microsoft에서 개발한 고성능 그래디언트 부스팅 라이브러리입니다. lightgbm 라이브러리를 별칭 lgb로 임포트하는 코드를 작성하세요.

In [ ]:   *# 여기에 답안코드를 작성하세요*

02 AI 모델링을 위해 분석할 데이터를 준비하고 기본 정보를 파악하려고 합니다. 아래 가이드에 따라 코드를 작성하세요.

- Pandas의 read_csv 함수를 사용하여 2_real_estate_valuation.csv 파일을 읽어 데이터프레임 변수 estate_df에 할당하세요.
- info()와 describe() 함수를 사용하여 estate_df의 요약 정보와 기술 통계량을 확인하세요.

In [ ]:   *# 여기에 답안코드를 작성하세요*

03 면적(area_sqm)과 가격(price_eok) 사이의 관계를 시각적으로 탐색하고, 학군점수(school_score)가 이 관계에 미치는 영향을 확인하고자 합니다. seaborn의 scatterplot을 사용하여 아래 조건에 맞는 산점도를 생성하세요.

- x축: area_sqm
- y축: price_eok
- 데이터: estate_df
- 추가 옵션: 점의 색상(hue)을 school_score 기준으로 구분하여 표시

In [ ]:
```
# 여기에 답안코드를 작성하세요
```

04 주요 건축 자재(building_material)에 따라 가격 분포가 어떻게 다른지 확인하려고 합니다. seaborn의 violinplot을 사용하여 building_material에 따른 price_eok의 분포를 시각화세요.

- x축: building_material
- y축: price_eok
- 데이터: estate_df
- 그래프를 보고 가격 분포의 편차가 큰 건축자재를 답안4 변수에 문자열로 저장하세요 (예 답안4 = '목조')

In [ ]:
```
# 한글화를 위해 아래의 코드를 작성해 주세요.
import platform
from matplotlib import rc

if platform.system() == 'Darwin':  # macOS
    rc('font', family='AppleGothic')
else:  # Windows
    rc('font', family='Malgun Gothic')

plt.rcParams['axes.unicode_minus'] = False
```

In [ ]:
```
# 여기에 답안코드를 작성하세요.
```

05 region별로 subway_stations_1km와 amenities_500m의 평균 개수를 확인하고자 합니다. groupby()를 사용하여 데이터를 region으로 그룹화하고, 두 편의시설 관련 컬럼의 평균을 계산하세요.

In [ ]: # 여기에 답안코드를 작성하세요

PART 1

AICE associate 실전모의고사

06 모델링을 위해 데이터의 결측치를 처리하려고 합니다. 아래 가이드에 따라 결측치를 처리하고, 결과를 estate_pre 변수에 저장하세요.

- estate_df 데이터프레임을 복사하여 estate_pre를 생성합니다.
- 수치형 컬럼인 num_rooms, num_bathrooms, building_age, parking_spaces, subway_stations_1km의 결측치는 각 컬럼의 중앙값(median)으로 채우세요.
- 범주형 컬럼인 building_material의 결측치는 'unknown' 문자열로 채우세요.

In [ ]: # 여기에 답안코드를 작성하세요

07 머신러닝 모델이 이해할 수 있도록 범주형 데이터를 수치형으로 변환하려고 합니다. sklearn.preproc essing의 LabelEncoder를 사용하여 region과 building_material 컬럼을 각각 레이블 인코딩 하세요.

- LabelEncoder 객체를 생성하여 각 컬럼에 fit_transform을 적용하고, 변환된 결과를 다시 원래 데이터 프레임의 해당 컬럼에 덮어쓰세요.

In [ ]: # 여기에 답안코드를 작성하세요

08 훈련과 검증에 사용할 데이터셋을 분리하려고 합니다. price_eok 컬럼을 label y로, 나머지 컬럼들을 feature X로 할당한 후 훈련 데이터셋과 검증 데이터셋으로 분리하는 코드를 작성하세요.

- 대상 데이터셋: estate_pre(7번 문제까지 처리 완료된)
- sklearn.model_selection의 train_test_split 함수 사용
- 훈련:검증 데이터 비율: 80:20
- random_state: 42

In [ ]: # 여기에 답안코드를 작성하세요

09 수치형 데이터들의 단위를 맞춰주기 위해 데이터 스케일링을 진행합니다. 평균을 0, 표준편차를 1로 변환 하는 StandardScaler를 사용하여 훈련 데이터와 검증 데이터의 Feature(X_train, X_valid)를 스케일링하는 코드를 작성하세요.

- sklearn.preprocessing의 StandardScaler 함수 사용
- 훈련 데이터에는 fit_transform()을, 검증 데이터에는 transform()을 적용하세요.
- 스케일링된 결과는 각각 X_train_scaled, X_valid_scaled 변수에 저장하세요.

In [ ]: *# 여기에 답안코드를 작성하세요*

10 선형 회귀 모델 중 하나인 Ridge 회귀 모델을 사용하여 부동산 가격 예측 모델을 학습시키려고 합니다. 아래 가이드에 따라 모델을 생성하고 학습시키는 코드를 작성하세요.

- sklearn.linear_model의 Ridge 함수 사용
- 하이퍼파라미터 설정
  - alpha: 1.0
  - random_stat: 42
- 모델 객체는 model_ridge 변수에 저장하고, 스케일링된 훈련 데이터로 학습시키세요.
- predict()를 사용하여 검증 데이터에 대한 예측값을 ridge_pred에 저장합니다.

In [ ]: *# 여기에 답안코드를 작성하세요*

11 이번에는 LGBMRegressor 모델을 사용하여 학습을 진행하고, 이 모델의 예측 성능을 확인하려고 합니다. 아래 가이드에 따라 모델을 학습시키고, 검증 데이터셋(X_valid_scaled)에 대한 예측 결과를 lgbm_pred 변수에 저장하세요.

- lightgbm의 LGBMRegressor 함수 사용 (1번 문제에서 lgb로 임포트)
- 하이퍼파라미터 설정
  - n_estimators: 200
  - learning_rate: 0.05
  - random_state: 42
- 모델 객체는 model_lgbm 변수에 저장하고 학습시키세요.

In [ ]:   *# 여기에 답안코드를 작성하세요*

12 앞서 학습한 두 머신러닝 모델(model_ridge, model_lgbm)의 성능을 평가하려고 합니다. 회귀 모델의 성능을 평가하는 대표적인 지표인 MAE(Mean Absolute Error)와 R^2 Score(결정계수)를 계산하는 코드를 작성하세요.

- sklearn.metrics에서 mean_absolute_error, r2_score 함수를 import하세요.
- 두 모델에 대해 각각 y_valid와 예측값을 사용하여 두 가지 평가지표를 모두 계산하고 출력하세요.

In [ ]:   *# 여기에 답안코드를 작성하세요*

13 이번에는 딥러닝을 사용하여 가격 예측 모델을 만들려고 합니다. 아래의 가이드에 따라 tensorflow. keras를 사용하여 회귀 모델을 구축하고 학습시키세요. 이번 모델에는 과적합을 방지하기 위해 Dropout 레이어를 추가합니다.

- Sequential 모델을 사용하세요.
- 모델 구조
  ▶ 입력층: Dense 레이어, 64개 노드, 활성화 함수 relu
  ▶ Dropout: 20%의 뉴런을 비활성화(Dropout(0.2))
  ▶ 은닉층 1: Dense 레이어, 32개 노드, 활성화 함수 relu
  ▶ 출력층: Dense 레이어, 1개 노드
- 컴파일 설정
  ▶ optimizer: adam
  ▶ loss: mean_absolute_error(MAE)
- 학습 설정
  ▶ epochs: 100
  ▶ batch_size: 16
  ▶ validation_split: 훈련 데이터 중 20%를 검증용으로 사용
- 학습 과정은 history 변수에 저장하세요.

In [ ]: *# 여기에 답안코드를 작성하세요*

PART 1 AICE associate 실전모의고사

14 최종적으로 완성된 딥러닝 모델을 사용하여, 아래와 같은 새로운 부동산 데이터가 들어왔을 때의 가격을 예측하려고 합니다. 주어진 시뮬레이션 데이터(new_estate_data)를 9번 문제에서 생성한 스케일러 (scaler)를 사용하여 변환한 뒤, 딥러닝 모델로 가격을 예측하는 코드를 작성하세요.

- 예측 결과는 predicted_price_dl 변수에 저장하세요.

[사전 실행 지시사항]
- 아래 코드를 실행하여 시뮬레이션용 데이터를 생성하세요.

In [ ] :
```
new_estate_data = np.array([[0, 120.0, 3.0, 2.0, 10.0, 1, 2.0, 2.0, 8.0, 9.0]])
```

In [ ] :
```
# 여기에 답안코드를 작성하세요
```

01 lightgbm 라이브러리 임포트

- **상세 해설**
  - ▶ import 라이브러리 as 별칭 구문을 사용하여 lightgbm 라이브러리를 lgb라는 표준 별칭으로 불러옵니다. lightgbm은 XGBoost와 함께 데이터 분석 대회에서 자주 사용되는 고성능 그래디언트 부스팅 라이브러리입니다.

In [ ] :
```python
# 여기에 답안코드를 작성하세요.
import lightgbm as lgb
```

02 데이터 로딩 및 기본 정보 확인

- **상세 해설**
  - ▶ pandas의 read_csv() 함수로 데이터를 불러온 후, info()와 describe()를 순차적으로 실행합니다. info()는 데이터의 전체적인 구조와 결측치 현황을, describe()는 수치형 데이터의 통계적 특성을 보여주어 데이터에 대한 초기 탐색을 효율적으로 수행할 수 있게 합니다.

In [ ] :
```python
# 여기에 답안코드를 작성하세요.
# '2_real_estate_valuation.csv' 파일을 읽어 estate_df 변수에 저장합니다.
estate_df = pd.read_csv('2_real_estate_valuation.csv')

# 데이터프레임의 요약 정보 확인
estate_df.info()

# 수치형 데이터의 기술 통계량 확인
print(estate_df.describe())
```

03 scatterplot을 이용한 관계 시각화

- **상세 해설**
  - seaborn의 scatterplot은 두 수치형 변수 간의 관계를 점으로 나타내는 산점도를 그립니다. x축에 area_sqm, y축에 price_eok를 설정하면 면적이 넓어질수록 가격이 높아지는 경향을 확인할 수 있습니다. 여기에 hue='school_score' 옵션을 추가하면, 각 점의 색상이 학군 점수에 따라 다르게 표시되어, 학군 점수가 높은(색이 밝은) 매물들이 전반적으로 높은 가격대에 분포하는 경향까지 한 번에 파악할 수 있습니다.

```
In [ ]:    # 여기에 답안코드를 작성하세요.
           sns.scatterplot(data=estate_df, x='area_sqm', y='price_eok', hue='school_score', palette='cool
           warm')
```

- **핵심 이론**
  - sns.scatterplot(data, x, y, hue): 두 변수 간의 관계를 점으로 시각화합니다.
  - hue: 점의 색상을 결정할 제3의 변수를 지정합니다. 예를 들어, 면적(x)과 가격(y)의 관계를 보면서, 각 점의 색으로 학군 점수(hue)의 높고 낮음을 함께 표현할 수 있어 더 풍부한 분석이 가능합니다.
  - palette: hue에 사용할 색상 테마를 지정합니다.

04 violinplot을 이용한 그룹별 분포 비교

- **상세 해설**
  - violinplot은 boxplot의 장점과 데이터의 밀도(Density) 그래프의 장점을 합친 형태로, 각 그룹의 데이터 분포를 더 상세하게 보여줍니다. 마치 바이올린 모양처럼 생긴 이 그래프의 넓은 부분은 데이터가 많이 모여있는 곳, 좁은 부분은 데이터가 드문드문 있는 곳을 의미합니다. 그래프를 그려보면 '목조' 자재의 바이올린이 위아래로 가장 길게 뻗어 있어, 가격의 최솟값과 최댓값의 차이, 즉 편차가 가장 크다는 것을 알 수 있습니다.

```
In [ ]:    # 여기에 답안코드를 작성하세요.
           sns.violinplot(data=estate_df, x='building_material', y='price_eok')

           # 그래프를 통해 '목조'의 중앙값이 가장 큰 것을 알 수 있습니다.
           답안04 = '목조'
```

- **핵심 이론**
  - sns.violinplot(data, x, y): boxplot처럼 중앙값, 사분위수 범위를 보여주면서 동시에 데이터의 전체적인 분포 형태(어디에 데이터가 몰려있는지)까지 시각적으로 표현합니다. 데이터가 특정 값에 몰려있는지, 아니면 여러 개의 봉우리를 갖는지 등을 파악하기에 용이합니다.

05   groupby를 이용한 그룹별 평균 계산

- **상세 해설**
  - ▶ groupby('region')을 사용하여 데이터를 지역별로 그룹화합니다. 그 후, 분석 대상 컬럼인 ['subway_stations_1km', 'amenities_500m']를 선택하고 .mean()으로 각 지역의 평균 편의시설 수를 계산합니다.

```
In [ ]:   # 여기에 답안코드를 작성하세요.
          # 'region'으로 그룹화하여 지하철역 수와 편의시설 수의 평균을 계산합니다.
          region_infra_mean = estate_df.groupby('region')[['subway_stations_1km', 'amenities_500m']].
          mean()
          region_infra_mean
```

06   결측치 처리(중앙값 및 특정 문자열)

- **상세 해설**
  - ▶ copy()로 데이터프레임을 복사합니다. 수치형 컬럼들의 리스트를 만들어 반복문을 통해 각 컬럼의 중앙값(.median())을 계산하고, fillna()로 결측치를 채웁니다. 범주형 컬럼 building_material의 결측치는 'unknown' 문자열로 직접 채워줍니다. 수치형 데이터에서 평균 대신 중앙값을 사용하는 이유는, 이상치(outlier)의 영향을 덜 받기 때문입니다.

```
In [ ]:   # 여기에 답안코드를 작성하세요.
          # 원본 보존을 위해 데이터프레임을 복사합니다.
          estate_pre = estate_df.copy()

          # 1. 수치형 컬럼 결측치를 중앙값으로 채우기
          numeric_cols_with_na = ['num_rooms', 'num_bathrooms', 'building_age', 'parking_spaces', 'sub
          way_stations_1km']
          for col in numeric_cols_with_na:
              median_val = estate_pre[col].median()
              estate_pre[col].fillna(median_val, inplace=True)

          # 2. 범주형 컬럼 결측치를 'unknown'으로 채우기
          estate_pre['building_material'].fillna('unknown', inplace=True)

          # 전처리 결과 확인
          estate_pre.info()
```

07 레이블 인코딩

- **상세 해설**
  - ▷ LabelEncoder는 범주형 데이터를 0부터 시작하는 정수로 변환합니다. region과 building_material 각 컬럼에 대해 LabelEncoder 객체를 생성하고 fit_transform을 적용하여 변환된 숫자 배열을 다시 원래 컬럼에 덮어씁니다. 원-핫 인코딩과 달리 컬럼의 수가 늘어나지 않는 장점이 있지만, 모델이 '서울=0, 부산=1, 인천=2'일 때, '인천이 서울보다 수학적으로 더 크다'고 잘못 오해할 수 있는 단점도 있습니다.

In [ ]:
```python
# 여기에 답안코드를 작성하세요.
from sklearn.preprocessing import LabelEncoder

# 인코딩할 컬럼 리스트
categorical_cols_to_encode = ['region', 'building_material']

for col in categorical_cols_to_encode:
    # LabelEncoder 객체 생성
    le = LabelEncoder()
    # fit_transform을 적용하여 인코딩하고, 결과를 다시 해당 컬럼에 저장
    estate_pre[col] = le.fit_transform(estate_pre[col])

# 변환 결과 확인
estate_pre.head()
```

- **핵심 이론**
  - ▷ LabelEncoder(): n개의 범주형 데이터를 0, 1, 2, ..., n-1 과 같은 정수로 변환합니다.
  - ▷ .fit_transform(데이터): 데이터에 어떤 값들이 있는지 학습(fit)하고, 그 규칙에 따라 바로 변환(transform)을 수행합니다.

08 데이터셋 분리

• 상세 해설

▶ drop()을 사용하여 price_eok 컬럼을 제외한 나머지를 X로, price_eok 컬럼을 y로 분리합니다.
train_test_split 함수에 X와 y, test_size=0.2 (검증 데이터 20%), random_state=42를 설정하
여 데이터를 분리합니다.

In [ ]:
```
# 여기에 답안코드를 작성하세요.
from sklearn.model_selection import train_test_split

# Feature(X)와 Label(y)을 분리합니다.
X = estate_pre.drop('price_eok', axis=1)
y = estate_pre['price_eok']

# 훈련 데이터와 검증 데이터로 분리합니다.
X_train, X_valid, y_train, y_valid = train_test_split(X, y, test_size=0.2, random_state=42)

# 분리 결과 확인
print("X_train shape:", X_train.shape)
print("X_valid shape:", X_valid.shape)
```

09 데이터 스케일링(StandardScaler)

- **상세 해설**
  - ▶ StandardScaler 객체를 생성합니다. MinMaxScaler와 마찬가지로, 훈련 데이터(X_train)에는 fit_transform()을 적용하여 스케일링 규칙(평균, 표준편차)을 학습하고 변환하며, 검증 데이터 (X_valid)에는 transform()만 적용하여 데이터 누수를 방지합니다.

In [ ]:
```python
# 여기에 답안코드를 작성하세요.
from sklearn.preprocessing import StandardScaler

# StandardScaler 객체 생성
scaler = StandardScaler()

# 훈련 데이터에 fit_transform 적용
X_train_scaled = scaler.fit_transform(X_train)

# 검증 데이터에 transform 적용
X_valid_scaled = scaler.transform(X_valid)
```

- **핵심 이론**
  - ▶ StandardScaler(): 각 특성의 평균을 0, 표준편차를 1이 되도록 데이터를 변환합니다. 마치 모든 학생의 점수를 반 평균과 비교하여 '평균보다 몇 점 위/아래'인지를 나타내는 '표준점수'로 바꾸는 것과 같습니다. 딥러닝을 포함한 많은 알고리즘에서 안정적인 성능을 보여 널리 사용됩니다.

10   Ridge 회귀 모델 학습

- **상세 해설**

  ▷ Ridge는 기본적인 선형 회귀 모델에 '과적합 방지 장치'(L2 규제)를 추가한 모델입니다. 이 장치는 모델이 특정 데이터의 특징에 너무 과하게 반응(학습)하여, 새로운 데이터에 대한 예측력이 떨어지는 현상을 막아줍니다. alpha 값은 이 장치를 얼마나 강하게 작동시킬지를 조절하는 스위치와 같습니다.

```
In [ ]:
# 여기에 답안코드를 작성하세요.
from sklearn.linear_model import Ridge

# Ridge 모델 객체 생성
model_ridge = Ridge(alpha=1.0)

# 모델 학습
model_ridge.fit(X_train_scaled, y_train)

# 모델 예측
ridge_pred = model_ridge.predict(X_valid_scaled)
```

- **핵심 이론**

  ▷ Ridge(alpha) : 선형 회귀 모델의 한 종류로, 과적합(모델이 훈련 데이터에만 너무 맞춰지는 현상)을 제어하는 데 효과적입니다. alpha 값이 클수록 제어 장치가 강하게 작동하여 모델이 단순해지고, 작을수록 일반적인 선형 회귀 모델처럼 자유롭게 학습합니다.

11 LGBMRegressor 모델 학습 및 예측

• 상세 해설

▶ LGBMRegressor는 XGBoost와 함께 그래디언트 부스팅 계열에서 가장 성능이 좋은 모델 중 하나로, 특히 대용량 데이터에서 빠른 학습 속도를 자랑합니다. 문제에서 제시된 하이퍼파라미터로 모델 객체 model_lgbm를 생성하고 학습시킨 후, .predict()를 사용하여 검증 데이터에 대한 예측값을 lgbm_pred에 저장합니다.

```
In [ ]:    # 여기에 답안코드를 작성하세요.
           import lightgbm as lgb

           # LGBMRegressor 모델 객체 생성
           model_lgbm = lgb.LGBMRegressor(n_estimators=200, learning_rate=0.05, random_state=42)

           # 모델 학습
           model_lgbm.fit(X_train_scaled, y_train)

           # 검증 데이터에 대한 예측 수행
           lgbm_pred = model_lgbm.predict(X_valid_scaled)
```

12 회귀 모델 성능 평가 (MAE, R²)

- **상세 해설**

  ▶ mean_absolute_error와 r2_score 함수를 임포트합니다. 각 모델에 대해 예측값을 구하고, 평가 함수에 (실제값, 예측값) 순서로 인자를 넣어 성능 지표를 계산합니다. MAE는 (실제값 − 예측값)의 절댓값에 대한 평균으로, MSE(평균 제곱 오차)보다 이상치(매우 비싸거나 싼 특이한 매물)의 영향을 덜 받습니다. 또한 '평균적으로 약 3.5억 정도 오차가 난다'처럼 결과를 직관적으로 해석하기 좋은 장점이 있습니다.

In [ ]:
```python
# 여기에 답안코드를 작성하세요.
from sklearn.metrics import mean_absolute_error, r2_score

# 1. Ridge 모델 성능 평가
ridge_pred = model_ridge.predict(X_valid_scaled)
ridge_mae = mean_absolute_error(y_valid, ridge_pred)
ridge_r2 = r2_score(y_valid, ridge_pred)

print("--- Ridge Regressor 성능 ---")
print(f"MAE: {ridge_mae:.4f}")
print(f"R² Score: {ridge_r2:.4f}\n")

# 2. LGBMRegressor 모델 성능 평가 (11번 문제의 예측값 사용)
lgbm_mae = mean_absolute_error(y_valid, lgbm_pred)
lgbm_r2 = r2_score(y_valid, lgbm_pred)

print("--- LGBMRegressor 성능 ---")
print(f"MAE: {lgbm_mae:.4f}")
print(f"R² Score: {lgbm_r2:.4f}")
```

- **핵심 이론**

  ▶ mean_absolute_error(y_true, y_pred): 평균 절대 오차를 계산합니다. (실제값 − 예측값)의 절댓값에 대한 평균이며, 값이 작을수록 좋습니다.

  ▶ r2_score(y_true, y_pred): 결정계수를 계산하며, 1에 가까울수록 좋습니다.

13 Dropout을 포함한 딥러닝 모델 구축

• 상세 해설

▶ Sequential 모델을 만들고 Dense 레이어 사이에 Dropout 레이어를 추가합니다. Dropout(0.2)는 일종의 '팀워크 훈련' 장치입니다. 학습할 때마다 팀원(데이터를 처리하는 작은 단위인 뉴런) 중 20%를 무작위로 쉬게 만들어, 몇몇 에이스 팀원에게만 의존하지 않고 팀 전체가 협력하여 문제를 해결하는 능력을 기르도록 합니다. 이는 모델이 훈련 데이터에만 너무 익숙해지는 과적합 현상을 막는 데 매우 효과적입니다. fit 함수에서 validation_split=0.2 옵션은 별도의 검증 데이터를 지정하는 대신, 훈련 데이터의 마지막 20%를 검증용으로 사용하겠다는 의미입니다.

In [ ]:
```python
# 여기에 답안코드를 작성하세요.
import tensorflow as tf
from tensorflow.keras.models import Sequential
from tensorflow.keras.layers import Dense, Dropout

# 딥러닝 모델 설계
model_dl = Sequential([
    Dense(64, activation='relu', input_shape=[X_train_scaled.shape[1]]),
    Dropout(0.2),
    Dense(32, activation='relu'),
    Dense(1)
])

# 모델 컴파일
model_dl.compile(optimizer='adam', loss='mean_absolute_error')

# 모델 학습
history = model_dl.fit(
    X_train_scaled, y_train,
    epochs=100,
    batch_size=16,
    validation_split=0.2, # 훈련 데이터의 20%를 검증용으로 사용
    verbose=0 # 학습 과정 출력 생략
)

print("딥러닝 모델 학습 완료")
model_dl.evaluate(X_valid_scaled, y_valid)
```

14 딥러닝 모델을 이용한 예측

- **상세 해설**
  - ▶ 새로운 데이터 new_estate_data는 스케일링되지 않은 원본 형태이므로, 반드시 9번 문제에서 훈련 데이터로 학습시킨 scaler 객체를 사용하여 transform() 해야 합니다. 스케일링된 데이터를 학습된 딥러닝 모델 model_dl의 .predict() 메소드에 입력하여 가격을 예측하고, 그 결과를 predicted_price_dl 변수에 저장합니다.

In [ ] :
```python
# 여기에 답안코드를 작성하세요.
# 1. 9번 문제의 scaler를 사용하여 새로운 데이터를 스케일링합니다.
new_estate_scaled = scaler.transform(new_estate_data)

# 2. 딥러닝 모델로 가격을 예측합니다.
predicted_price_dl = model_dl.predict(new_estate_scaled)

print(f"새로운 부동산의 예측 가격: {predicted_price_dl[0][0]:.2f} 억원")
```

AICE associate
실전모의고사

3회 직원 연봉 예측 AI 모델 개발

3회 직원 연봉 예측 [문제]

↳ **과제** : 직원의 특성에 따른 연봉 예측 AI 모델 개발

↳ **도메인** : 인사(HR)

↳ **배경**

기업의 인사(HR) 부서는 합리적이고 공정한 연봉 책정 시스템을 구축하는 데 많은 노력을 기울입니다. 'AICE 그룹'의 HR 분석팀은 직원의 다양한 특성(경력, 학력, 성과 등)이 연봉에 미치는 영향을 분석하고, 이를 기반으로 신규 입사자나 연봉 협상 대상자의 적정 연봉을 예측하는 AI 모델을 개발하고자 합니다. 이 모델은 객관적인 데이터를 바탕으로 연봉 책정의 투명성을 높이고, 인재 관리 전략을 수립하는 데 활용될 것입니다.

데이터셋 설명(파일명: 3_employee_salary.csv)

컬럼 명	설명
department	소속 부서
experience_years	경력(년)
education_level	최종 학력 수준
position	직급
performance_score	전년도 성과 점수(100점 만점)
projects_completed	완료한 프로젝트 수
team_size	소속된 팀의 인원 수
training_hours	연간 이수한 교육 시간
language_skill	외국어 능력 수준(상/중/하)
salary_krw	예측 목표(Target), 직원의 연봉(단위: 만원)

[사전 실행 지시사항]

• 모든 문제를 풀기 전에 아래 코드를 실행해주세요.

```
In [ ]:    # 데이터 분석 및 시각화에 필요한 기본 라이브러리들을 불러옵니다.
           import pandas as pd
           import numpy as np
           import matplotlib.pyplot as plt
           import seaborn as sns
```

```
# Scikit-learn 라이브러리에서 필요한 모듈들을 불러옵니다.
from sklearn.model_selection import train_test_split
from sklearn.svm import SVR
from sklearn.ensemble import GradientBoostingRegressor
from sklearn.metrics import mean_squared_error, r2_score

# TensorFlow Keras 라이브러리를 불러옵니다.
import tensorflow as tf
from tensorflow.keras.models import Sequential
from tensorflow.keras.layers import Dense
```

01 Scikit-learn은 머신러닝을 위한 다양한 도구를 제공하는 핵심 라이브러리입니다. sklearn. preprocessing 모듈에서 RobustScaler 클래스를 임포트하는 코드를 작성하세요.

In [ ]:   # 여기에 답안코드를 작성하세요

02 AI 모델링을 위해 분석할 데이터를 준비하고 결측치 현황을 파악하려고 합니다. 아래 가이드에 따라 코드를 작성하세요.

- Pandas의 read_csv 함수를 사용하여 3_employee_salary.csv 파일을 읽어 데이터프레임 변수 emp_df에 할당하세요.
- isnull()과 sum() 함수를 사용하여 emp_df의 컬럼별 결측치 개수를 확인하세요.

In [ ]:   # 여기에 답안코드를 작성하세요

03 직원의 경력(experience_years)과 연봉(salary_krw) 사이의 관계를 시각적으로 탐색하고자 합니다. seaborn의 jointplot을 사용하여 두 변수 간의 관계를 산점도와 히스토그램으로 함께 나타내세요.

- x축: experience_years
- y축: salary_krw
- 데이터: emp_df
- 추가 옵션: kind='reg'를 사용하여 산점도와 함께 회귀선을 표시

```
In [ ]:   # 여기에 답안코드를 작성하세요
```

04 직급(position)에 따른 직원 분포를 확인하려고 합니다. seaborn의 countplot을 사용하여 position 컬럼의 각 값들이 몇 번 나타나는지 시각화하세요.

- x축: position
- 데이터: emp_df
- 추가 옵션: 직급 순서(order)를 ['사원', '대리', '과장', '팀장']으로 지정하여 표시

```
In [ ]:   # 한글화를 위해 아래의 코드를 작성해 주세요.
          import platform
          from matplotlib import rc

          if platform.system() == 'Darwin':  # macOS
              rc('font', family='AppleGothic')
          else:  # Windows
              rc('font', family='Malgun Gothic')

          plt.rcParams['axes.unicode_minus'] = False
```

```
In [ ]:   # 여기에 답안코드를 작성하세요
```

05 부서(department)와 직급(position)을 조합했을 때의 평균 성과점수(performance_score)를 확인하고자 합니다. groupby()를 사용하여 데이터를 두 기준으로 그룹화하고, 평균 성과점수를 계산하세요.

In [ ]:   # 여기에 답안코드를 작성하세요

06 모델링을 위해 데이터의 결측치를 처리하려고 합니다. 아래 가이드에 따라 결측치를 처리하고, 결과를 emp_pre 변수에 저장하세요.

- emp_df 데이터프레임을 복사하여 emp_pre를 생성합니다.
- performance_score, projects_completed, team_size 컬럼의 결측치는 각 컬럼의 평균값 (mean)으로 채우세요.
- department, education_level, position 컬럼의 결측치가 있는 행은 데이터 수가 적으므로, 해당 행들을 모두 삭제하세요. (dropna 함수 사용)

In [ ]:   # 여기에 답안코드를 작성하세요

07 순서가 있는 범주형 데이터(education_level, position, language_skill)를 모델이 이해할 수 있는 숫자형으로 변환하려고 합니다. map() 함수를 사용하여 아래의 규칙에 따라 각 컬럼을 직접 인코딩하세요.

- education_level: '고졸' = 0, '학사' = 1, '석사' = 2, '박사' = 3
- position: '사원' = 0, '대리' = 1, '과장' = 2, '팀장' = 3
- language_skill: '하' = 0, '중' = 1, '상' = 2
- 힌트: department 컬럼은 get_dummies를 사용할 예정이므로 이 문제에서는 제외합니다.

```
In [ ]:    # 여기에 답안코드를 작성하세요
```

08 순서가 없는 범주형 데이터(department)를 원-핫 인코딩으로 변환하고, 훈련과 검증에 사용할 데이터셋을 분리하려고 합니다. 아래 순서에 따라 코드를 작성하세요.

- pandas의 get_dummies() 함수를 사용하여 department 컬럼을 원-핫 인코딩하고, 결과를 emp_encoded 변수에 저장하세요.
- emp_encoded 데이터셋에서 salary_krw 컬럼을 label y로, 나머지 컬럼들을 feature X로 할당하세요.
- train_test_split 함수를 사용하여 훈련 데이터셋과 검증 데이터셋을 80:20 비율로 분리하세요. (random_state=123)

```
In [ ]:    # 여기에 답안코드를 작성하세요
```

09 수치형 데이터들의 단위를 맞춰주기 위해 데이터 스케일링을 진행합니다. 이상치(outlier)의 영향을 덜 받는 RobustScaler를 사용하여 훈련 데이터와 검증 데이터의 Feature(X_train, X_valid)를 스케일링하는 코드를 작성하세요.

- sklearn.preprocessing의 RobustScaler 함수 사용 (1번 문제에서 임포트)
- 훈련 데이터에는 fit_transform()을, 검증 데이터에는 transform()을 적용하세요.
- 스케일링된 결과는 각각 X_train_scaled, X_valid_scaled 변수에 저장하세요.

In [ ]: # 여기에 답안코드를 작성하세요

10 서포트 벡터 머신(SVM)의 회귀 모델 버전인 SVR을 사용하여 연봉 예측 모델을 학습시키려고 합니다. 아래 가이드에 따라 모델을 생성하고 학습시키는 코드를 작성하세요.

- sklearn.svm의 SVR 함수 사용
- 하이퍼파라미터 설정:
- kernel: 'rbf'
- C: 1.0
- 모델 객체는 model_svr 변수에 저장하고, 스케일링된 훈련 데이터로 학습시키세요.

In [ ]: # 여기에 답안코드를 작성하세요

이번에는 GradientBoostingRegressor 모델을 사용하여 학습을 진행하고, 모델이 어떤 특성을 중요하게 생각하는지 확인하려고 합니다. 아래 가이드에 따라 모델을 학습시키세요.

- sklearn.ensemble의 GradientBoostingRegressor 함수 사용
- 하이퍼파라미터 설정
    ▶ n_estimators: 150
    ▶ learning_rate: 0.1
    ▶ max_depth: 3
    ▶ random_state: 123
- 모델 객체는 model_gbr 변수에 저장하고 학습시키세요.
- 학습 후 feature_importances_ 속성을 확인하여 가장 중요한 특성의 컬럼명을 저장하세요.
  (예. 답안11 = 'experience_years')

In [ ] : # 여기에 답안코드를 작성하세요.

12 앞서 학습한 두 머신러닝 모델(model_svr, model_gbr)의 성능을 평가하려고 합니다. 회귀 모델의 성능을 평가하는 지표인 RMSE(Root Mean Squared Error)와 R² Score(결정계수)를 계산하는 코드를 작성하세요.

- sklearn.metrics에서 mean_squared_error, r2_score 함수를 import하세요.
- RMSE는 mean_squared_error의 결과에 np.sqrt()를 적용하여 계산합니다.
- 두 모델에 대해 각각 두 가지 평가지표를 모두 계산하고 출력하세요.

In [ ] : # 여기에 답안코드를 작성하세요

13 이번에는 딥러닝을 사용하여 연봉 예측 모델을 만들려고 합니다. 아래의 가이드에 따라 tensorflow. keras를 사용하여 회귀 모델을 구축하고 학습시키세요.

- Sequential 모델을 사용하세요.
- 모델 구조
  ▶ 입력층: Dense 레이어, 32개 노드, 활성화 함수 relu
  ▶ 은닉층 1: Dense 레이어, 16개 노드, 활성화 함수 relu
  ▶ 출력층: Dense 레이어, 1개 노드
- 컴파일 설정
  ▶ optimizer: adam
  ▶ loss: mean_squared_error
- 학습 설정
  ▶ epochs: 50
  ▶ batch_size: 8
- validation_data로 X_valid_scaled, y_valid를 사용하여 검증 손실도 함께 확인하세요.
- 학습 과정은 history 변수에 저장하세요.

```
In [ ]:   # 여기에 답안코드를 작성하세요
```

14 최종적으로 완성된 딥러닝 모델을 사용하여, 아래와 같은 새로운 직원 데이터가 들어왔을 때의 연봉을 예측하려고 합니다. 주어진 시뮬레이션 데이터(new_employee_data)를 9번 문제에서 생성한 스케일러(scaler)를 사용하여 변환한 뒤, 딥러닝 모델로 연봉을 예측하는 코드를 작성하세요.

- 예측 결과는 predicted_salary_dl 변수에 저장하세요.

[사전 실행 지시사항]

- 아래 코드를 실행하여 시뮬레이션용 데이터를 생성하세요.

```
In [ ]:   new_employee_data = np.array([[10, 2, 2, 85.0, 20.0, 10.0, 50.0, 2, 1, 0, 0, 0]])
```

```
In [ ]:   # 여기에 답안코드를 작성하세요
```

01 RobustScaler 임포트

• **상세 해설**

▶ from 패키지.모듈 import 클래스 구문을 사용하여 sklearn.preprocessing 모듈에서 RobustScaler 클래스를 불러옵니다. RobustScaler는 데이터 스케일링에 사용되는 도구 중 하나입니다.

```
In [ ]:   # 여기에 답안코드를 작성하세요.
          from sklearn.preprocessing import RobustScaler
```

02 데이터 로딩 및 결측치 확인

• **상세 해설**

▶ pandas의 read_csv() 함수로 데이터를 불러온 후, isnull()과 sum()을 순차적으로 실행합니다. isnull() 메소드는 데이터프레임의 각 셀이 비어있는지(결측치인지) 여부를 True/False로 반환하고, 여기에 sum() 함수를 적용하면 각 컬럼별로 True(결측치)의 개수를 합산하여 보여줍니다.

```
In [ ]:   # 여기에 답안코드를 작성하세요.
          # '3_employee_salary.csv' 파일을 읽어 emp_df 변수에 저장합니다.
          emp_df = pd.read_csv('3_employee_salary.csv')

          # 컬럼별 결측치 개수 확인
          print(emp_df.isnull().sum())
```

03   jointplot을 이용한 관계 시각화

- **상세 해설**
  - ▶ seaborn의 jointplot은 두 변수 간의 관계를 보여주는 산점도(scatterplot)와 각 변수 자체의 분포를 보여주는 히스토그램을 한 번에 그려주는 유용한 시각화 도구입니다. kind='reg' 옵션은 산점도 위에 회귀선을 추가하여 두 변수 간의 선형적인 관계를 더 명확하게 보여줍니다. 그래프를 통해 경력이 많을수록 연봉이 높아지는 뚜렷한 양의 상관관계를 확인할 수 있습니다.

```
In [ ]:    # 여기에 답안코드를 작성하세요.
           # 경력과 연봉의 관계를 jointplot으로 시각화
           sns.jointplot(data=emp_df, x='experience_years', y='salary_krw', kind='reg')
```

- **핵심 이론**
  - ▶ sns.jointplot(data, x, y, kind): 두 변수 간의 관계와 각 변수의 분포를 동시에 시각화합니다.
  - ▶ kind: 그래프의 종류를 지정합니다. 'scatter'(기본값), 'reg'(회귀선 추가), 'kde'(밀도 그래프), 'hex'(육각형 벌집 모양) 등이 있습니다.

04   countplot을 이용한 범주형 데이터 분포 확인

- **상세 해설**
  - ▶ countplot은 각 카테고리에 해당하는 데이터가 몇 개씩 있는지 막대그래프로 보여주는 함수입니다. order 파라미터에 원하는 순서의 리스트를 전달하면, 막대그래프가 해당 순서대로 정렬되어 나타나므로 더 보기 좋은 그래프를 만들 수 있습니다.

```
In [ ]:    # 여기에 답안코드를 작성하세요.
           # 직급 순서를 정의
           position_order = ['사원', '대리', '과장', '팀장']

           # countplot으로 직급별 직원 수 시각화
           plt.figure(figsize=(10, 6))
           sns.countplot(data=emp_df, x='position', order=position_order)
```

- **핵심 이론**
  - ▶ sns.countplot(data, x, order): 범주형 데이터의 빈도를 막대그래프로 시각화합니다.
  - ▶ order: 막대그래프가 표시될 순서를 지정하는 리스트를 전달할 수 있습니다.

05 groupby를 이용한 다중 그룹 집계

- **상세 해설**
  - ▶ groupby()에 리스트 형태로 여러 컬럼(['department', 'position'])을 전달하여 다중 그룹화를 수행합니다. 그 후 ['performance_score'] 컬럼을 선택하고 .mean()으로 평균을 계산하여, 부서와 직급에 따른 평균 성과점수를 확인합니다.

```
In [ ]:   # 여기에 답안코드를 작성하세요.
          # 'department'와 'position'으로 그룹화하여 평균 성과점수를 계산합니다.
          avg_score = emp_df.groupby(['department', 'position'])['performance_score'].mean()
          print(avg_score)
```

06 결측치 처리(평균값 및 행 삭제)

- **상세 해설**
  - ▶ copy()로 데이터프레임을 복사합니다. 결측치가 있는 수치형 컬럼들에 대해서는 각 컬럼의 평균값(.mean())을 계산하여 fillna()로 결측치를 채웁니다. 범주형 컬럼의 결측치는 해당 행의 다른 정보도 불확실할 가능성이 있고, 데이터 수가 많지 않으므로 dropna()를 사용하여 해당 행 전체를 삭제하는 전략을 선택합니다. subset 파라미터는 특정 컬럼에 결측치가 있을 때만 행을 삭제하도록 지정합니다.

```
In [ ]:   # 여기에 답안코드를 작성하세요.
          # 원본 보존을 위해 데이터프레임을 복사합니다.
          emp_pre = emp_df.copy()

          # 1. 수치형 컬럼 결측치를 평균값으로 채우기
          numeric_cols_with_na = ['performance_score', 'projects_completed', 'team_size']
          for col in numeric_cols_with_na:
              mean_val = emp_pre[col].mean()
              emp_pre[col].fillna(mean_val, inplace=True)

          # 2. 특정 범주형 컬럼에 결측치가 있는 행 삭제
          emp_pre.dropna(subset=['department', 'education_level', 'position'], inplace=True)

          # 전처리 결과 확인
          emp_pre.isnull().sum()
```

- **핵심 이론**
  - ▶ df.dropna(subset=[...], inplace=True): 결측치가 있는 행을 삭제합니다.
  - ▶ subset: 특정 컬럼들을 지정하여, 이 컬럼들 중 하나라도 결측치가 있으면 행을 삭제하도록 제한합니다. 이 옵션이 없으면 어떤 컬럼이든 결측치가 하나라도 있는 모든 행을 삭제합니다.

07 순서형 데이터 인코딩(map)

- **상세 해설**

  ▶ '고졸' & '학사' & '석사' & '박사' 처럼 명확한 순서가 있는 범주형 데이터는 그 순서 정보를 숫자에 반영해주
  는 것이 좋습니다. map() 함수에 {'key': value} 형태의 딕셔너리를 전달하면, 'key'에 해당하는 값을
  'value'로 바꾸어 줍니다. 이 방법은 LabelEncoder보다 직관적이고, 원하는 순서대로 숫자를 명확하
  게 지정할 수 있는 장점이 있습니다.

```
In [ ]:   # 여기에 답안코드를 작성하세요.
          # 순서형 데이터 인코딩을 위한 딕셔너리 정의
          education_map = {'고졸': 0, '학사': 1, '석사': 2, '박사': 3}
          position_map = {'사원': 0, '대리': 1, '과장': 2, '팀장': 3}
          language_map = {'하': 0, '중': 1, '상': 2}

          # map 함수를 사용하여 인코딩 적용
          emp_pre['education_level'] = emp_pre['education_level'].map(education_map)
          emp_pre['position'] = emp_pre['position'].map(position_map)
          emp_pre['language_skill'] = emp_pre['language_skill'].map(language_map)

          # 변환 결과 확인
          emp_pre.head()
```

08 원-핫 인코딩 및 데이터셋 분리

• 상세 해설

▶ 순서가 없는 명목형 데이터인 department 컬럼은 get_dummies()를 사용하여 원-핫 인코딩을 수행합니다. 이렇게 모든 데이터가 숫자형으로 변환된 emp_encoded 데이터프레임을 기준으로, drop()을 사용하여 salary_krw 컬럼을 제외한 나머지를 X로, salary_krw 컬럼을 y로 분리합니다. 마지막으로 train_test_split 함수를 사용하여 데이터를 분리합니다.

```
In [ ]:    # 여기에 답안코드를 작성하세요.
           from sklearn.model_selection import train_test_split

           # 1. 'department' 컬럼 원-핫 인코딩
           emp_encoded = pd.get_dummies(emp_pre, columns=['department'])

           # 2. Feature(X)와 Label(y) 분리
           X = emp_encoded.drop('salary_krw', axis=1)
           y = emp_encoded['salary_krw']

           # 3. 훈련 데이터와 검증 데이터로 분리
           X_train, X_valid, y_train, y_valid = train_test_split(X, y, test_size=0.2, random_state=123)

           # 분리 결과 확인
           print("X_train shape:", X_train.shape)
           print("X_valid shape:", X_valid.shape)
```

09 데이터 스케일링 (RobustScaler)

- **상세 해설**
  - ▷ RobustScaler는 평균과 표준편차 대신 중앙값(median)과 사분위수 범위(IQR)를 사용하여 데이터를 스케일링합니다. 이 방법은 데이터에 연봉이 매우 높거나 낮은 사람과 같은 이상치(outlier)가 있을 때, 그 영향을 덜 받기 때문에 더 안정적인 스케일링이 가능합니다. 사용법은 StandardScaler나 MinMaxScaler와 동일하게, 훈련 데이터에는 fit_transform(), 검증 데이터에는 transform()을 적용합니다.

```
In [ ]:    # 여기에 답안코드를 작성하세요.
           from sklearn.preprocessing import RobustScaler

           # RobustScaler 객체 생성
           scaler = RobustScaler()

           # 훈련 데이터에 fit_transform 적용
           X_train_scaled = scaler.fit_transform(X_train)

           # 검증 데이터에 transform 적용
           X_valid_scaled = scaler.transform(X_valid)
```

- **핵심 이론**
  - ▷ RobustScaler(): 중앙값을 0으로, 사분위수 범위를 1이 되도록 데이터를 변환합니다. 이상치에 덜 민감한 특성 때문에 데이터에 극단적인 값이 포함되어 있을 때 유용합니다.

PART 1

AICE associate 실전모의고사

10 SVR 모델 학습

- **상세 해설**
  - ▶ SVR(Support Vector Regressor)은 분류 문제에서 널리 쓰이는 서포트 벡터 머신(SVM)을 회귀 문제에 적용한 모델입니다. 데이터 간의 마진(margin)을 최대로 하는 경계선을 찾는 대신, 마진 안에 최대한 많은 데이터가 포함되도록 하는 회귀선을 찾습니다. kernel='rbf'는 비선형적인 관계도 학습할 수 있게 해주는 옵션입니다.

```
In [ ]:   # 여기에 답안코드를 작성하세요.
          from sklearn.svm import SVR

          # SVR 모델 객체 생성
          model_svr = SVR(kernel='rbf', C=1.0)

          # 모델 학습
          model_svr.fit(X_train_scaled, y_train)
```

11 GradientBoostingRegressor 모델 학습 및 특성 중요도 확인

- **상세 해설**
  - ▶ GradientBoostingRegressor는 이전에 만든 트리의 오차를 보완하는 새로운 트리를 순차적으로 만들어나가며 성능을 점진적으로 개선하는 앙상블 모델입니다. XGBoost나 LightGBM의 기반이 되는 알고리즘입니다. 학습 후 .feature_importances_ 속성을 통해 어떤 특성이 연봉 예측에 중요한 영향을 미쳤는지 확인할 수 있습니다.

In [ ]:
```python
# 여기에 답안코드를 작성하세요.
from sklearn.ensemble import GradientBoostingRegressor

# GradientBoostingRegressor 모델 객체 생성
model_gbr = GradientBoostingRegressor(n_estimators=150, learning_rate=0.1, max_depth=3,
random_state=123)

# 모델 학습
model_gbr.fit(X_train_scaled, y_train)

# 특성 중요도 확인
importances = model_gbr.feature_importances_
feature_names = X.columns
most_important_idx = np.argmax(importances)
most_important_feature = feature_names[most_important_idx]

# 답안 변수에 저장
답안11 = most_important_feature

print(f"가장 중요한 특성: {답안11}")
```

PART 1

AICE associate 실전모의고사

12 회귀 모델 성능 평가(RMSE, R^2)

- **상세 해설**

  ▶ RMSE(Root Mean Squared Error)는 MSE(평균 제곱 오차)에 제곱근을 취한 값입니다. MSE는
    오차를 제곱하기 때문에 단위가 원래 값(연봉)의 제곱이 되어 해석이 어려운 반면, RMSE는 단위가 원래
    값과 동일해져 "평균적으로 약 OOO만원 정도의 예측 오차가 있다"고 직관적으로 해석할 수 있습니다.
    np.sqrt() 함수를 사용하여 간단히 계산할 수 있습니다.

In [ ]:
```python
# 여기에 답안코드를 작성하세요.
from sklearn.metrics import mean_squared_error, r2_score

# 1. SVR 모델 성능 평가
svr_pred = model_svr.predict(X_valid_scaled)
svr_mse = mean_squared_error(y_valid, svr_pred)
svr_rmse = np.sqrt(svr_mse)
svr_r2 = r2_score(y_valid, svr_pred)

print("--- SVR 성능 ---")
print(f"RMSE: {svr_rmse:.4f}")
print(f"R² Score: {svr_r2:.4f}\n")

# 2. GradientBoostingRegressor 모델 성능 평가
gbr_pred = model_gbr.predict(X_valid_scaled)
gbr_mse = mean_squared_error(y_valid, gbr_pred)
gbr_rmse = np.sqrt(gbr_mse)
gbr_r2 = r2_score(y_valid, gbr_pred)

print("--- GradientBoostingRegressor 성능 ---")
print(f"RMSE: {gbr_rmse:.4f}")
print(f"R² Score: {gbr_r2:.4f}")
```

13 딥러닝 회귀 모델 구축

- **상세 해설**
  ▶ Sequential 모델을 사용하여 비교적 간단한 딥러닝 모델을 설계합니다. 입력층(32개 노드), 은닉층(16개 노드), 출력층(1개 노드)으로 구성됩니다. compile 시 손실 함수로 mean_squared_error를 사용하여 모델의 예측 오차를 계산하고, fit 함수로 모델을 학습시킵니다.

In [ ]:
```python
# 여기에 답안코드를 작성하세요.
import tensorflow as tf
from tensorflow.keras.models import Sequential
from tensorflow.keras.layers import Dense

# 딥러닝 모델 설계
model_dl = Sequential([
    Dense(32, activation='relu', input_shape=[X_train_scaled.shape[1]]),
    Dense(16, activation='relu'),
    Dense(1)
])

# 모델 컴파일
model_dl.compile(optimizer='adam', loss='mean_squared_error')

# 모델 학습
history = model_dl.fit(
    X_train_scaled, y_train,
    epochs=50,
    batch_size=8,
    validation_data=(X_valid_scaled, y_valid),
    verbose=0
)

print("딥러닝 모델 학습 완료")
model_dl.evaluate(X_valid_scaled, y_valid)
```

PART 1

AICE associate 실전모의고사

14 딥러닝 모델을 이용한 예측

- **상세 해설**
  - ▶ 새로운 데이터 new_employee_data는 스케일링되지 않은 원본 형태이므로, 반드시 9번 문제에서 훈련 데이터로 학습시킨 scaler 객체를 사용하여 transform() 해야 합니다. 스케일링된 데이터를 학습된 딥러닝 모델 model_dl의 .predict() 메소드에 입력하여 연봉을 예측하고, 그 결과를 predicted_salary_dl 변수에 저장합니다.

```
In [ ]:   # 여기에 답안코드를 작성하세요.
          # 1. 9번 문제의 scaler를 사용하여 새로운 데이터를 스케일링합니다.
          new_employee_scaled = scaler.transform(new_employee_data)

          # 2. 딥러닝 모델로 연봉을 예측합니다.
          predicted_salary_dl = model_dl.predict(new_employee_scaled)

          print(f"새로운 직원의 예측 연봉: {predicted_salary_dl[0][0]:.2f} 만원")
```

MEMO

AICE associate
실전모의고사

4회 제조 공정 수율 예측 AI 모델 개발

4회 제조 공정 수율 예측 [문제]

↘ **과제** : 반도체 제조 공정 수율 예측 AI 모델 개발

↘ **도메인** : 제조/엔지니어링

↘ **배경**

반도체와 같은 정밀 제조 공정에서 생산 수율(Yield)은 기업의 수익성과 직결되는 핵심 지표입니다. 'AICE 반도체'의 공정 관리팀은 수많은 센서로부터 수집되는 데이터를 분석하여, 최종 생산 수율에 영향을 미치는 주요 공정 변수를 파악하고, 특정 조건에서 예상되는 수율을 예측하는 AI 모델을 개발하고자 합니다. 이 모델을 통해 공정 조건을 최적화하고 불량률을 최소화하여 생산 효율을 극대화하는 것이 목표입니다.

데이터셋 설명(파일명: 4_manufacturing_yield.csv)

컬럼 명	설명
production_line	생산 라인
material_type	사용된 재료 타입
temp_sensor_1	온도 센서 1 값
pressure_sensor	압력 센서 값
humidity	공정 환경 습도
vibration_sensor	진동 센서 값
processing_time_sec	공정 처리 시간(초)
power_consumption	전력 소모량
operator_experience_years	작업자 경력(년)
yield_percentage	예측 목표(Target), 최종 생산 수율(%)

[사전 실행 지시사항]

• 모든 문제를 풀기 전에 아래 코드를 실행해주세요.

In [ ]:
```
# 데이터 분석 및 시각화에 필요한 기본 라이브러리들을 불러옵니다.
import pandas as pd
import numpy as np
import matplotlib.pyplot as plt
import seaborn as sns
```

01 Scikit-learn 라이브러리의 tree 모듈에는 의사결정나무와 관련된 다양한 도구들이 포함되어 있습니다. sklearn.tree 모듈에서 DecisionTreeRegressor 클래스를 임포트하는 코드를 작성하세요.

```
In [ ]:    # 여기에 답안코드를 작성하세요
```

02 AI 모델링을 위해 분석할 데이터를 준비하고 통계적 특성을 파악하려고 합니다. 아래 가이드에 따라 코드를 작성하고 질문에 답하세요.

- Pandas의 read_csv 함수를 사용하여 4_manufacturing_yield.csv 파일을 읽어 데이터프레임 변수 yield_df에 할당하세요.
- describe() 함수를 사용하여 yield_df의 수치형 데이터에 대한 기술 통계량을 확인하세요.
- 출력된 통계량을 보고, 해석으로 옳지 않은 것을 답안02 변수에 저장하세요.(예. 답안02 = 5)
    1. yield_percentage의 평균은 약 94.42% 이다.
    2. operator_experience_years는 최솟값이 1년, 최댓값이 10년이다.
    3. temp_sensor_1의 데이터 개수는 pressure_sensor의 데이터 개수보다 적다.
    4. humidity의 중앙값은 약 50.07 이다.

```
In [ ]:    # 여기에 답안코드를 작성하세요.
```

03 처리시간(processing_time_sec)과 생산수율(yield_percentage) 사이의 관계를 시각적으로 탐색하고자 합니다. seaborn의 regplot을 사용하여 두 변수 간의 관계를 산점도와 회귀선으로 함께 나타내세요.

- x축: processing_time_sec
- y축: yield_percentage
- 데이터: yield_df

```
In [ ]:    # 여기에 답안코드를 작성하세요
```

04 생산라인(production_line)과 재료타입(material_type) 간의 관계를 교차표(Crosstab) 형태로 확인하려고 합니다. pandas의 crosstab 함수를 사용하여 두 변수의 빈도를 나타내는 교차표를 생성하세요.

```
In [ ]:    # 여기에 답안코드를 작성하세요
```

05 생산라인(production_line)별로 주요 센서 값들의 평균을 비교하고자 합니다. groupby()를 사용하여 데이터를 production_line으로 그룹화하고, temp_sensor_1, pressure_sensor, humidity, vibration_sensor 네 가지 센서 값의 평균을 계산하세요.

```
In [ ]:    # 여기에 답안코드를 작성하세요
```

06 모델링을 위해 데이터의 결측치를 처리하려고 합니다. 아래 가이드에 따라 결측치를 처리하고, 결과를 yield_pre 변수에 저장하세요.

- yield_df 데이터프레임을 복사하여 yield_pre를 생성합니다.
- 결측치가 있는 모든 수치형 컬럼(temp_sensor_1, pressure_sensor, humidity, processing_time_sec)에 대해, 각 컬럼의 평균값(mean)으로 결측치를 채우세요.

```
In [ ]:    # 여기에 답안코드를 작성하세요
```

07 모델이 이해할 수 있도록 범주형 데이터(production_line, material_type)를 원-핫 인코딩으로 변환하려고 합니다. pandas의 get_dummies() 함수를 사용하여 두 컬럼을 변환하고, 변환된 데이터 프레임을 yield_encoded 변수에 저장하세요.

```
In [ ]:    # 여기에 답안코드를 작성하세요
```

08 훈련과 검증에 사용할 데이터셋을 분리하려고 합니다. yield_percentage 컬럼을 label y로, 나머지 컬럼들을 feature X로 할당한 후 훈련 데이터셋과 검증 데이터셋으로 분리하는 코드를 작성하세요.

- 대상 데이터셋: yield_encoded
- 훈련:검증 데이터 비율: 75:25
- random_state: 2024

```
In [ ]:    # 여기에 답안코드를 작성하세요
```

09 수치형 데이터들의 단위를 맞춰주기 위해 데이터 스케일링을 진행합니다. 평균을 0, 표준편차를 1로 변환하는 StandardScaler를 사용하여 훈련 데이터와 검증 데이터의 Feature(X_train, X_valid)를 스케일링하는 코드를 작성하세요.

- 훈련 데이터에는 fit_transform()을, 검증 데이터에는 transform()을 적용하세요.
- 스케일링된 결과는 각각 X_train_scaled, X_valid_scaled 변수에 저장하세요.

In [ ]:
```
# 여기에 답안코드를 작성하세요
```

10 단일 의사결정나무 모델인 DecisionTreeRegressor를 사용하여 수율 예측 모델을 학습시키려고 합니다. 아래 가이드에 따라 모델을 학습시키고, 검증 데이터셋(X_valid_scaled)에 대한 예측 결과를 dt_pred 변수에 저장하세요.

- sklearn.tree의 DecisionTreeRegressor 함수 사용(1번 문제에서 임포트)
- 하이퍼파라미터 설정
  - max_depth: 5
  - random_state: 2024
- 모델 객체는 model_dt 변수에 저장하고, 스케일링된 훈련 데이터로 학습시키세요.

In [ ]:
```
# 여기에 답안코드를 작성하세요
```

11 이번에는 L1 규제와 L2 규제를 모두 사용하는 선형 모델인 ElasticNet을 사용하여 학습을 진행하려고 합니다. 아래 가이드에 따라 모델을 학습시키고, 검증 데이터셋(X_valid_scaled)에 대한 예측 결과를 en_pred 변수에 저장하세요.

- sklearn.linear_model의 ElasticNet 함수 사용
- 하이퍼파라미터 설정
  - ▶ alpha: 0.1
  - ▶ l1_ratio: 0.5
  - ▶ random_state: 2024
- 모델 객체는 model_en 변수에 저장하고 학습시키세요.

In [ ]: # 여기에 답안코드를 작성하세요

12 앞서 학습한 두 머신러닝 모델(model_dt, model_en)의 성능을 평가하려고 합니다. 회귀 모델의 성능을 평가하는 대표적인 지표인 MAE(Mean Absolute Error)와 R² Score(결정계수)를 계산하는 코드를 작성하세요.

- 두 모델에 대해 각각 두 가지 평가지표를 모두 계산하고 출력하세요.

In [ ]: # 여기에 답안코드를 작성하세요

13 이번에는 딥러닝을 사용하여 수율 예측 모델을 만들려고 합니다. 아래의 가이드에 따라 tensorflow.keras를 사용하여 회귀 모델을 구축하고 학습시키세요.

- Sequential 모델을 사용하세요.
- 모델 구조
    ▶ 입력층: Dense 레이어, 64개 노드, 활성화 함수 relu
    ▶ 은닉층 1: Dense 레이어, 32개 노드, 활성화 함수 relu
    ▶ 은닉층 2: Dense 레이어, 16개 노드, 활성화 함수 relu
    ▶ 출력층: Dense 레이어, 1개 노드
- 컴파일 설정
    ▶ optimizer: adam
    ▶ loss: mean_squared_error
- 학습 설정
    ▶ epochs: 100
    ▶ batch_size: 32
- validation_data로 X_valid_scaled, y_valid를 사용하여 검증 손실도 함께 확인하세요.
- 학습 과정은 history 변수에 저장하세요.

In [ ]: ```
여기에 답안코드를 작성하세요
```
```

14 최종적으로 완성된 딥러닝 모델을 사용하여, 아래와 같은 새로운 공정 데이터가 들어왔을 때의 수율을 예측하려고 합니다. 주어진 시뮬레이션 데이터(new_process_data)를 9번 문제에서 생성한 스케일러(scaler)를 사용하여 변환한 뒤, 딥러닝 모델로 수율을 예측하는 코드를 작성하세요.

• 예측 결과는 predicted_yield_dl 변수에 저장하세요.

[사전 실행 지시사항]

• 아래 코드를 실행하여 시뮬레이션용 데이터를 생성하세요.

In [ ] :
```
new_process_data = np.array([[100.0, 52.0, 60.0, 1.0, 120.0, 200.0, 5.0, 0, 1, 0, 1, 0]])
```

In [ ] :
```
# 여기에 답안코드를 작성하세요
```

01 DecisionTreeRegressor 임포트

- **상세 해설**
  - from 패키지.모듈 import 클래스 구문을 사용하여 sklearn.tree 모듈에서 DecisionTree Regressor 클래스를 불러옵니다. DecisionTreeRegressor는 의사결정나무 알고리즘을 사용하는 회귀 모델입니다.

```
In [ ]:    # 여기에 답안코드를 작성하세요.
           from sklearn.tree import DecisionTreeRegressor
```

02 데이터 로딩 및 통계량 확인

- **상세 해설**
  - pandas의 read_csv() 함수로 데이터를 불러온 후, describe() 함수를 실행하여 각 수치형 컬럼의 통계량을 확인합니다.
  - yield_percentage의 mean 값은 94.42... 이므로 맞는 설명입니다.
  - operator_experience_years의 min은 1.0, max는 10.0 이므로 맞는 설명입니다.
  - temp_sensor_1의 count(데이터 개수)는 1953, pressure_sensor의 count는 1929입니다. 따라서 temp_sensor_1의 데이터 개수가 더 적다는 설명은 틀립니다.
  - humidity의 중앙값(50%)은 약 50.07 이므로 맞는 설명입니다.

```
In [ ]:    # 여기에 답안코드를 작성하세요.
           # '4_manufacturing_yield.csv' 파일을 읽어 yield_df 변수에 저장합니다.
           yield_df = pd.read_csv('4_manufacturing_yield.csv')

           # 수치형 데이터의 기술 통계량 확인
           print(yield_df.describe())

           답안02 = 3
```

03 regplot을 이용한 관계 시각화

- **상세 해설**
  - ▶ seaborn의 regplot은 scatterplot에 회귀선(regression line)을 추가하여 두 변수 간의 선형적인 추세를 시각적으로 보여주는 함수입니다. 그래프를 통해 처리 시간이 길어질수록 생산 수율이 어떻게 변하는지에 대한 전반적인 경향성을 파악할 수 있습니다.

In [ ]:
```
# 여기에 답안코드를 작성하세요.
# 처리시간과 생산수율의 관계를 regplot으로 시각화
sns.regplot(data=yield_df, x='processing_time_sec', y='yield_percentage')
```

- **핵심 이론**
  - ▶ sns.regplot(data, x, y): 산점도와 그 위에 데이터의 추세를 가장 잘 나타내는 선형 회귀선을 함께 그려줍니다. 회귀선 주변의 반투명한 띠는 해당 회귀선의 신뢰구간을 의미합니다.

04 crosstab을 이용한 교차표 생성

- **상세 해설**
  - ▶ pandas의 crosstab 함수는 두 개 이상의 범주형 변수에 대한 빈도수를 표 형태로 만들어 줍니다. 이를 통해 어떤 생산 라인에서 어떤 재료 타입이 얼마나 자주 사용되었는지 한눈에 파악할 수 있습니다.

In [ ]:
```
# 여기에 답안코드를 작성하세요.
# 생산라인과 재료타입의 교차표 생성
cross_table = pd.crosstab(yield_df['production_line'], yield_df['material_type'])
print(cross_table)
```

- **핵심 이론**
  - ▶ pd.crosstab(index, columns): 두 변수(index, columns)의 조합에 따른 빈도를 계산하여 표를 만듭니다. 범주형 데이터 간의 관계를 파악하는 데 매우 유용합니다.

05 groupby를 이용한 그룹별 평균 계산

- **상세 해설**
  - ▶ groupby('production_line')을 사용하여 데이터를 생산 라인별로 그룹화합니다. 그 후, 분석 대상인 4개의 센서 컬럼 리스트를 선택하고 .mean()으로 각 그룹의 평균 센서 값을 계산합니다.

In [ ]:
```python
# 여기에 답안코드를 작성하세요.
# 'production_line'으로 그룹화하여 주요 센서 값들의 평균을 계산합니다.
sensor_means = yield_df.groupby('production_line')[['temp_sensor_1', 'pressure_sensor', 'humidity', 'vibration_sensor']].mean()
print(sensor_means)
```

06 결측치 처리(평균값)

- **상세 해설**
  - ▶ copy()로 데이터프레임을 복사합니다. 결측치가 있는 수치형 컬럼들의 리스트를 만들어 반복문을 통해 각 컬럼의 평균값(.mean())을 계산하고, fillna()로 결측치를 채웁니다. 이 방법은 데이터의 전체적인 통계적 특성을 크게 해치지 않으면서 결측치를 처리하는 간단하고 일반적인 방법입니다.

In [ ]:
```python
# 여기에 답안코드를 작성하세요.
# 원본 보존을 위해 데이터프레임을 복사합니다.
yield_pre = yield_df.copy()

# 결측치가 있는 수치형 컬럼 리스트
numeric_cols_with_na = ['temp_sensor_1', 'pressure_sensor', 'humidity', 'processing_time_sec']

# 반복문을 사용하여 각 컬럼의 결측치를 평균값으로 채우기
for col in numeric_cols_with_na:
    mean_val = yield_pre[col].mean()
    yield_pre[col].fillna(mean_val, inplace=True)

# 전처리 결과 확인
yield_pre.isnull().sum()
```

07 원-핫 인코딩

- **상세 해설**
  - ▶ pandas의 get_dummies() 함수를 사용하여 순서가 없는 명목형 데이터인 production_line과 material_type 컬럼을 원-핫 인코딩으로 변환합니다. 이 과정을 통해 모델이 문자를 이해할 수 있는 숫자(0과 1) 형태로 데이터가 변환됩니다.

```
In [ ]:   # 여기에 답안코드를 작성하세요.
          # 'production_line'과 'material_type' 컬럼을 원-핫 인코딩
          yield_encoded = pd.get_dummies(yield_pre, columns=['production_line', 'material_type'])

          # 변환 결과 확인
          yield_encoded.head()
```

08 데이터셋 분리

- **상세 해설**
  - ▶ drop()을 사용하여 yield_percentage 컬럼을 제외한 나머지를 X로, yield_percentage 컬럼을 y로 분리합니다. train_test_split 함수에 X와 y, test_size=0.25 (검증 데이터 25%), random_state=2024를 설정하여 데이터를 분리합니다.

```
In [ ]:   # 여기에 답안코드를 작성하세요.
          from sklearn.model_selection import train_test_split

          # Feature(X)와 Label(y)을 분리합니다.
          X = yield_encoded.drop('yield_percentage', axis=1)
          y = yield_encoded['yield_percentage']

          # 훈련 데이터와 검증 데이터로 분리합니다.
          X_train, X_valid, y_train, y_valid = train_test_split(X, y, test_size=0.25, random_state=2024)

          # 분리 결과 확인
          print("X_train shape:", X_train.shape)
          print("X_valid shape:", X_valid.shape)
```

09 데이터 스케일링(StandardScaler)

- **상세 해설**
  - ▶ StandardScaler 객체를 생성합니다. 훈련 데이터(X_train)에는 fit_transform()을 적용하여 스케일링 규칙(평균, 표준편차)을 학습하고 변환하며, 검증 데이터(X_valid)에는 transform()만 적용하여 데이터 누수를 방지합니다.

In [ ] :
```python
# 여기에 답안코드를 작성하세요.
from sklearn.preprocessing import StandardScaler

# StandardScaler 객체 생성
scaler = StandardScaler()

# 훈련 데이터에 fit_transform 적용
X_train_scaled = scaler.fit_transform(X_train)

# 검증 데이터에 transform 적용
X_valid_scaled = scaler.transform(X_valid)
```

10 DecisionTreeRegressor 모델 학습

- **상세 해설**
  - ▶ DecisionTreeRegressor는 데이터를 특정 기준에 따라 반복적으로 분할하여 예측을 수행하는 가장 기본적인 트리 모델입니다. max_depth는 트리가 과도하게 복잡해져 훈련 데이터에만 과적합되는 것을 방지하는 중요한 하이퍼파라미터입니다.

In [ ] :
```python
# 여기에 답안코드를 작성하세요.
from sklearn.tree import DecisionTreeRegressor

# DecisionTreeRegressor 모델 객체 생성
model_dt = DecisionTreeRegressor(max_depth=5, random_state=2024)

# 모델 학습
model_dt.fit(X_train_scaled, y_train)

# 모델 평가
dt_pred = model_dt.predict(X_valid_scaled)
```

11 ElasticNet 모델 학습 및 예측

- **상세 해설**
  - ▶ ElasticNet은 L1 규제(Lasso, 불필요한 변수의 가중치를 0으로 만듦)와 L2 규제(Ridge, 가중치가 너무 커지는 것을 막음)의 장점을 결합한 선형 회귀 모델입니다. alpha는 전체 규제의 강도를, l1_ratio는 L1 규제와 L2 규제의 비율을 조절합니다 (l1_ratio=0.5는 두 규제를 절반씩 사용한다는 의미).

In [ ]:
```python
# 여기에 답안코드를 작성하세요.
from sklearn.linear_model import ElasticNet

# ElasticNet 모델 객체 생성
model_en = ElasticNet(alpha=0.1, l1_ratio=0.5, random_state=2024)

# 모델 학습
model_en.fit(X_train_scaled, y_train)

# 검증 데이터에 대한 예측 수행
en_pred = model_en.predict(X_valid_scaled)
```

- **핵심 이론**
  - ▶ ElasticNet(alpha, l1_ratio): Ridge(L2)와 Lasso(L1) 규제를 결합한 선형 모델입니다. 변수 선택(Lasso)과 과적합 방지(Ridge) 효과를 동시에 얻을 수 있습니다.

12 회귀 모델 성능 평가(MAE, R^2)

- **상세 해설**
  - ▶ mean_absolute_error와 r2_score 함수를 임포트합니다. 각 모델에 대해 예측값을 구하고, 평가 함수에 (실제값, 예측값) 순서로 인자를 넣어 성능 지표를 계산합니다. MAE는 오차의 절댓값 평균으로, 결과를 직관적으로 해석하기 좋습니다(예: "평균적으로 약 0.5%p 정도 수율 오차가 난다").

```
In [ ]:   # 여기에 답안코드를 작성하세요.
          from sklearn.metrics import mean_absolute_error, r2_score

          # 1. DecisionTreeRegressor 모델 성능 평가
          dt_pred = model_dt.predict(X_valid_scaled)
          dt_mae = mean_absolute_error(y_valid, dt_pred)
          dt_r2 = r2_score(y_valid, dt_pred)

          print("--- DecisionTreeRegressor 성능 ---")
          print(f"MAE: {dt_mae:.4f}")
          print(f"R² Score: {dt_r2:.4f}\n")

          # 2. ElasticNet 모델 성능 평가 (11번 문제의 예측값 사용)
          en_mae = mean_absolute_error(y_valid, en_pred)
          en_r2 = r2_score(y_valid, en_pred)

          print("--- ElasticNet 성능 ---")
          print(f"MAE: {en_mae:.4f}")
          print(f"R² Score: {en_r2:.4f}")
```

13 딥러닝 회귀 모델 구축

• 상세 해설

▶ Sequential 모델을 사용하여 입력층, 2개의 은닉층, 출력층으로 구성된 딥러닝 모델을 설계합니다. 회귀 문제이므로 출력층의 노드는 1개이며, 손실 함수로는 mean_squared_error를 사용합니다. fit 함수로 모델을 학습시키며, validation_data를 지정하여 매 에포크마다 검증 성능을 함께 모니터링합니다.

In [ ]:

```python
# 여기에 답안코드를 작성하세요.
import tensorflow as tf
from tensorflow.keras.models import Sequential
from tensorflow.keras.layers import Dense

# 딥러닝 모델 설계
model_dl = Sequential([
    Dense(64, activation='relu', input_shape=[X_train_scaled.shape[1]]),
    Dense(32, activation='relu'),
    Dense(16, activation='relu'),
    Dense(1)
])

# 모델 컴파일
model_dl.compile(optimizer='adam', loss='mean_squared_error')

# 모델 학습
history = model_dl.fit(
    X_train_scaled, y_train,
    epochs=100,
    batch_size=32,
    validation_data=(X_valid_scaled, y_valid),
    verbose=0
)

print("딥러닝 모델 학습 완료")
model_dl.evaluate(X_valid_scaled, y_valid)
```

14 딥러닝 모델을 이용한 예측

- **상세 해설**
  - ▶ 새로운 데이터 new_process_data는 스케일링되지 않은 원본 형태이므로, 반드시 9번 문제에서 훈련 데이터로 학습시킨 scaler 객체를 사용하여 transform() 해야 합니다. 스케일링된 데이터를 학습된 딥러닝 모델 model_dl의 .predict() 메소드에 입력하여 수율을 예측하고, 그 결과를 predicted_yield_dl 변수에 저장합니다.

In [ ]:
```python
# 여기에 답안코드를 작성하세요.
# 1. 9번 문제의 scaler를 사용하여 새로운 데이터를 스케일링합니다.
new_process_scaled = scaler.transform(new_process_data)

# 2. 딥러닝 모델로 수율을 예측합니다.
predicted_yield_dl = model_dl.predict(new_process_scaled)

print(f"새로운 공정 데이터의 예측 수율: {predicted_yield_dl[0][0]:.2f} %")
```

MEMO

AICE associate
실전모의고사

5회 광고 캠페인 수익률 예측 AI 모델 개발

5회 광고 캠페인 수익률 예측 [문제]

↘ **과제** : 디지털 광고 캠페인 수익률(ROI) 예측 AI 모델 개발

↘ **도메인** : 마케팅

↘ **배경**

디지털 마케팅에서 광고비 대비 수익률(ROI)을 정확히 예측하는 것은 예산 분배와 캠페인 전략 수립의 핵심입니다. 'AICE 마케팅 솔루션'은 다양한 채널에서 집행된 과거 광고 캠페인 데이터를 분석하여, 특정 조건(광고 채널, 비용, 기간, 타겟 등)에서 예상되는 수익률을 예측하는 AI 모델을 개발하고자 합니다. 이 모델은 마케터들이 데이터를 기반으로 더 효율적인 광고 캠페인을 기획하고 예산을 최적화하는 데 도움을 줄 것입니다.

데이터셋 설명(파일명: 5_ad_campaign_roi.csv)

컬럼 명	설명
channel	광고가 집행된 채널(검색광고, TV, 라디오, 소셜미디어)
cost_millions	캠페인에 사용된 총 광고비(단위: 백만원)
duration_days	캠페인 진행 기간(일)
target_age	주요 타겟 연령대
impressions	광고 노출 수
clicks	광고 클릭 수
conversions	구매 또는 회원가입 등 목표 행동으로 전환된 수
roi_percentage	예측 목표(Target), 광고비 대비 수익률(%)

[사전 실행 지시사항]

• 모든 문제를 풀기 전에 아래 코드를 실행해주세요.

In [ ]:
```python
# 데이터 분석 및 시각화에 필요한 기본 라이브러리들을 불러옵니다.
import pandas as pd
import numpy as np
import matplotlib.pyplot as plt
import seaborn as sns

# Scikit-learn 라이브러리에서 필요한 모듈들을 불러옵니다.
from sklearn.model_selection import train_test_split
from sklearn.preprocessing import StandardScaler
```

```
from sklearn.linear_model import LinearRegression
from sklearn.ensemble import RandomForestRegressor
from sklearn.metrics import mean_absolute_error, r2_score
```

01 TensorFlow는 구글에서 개발한 딥러닝 및 머신러닝을 위한 강력한 오픈소스 라이브러리입니다. tensorflow 라이브러리를 별칭 tf로 임포트하는 코드를 작성하세요.

In [ ]: # 여기에 답안코드를 작성하세요

02 AI 모델링을 위해 분석할 데이터를 준비하고 기본적인 정보를 파악하려고 합니다. 아래 가이드에 따라 코드를 작성하세요.

- Pandas의 read_csv 함수를 사용하여 5_ad_campaign_roi.csv 파일을 읽어 데이터프레임 변수 ad_df에 할당하세요.
- head() 함수를 사용하여 ad_df의 상위 5개 행을 출력하여 데이터를 확인하세요.

In [ ]: # 여기에 답안코드를 작성하세요

03 광고비(cost_millions)와 수익률(roi_percentage) 사이의 관계를 시각적으로 탐색하고자 합니다. seaborn의 scatterplot을 사용하여 두 변수 간의 관계를 시각화하세요.

- x축: cost_millions
- y축: roi_percentage
- 데이터: ad_df
- 추가 옵션: 점의 색상(hue)을 channel 기준으로 구분하여 표시

```
In [ ]:   # 한글화를 위해 아래의 코드를 작성해 주세요.
          import platform
          from matplotlib import rc

          if platform.system() == 'Darwin':   # macOS
              rc('font', family='AppleGothic')
          else:   # Windows
              rc('font', family='Malgun Gothic')

          plt.rcParams['axes.unicode_minus'] = False
```

```
In [ ]:   # 여기에 답안코드를 작성하세요
```

04 광고 채널(channel)에 따라 수익률(roi_percentage)의 분포가 어떻게 다른지 확인하려고 합니다. seaborn의 boxplot을 사용하여 채널별 수익률 분포를 시각화하세요.

- x축: channel
- y축: roi_percentage
- 데이터: ad_df
- 그래프를 보고 수익률의 중앙값이 가장 높은 채널을 아래 변수에 저장하세요.(예. 답안04 = 'TV')

```
In [ ]:   # 여기에 답안코드를 작성하세요
```

05 채널(channel)과 타겟연령대(target_age)를 조합했을 때의 평균 클릭수(clicks)와 전환수 (conversions)를 확인하고자 합니다. groupby()를 사용하여 데이터를 두 기준으로 그룹화하고, 두 지표의 평균을 계산하세요.

```
In [ ]:    # 여기에 답안코드를 작성하세요
```

06 모델링을 위해 데이터의 결측치를 처리하고 데이터 타입을 변환하려고 합니다. 아래 가이드에 따라 전처리를 수행하고, 결과를 ad_pre 변수에 저장하세요.

- ad_df 데이터프레임을 복사하여 ad_pre를 생성합니다.
- cost_millions와 duration_days 컬럼의 결측치는 각 컬럼의 중앙값(median)으로 채우세요.

```
In [ ]:    # 여기에 답안코드를 작성하세요
```

07 기존 변수를 조합하여 새로운 특성, 클릭률(CTR)을 생성하려고 합니다. 클릭률은 클릭수 / 노출수 로 계산됩니다. ad_pre 데이터프레임에 ctr이라는 새로운 컬럼을 추가하고, 이 값을 계산하여 할당하세요.

- np.where을 이용하여 처리하세요.
- 주의: 노출수(impressions)가 0인 경우 0으로 나누는 에러가 발생할 수 있으므로, 노출수가 0일 때는 클릭률도 0이 되도록 처리하세요.

```
In [ ]:    # 여기에 답안코드를 작성하세요
```

08 모델이 이해할 수 있도록 범주형 데이터를 원-핫 인코딩으로 변환하고, 훈련과 검증에 사용할 데이터셋을 분리하려고 합니다. 아래 순서에 따라 코드를 작성하세요.

- pandas의 get_dummies() 함수를 사용하여 channel과 target_age 컬럼을 원-핫 인코딩하고, 결과를 ad_encoded 변수에 저장하세요.

- ad_encoded 데이터셋에서 roi_percentage 컬럼을 label y로, 나머지 컬럼들을 feature X로 할당하세요.

- train_test_split 함수를 사용하여 훈련 데이터셋과 검증 데이터셋을 80:20 비율로 분리하세요. (random_state=2024)

```
In [ ]:    # 여기에 답안코드를 작성하세요
```

09 수치형 데이터들의 단위를 맞춰주기 위해 데이터 스케일링을 진행합니다. 평균을 0, 표준편차를 1로 변환하는 StandardScaler를 사용하여 훈련 데이터와 검증 데이터의 Feature(X_train, X_valid)를 스케일링하는 코드를 작성하세요.

- 훈련 데이터에는 fit_transform()을, 검증 데이터에는 transform()을 적용하세요.

- 스케일링된 결과는 각각 X_train_scaled, X_valid_scaled 변수에 저장하세요.

```
In [ ]:    # 여기에 답안코드를 작성하세요
```

10 가장 기본적인 회귀 모델인 LinearRegression을 사용하여 수익률 예측 모델을 학습시키려고 합니다. 아래 가이드에 따라 모델을 생성하고 학습시키는 코드를 작성하세요.

- sklearn.linear_model의 LinearRegression 함수 사용
- 모델 객체는 model_lr 변수에 저장하고, 스케일링된 훈련 데이터로 학습시키세요.

```
In [ ]:   # 여기에 답안코드를 작성하세요
```

11 이번에는 RandomForestRegressor 모델을 사용하여 학습을 진행하고, 모델이 어떤 특성을 중요하게 생각하는지 확인하려고 합니다. 아래 가이드에 따라 모델을 학습시키고, 가장 중요한 특성의 이름을 답안11 변수에 저장하세요.

- sklearn.ensemble의 RandomForestRegressor 함수 사용
- 하이퍼파라미터 설정
  - n_estimators: 100
  - max_depth: 7
  - random_state: 2024
- 모델 객체는 model_rf 변수에 저장하고 학습시키세요.
- 학습 후 feature_importances_ 속성을 확인하여 가장 중요한 특성의 컬럼명을 답안11에 저장하세요. (예. 답안11 = 'cost_millions')

```
In [ ]:   # 여기에 답안코드를 작성하세요
```

12 앞서 학습한 두 머신러닝 모델(model_lr, model_rf)의 성능을 평가하려고 합니다. 회귀 모델의 성능을 평가하는 대표적인 지표인 MAE(Mean Absolute Error)와 R^2 Score(결정계수)를 계산하는 코드를 작성하세요.

- 두 모델에 대해 각각 두 가지 평가지표를 모두 계산하고 출력하세요.

```
In [ ]:    # 여기에 답안코드를 작성하세요
```

13 이번에는 딥러닝을 사용하여 수익률 예측 모델을 만들려고 합니다. 아래의 가이드에 따라 tensorflow. keras를 사용하여 회귀 모델을 구축하고 학습시키세요.

- Sequential 모델을 사용하세요.
- 모델 구조
  - ▶ 입력층: Dense 레이어, 32개 노드, 활성화 함수 relu
  - ▶ 은닉층 1: Dense 레이어, 16개 노드, 활성화 함수 relu
  - ▶ 출력층: Dense 레이어, 1개 노드
- 컴파일 설정
  - ▶ optimizer: adam
  - ▶ loss: mean_absolute_error
- 학습 설정
  - ▶ epochs: 50
  - ▶ batch_size: 16
- validation_data로 X_valid_scaled, y_valid를 사용하여 검증 손실도 함께 확인하세요.
- 학습 과정은 history 변수에 저장하세요.

```
In [ ]:    # 아래의 코드를 실행해 주세요.
           import tensorflow as tf
           from tensorflow.keras.models import Sequential
           from tensorflow.keras.layers import Dense
```

```
In [ ]:    # 여기에 답안코드를 작성하세요
```

14 최종적으로 완성된 딥러닝 모델을 사용하여, 아래와 같은 새로운 광고 캠페인 데이터가 들어왔을 때의 수익률을 예측하려고 합니다. 주어진 시뮬레이션 데이터(new_campaign_data)를 9번 문제에서 생성한 스케일러(scaler)를 사용하여 변환한 뒤, 딥러닝 모델로 수익률을 예측하는 코드를 작성하세요.

• 예측 결과는 predicted_roi_dl 변수에 저장하세요.

[사전 실행 지시사항]

• 아래 코드를 실행하여 시뮬레이션용 데이터를 생성하세요.

In [ ] :
```
new_campaign_data = np.array([[500, 30, 1000000, 15000, 1000, 0.015, 0, 0, 1, 0, 0, 1, 0]])
```

In [ ] :
```
# 여기에 답안코드를 작성하세요
```

01   tensorflow 라이브러리 임포트

- **상세 해설**
  - ▶ import 라이브러리 as 별칭 구문을 사용하여 tensorflow 라이브러리를 tf라는 표준 별칭으로 불러옵니다. TensorFlow는 딥러닝 모델을 구축하고 학습시키는 데 사용되는 핵심 라이브러리입니다.

```
In [ ]:    # 여기에 답안코드를 작성하세요.
           import tensorflow as tf
```

02   데이터 로딩 및 확인

- **상세 해설**
  - ▶ pandas의 read_csv() 함수를 사용하여 지정된 파일명의 데이터를 읽어 ad_df 데이터프레임에 저장합니다. 그 후, head() 메소드를 사용하여 데이터의 첫 5행을 출력함으로써 데이터가 올바르게 로드되었는지, 컬럼명은 무엇인지 등을 빠르게 확인합니다.

```
In [ ]:    # 여기에 답안코드를 작성하세요.
           # '5_ad_campaign_roi.csv' 파일을 읽어 ad_df 변수에 저장합니다.
           ad_df = pd.read_csv('5_ad_campaign_roi.csv')

           # 데이터의 상위 5개 행을 출력하여 확인합니다.
           ad_df.head()
```

03 scatterplot을 이용한 관계 시각화

- **상세 해설**
  - ▶ seaborn의 scatterplot은 두 수치형 변수 간의 관계를 점으로 나타내는 산점도를 그립니다. x축에 cost_millions, y축에 roi_percentage를 설정하여 광고비와 수익률 간의 관계를 시각화합니다. 여기에 hue='channel' 옵션을 추가하면, 각 점의 색상이 광고 채널에 따라 다르게 표시되어, 채널별로 광고비-수익률 관계에 차이가 있는지 한눈에 파악할 수 있습니다.

```
In [ ]:     # 여기에 답안코드를 작성하세요.
            sns.scatterplot(data=ad_df, x='cost_millions', y='roi_percentage', hue='channel')
```

04 boxplot을 이용한 그룹별 분포 비교

- **상세 해설**
  - ▶ boxplot은 각 그룹(채널)의 데이터 분포를 상자 모양으로 요약하여 보여줍니다. 상자 안의 가로선은 중앙값(median)을 나타냅니다. 그래프를 그려보면 '검색광고' 채널의 상자 안 가로선이 다른 채널들보다 높은 위치에 있으므로, 중앙값이 가장 높다는 것을 알 수 있습니다.

```
In [ ]:     # 여기에 답안코드를 작성하세요.
            sns.boxplot(data=ad_df, x='channel', y='roi_percentage')

            # 그래프를 통해 '검색광고'의 중앙값이 가장 높음을 알 수 있습니다.
            답안04 = '검색광고'
```

05 groupby를 이용한 다중 그룹 집계

- **상세 해설**
  - ▶ groupby()에 리스트 형태로 여러 컬럼(['channel', 'target_age'])을 전달하여 다중 그룹화를 수행합니다. 그 후 ['clicks', 'conversions'] 컬럼들을 선택하고 .mean()으로 평균을 계산하여, 채널과 타겟 연령대 조합에 따른 평균 클릭수와 전환수를 확인합니다.

```
In [ ]: # 여기에 답안코드를 작성하세요.
        # 'channel'과 'target_age'로 그룹화하여 평균 클릭수와 전환수를 계산합니다.
        avg_metrics = ad_df.groupby(['channel', 'target_age'])[['clicks', 'conversions']].mean()
        avg_metrics
```

06 결측치 처리(중앙값)

- **상세 해설**
  - ▶ copy()로 데이터프레임을 복사합니다. 결측치가 있는 수치형 컬럼들에 대해 각 컬럼의 중앙값(.median())을 계산하고, fillna()로 결측치를 채웁니다. 중앙값은 평균값에 비해 이상치(outlier)의 영향을 덜 받기 때문에, 데이터에 극단적인 값이 있을 경우 더 안정적인 대치 방법이 될 수 있습니다.

```
In [ ]: # 여기에 답안코드를 작성하세요.
        # 원본 보존을 위해 데이터프레임을 복사합니다.
        ad_pre = ad_df.copy()

        # 결측치가 있는 수치형 컬럼 리스트
        cols_to_fill = ['cost_millions', 'duration_days']

        # 반복문을 사용하여 각 컬럼의 결측치를 중앙값으로 채우기
        for col in cols_to_fill:
            median_val = ad_pre[col].median()
            ad_pre[col].fillna(median_val, inplace=True)

        # 전처리 결과 확인
        ad_pre.isnull().sum()
```

07 피처 엔지니어링(CTR 생성)

- **상세 해설**

  ▶ 피처 엔지니어링은 기존 변수를 가공하거나 조합하여 모델의 성능을 높일 수 있는 새로운 변수를 만드는 과정입니다. 클릭률(CTR)은 마케팅 분석에서 매우 중요한 지표입니다. np.where() 함수를 사용하여 조건부로 값을 할당합니다. impressions가 0일 때는 0을, 그렇지 않을 때는 clicks / impressions 계산 결과를 ctr 컬럼에 할당하여 0으로 나누는 에러를 방지합니다.

```
In [ ]:    # 여기에 답안코드를 작성하세요.
           # np.where를 사용하여 조건부로 CTR 계산
           # impressions가 0이면 0, 아니면 clicks / impressions
           ad_pre['ctr'] = np.where(ad_pre['impressions'] == 0, 0, ad_pre['clicks'] / ad_pre['impressions'])

           # 생성된 컬럼 확인
           ad_pre.head()
```

- **핵심 이론**

  ▶ 피처 엔지니어링(Feature Engineering): 모델의 예측력을 높이기 위해 데이터에 대한 이해를 바탕으로 새로운 특성(feature)을 만들어내는 과정입니다.

  ▶ np.where(condition, value_if_true, value_if_false): condition이 참일 경우 value_if_true를, 거짓일 경우 value_if_false를 반환하는 유용한 함수입니다.

08 원-핫 인코딩 및 데이터셋 분리

- **상세 해설**

  ▶ 순서가 없는 명목형 데이터인 channel과 target_age 컬럼은 get_dummies()를 사용하여 원-핫 인코딩을 수행합니다. 이렇게 모든 데이터가 숫자형으로 변환된 ad_encoded 데이터프레임을 기준으로, drop()을 사용하여 roi_percentage 컬럼을 제외한 나머지를 X로, roi_percentage 컬럼을 y로 분리합니다. 마지막으로 train_test_split 함수를 사용하여 데이터를 분리합니다.

In [ ]:
```python
# 여기에 답안코드를 작성하세요.
# 1. 범주형 컬럼 원-핫 인코딩
ad_encoded = pd.get_dummies(ad_pre, columns=['channel', 'target_age'])

# 2. Feature(X)와 Label(y) 분리
X = ad_encoded.drop('roi_percentage', axis=1)
y = ad_encoded['roi_percentage']

# 3. 훈련 데이터와 검증 데이터로 분리
X_train, X_valid, y_train, y_valid = train_test_split(X, y, test_size=0.2, random_state=2024)

# 분리 결과 확인
print("X_train shape:", X_train.shape)
print("X_valid shape:", X_valid.shape)
```

09 데이터 스케일링(StandardScaler)

- **상세 해설**

  ▶ StandardScaler 객체를 생성합니다. 훈련 데이터(X_train)에는 fit_transform()을 적용하여 스케일링 규칙(평균, 표준편차)을 학습하고 변환하며, 검증 데이터(X_valid)에는 transform()만 적용하여 데이터 누수를 방지합니다.

In [ ]:
```python
# 여기에 답안코드를 작성하세요.
# StandardScaler 객체 생성
scaler = StandardScaler()

# 훈련 데이터에 fit_transform 적용
X_train_scaled = scaler.fit_transform(X_train)

# 검증 데이터에 transform 적용
X_valid_scaled = scaler.transform(X_valid)
```

10 LinearRegression 모델 학습

- **상세 해설**
  - ▷ LinearRegression은 각 특성(feature)에 가중치를 곱하여 예측값을 계산하는 가장 기본적인 선형 회귀 모델입니다. 모델의 구조가 단순하여 해석이 용이하고, 다른 복잡한 모델의 성능을 평가하기 위한 기준선(baseline) 모델로 자주 사용됩니다.

In [ ] :
```python
# 여기에 답안코드를 작성하세요.
# LinearRegression 모델 객체 생성
model_lr = LinearRegression()

# 모델 학습
model_lr.fit(X_train_scaled, y_train)
```

11 RandomForestRegressor 모델 학습 및 특성 중요도 확인

- **상세 해설**
  - ▷ RandomForestRegressor는 여러 개의 의사결정나무를 만들어 그 예측 결과를 평균내는 앙상블 모델입니다. 학습 후 .feature_importances_ 속성을 통해 어떤 특성이 수익률 예측에 중요한 영향을 미쳤는지 확인할 수 있습니다.

In [ ] :
```python
# 여기에 답안코드를 작성하세요.
# RandomForestRegressor 모델 객체 생성
model_rf = RandomForestRegressor(n_estimators=100, max_depth=7, random_state=2024)

# 모델 학습
model_rf.fit(X_train_scaled, y_train)

# 특성 중요도 확인
importances = model_rf.feature_importances_
feature_names = X.columns
most_important_idx = np.argmax(importances)
most_important_feature = feature_names[most_important_idx]

# 답안 변수에 저장
답안11 = most_important_feature

print(f"가장 중요한 특성: {답안11}")
```

12 회귀 모델 성능 평가(MAE, R^2)

• **상세 해설**

▶ mean_absolute_error와 r2_score 함수를 임포트합니다. 각 모델에 대해 예측값을 구하고, 평가 함수에 (실제값, 예측값) 순서로 인자를 넣어 성능 지표를 계산합니다. MAE는 오차의 절댓값 평균으로, 결과를 직관적으로 해석하기 좋습니다(예: "평균적으로 약 5%p 정도 수익률 오차가 난다").

In [ ]:
```python
# 여기에 답안코드를 작성하세요.
# 1. LinearRegression 모델 성능 평가
lr_pred = model_lr.predict(X_valid_scaled)
lr_mae = mean_absolute_error(y_valid, lr_pred)
lr_r2 = r2_score(y_valid, lr_pred)

print("--- LinearRegression 성능 ---")
print(f"MAE: {lr_mae:.4f}")
print(f"R² Score: {lr_r2:.4f}\n")

# 2. RandomForestRegressor 모델 성능 평가
rf_pred = model_rf.predict(X_valid_scaled)
rf_mae = mean_absolute_error(y_valid, rf_pred)
rf_r2 = r2_score(y_valid, rf_pred)

print("--- RandomForestRegressor 성능 ---")
print(f"MAE: {rf_mae:.4f}")
print(f"R² Score: {rf_r2:.4f}")
```

13 딥러닝 회귀 모델 구축

• 상세 해설

▷ Sequential 모델을 사용하여 비교적 간단한 딥러닝 모델을 설계합니다. 입력층(32개 노드), 은닉층(16개 노드), 출력층(1개 노드)으로 구성됩니다. compile 시 손실 함수로 mean_absolute_error를 사용하여 모델의 예측 오차를 계산하고, fit 함수로 모델을 학습시킵니다.

In [ ]:
```python
# 여기에 답안코드를 작성하세요.
# 딥러닝 모델 설계
model_dl = Sequential([
    Dense(32, activation='relu', input_shape=[X_train_scaled.shape[1]]),
    Dense(16, activation='relu'),
    Dense(1)
])

# 모델 컴파일
model_dl.compile(optimizer='adam', loss='mean_absolute_error')

# 모델 학습
history = model_dl.fit(
    X_train_scaled, y_train,
    epochs=50,
    batch_size=16,
    validation_data=(X_valid_scaled, y_valid),
    verbose=0
)

print("딥러닝 모델 학습 완료")
model_dl.evaluate(X_valid_scaled, y_valid)
```

14 딥러닝 모델을 이용한 예측

• 상세 해설

▶ 새로운 데이터 new_campaign_data는 스케일링되지 않은 원본 형태이므로, 반드시 9번 문제에서 훈련 데이터로 학습시킨 scaler 객체를 사용하여 transform() 해야 합니다. 스케일링된 데이터를 학습된 딥러닝 모델 model_dl의 .predict() 메소드에 입력하여 수익률을 예측하고, 그 결과를 predicted_roi_dl 변수에 저장합니다.

```
In [ ]:   # 여기에 답안코드를 작성하세요.
          # 1. 9번 문제의 scaler를 사용하여 새로운 데이터를 스케일링합니다.
          new_campaign_scaled = scaler.transform(new_campaign_data)

          # 2. 딥러닝 모델로 수익률을 예측합니다.
          predicted_roi_dl = model_dl.predict(new_campaign_scaled)

          print(f"새로운 캠페인의 예측 수익률: {predicted_roi_dl[0][0]:.2f} %")
```

MEMO

AICE associate
실전모의고사

6회 학생 활동 데이터 기반 기말고사
성적 예측 AI 모델 개발

↘ **과제** : 학생 활동 데이터 기반 기말고사 성적 예측 AI 모델 개발

↘ **도메인** : 교육

↘ **배경**

개인 맞춤형 교육의 중요성이 커지면서, 학생 개개인의 학습 습관과 활동이 성적에 미치는 영향을 분석하는 것이 중요해졌습니다. 'AICE 교육 연구소'는 학생들의 학습 관련 데이터를 분석하여, 어떤 요인이 기말고사 성적에 긍정적 또는 부정적 영향을 미치는지 파악하고, 이를 기반으로 학생의 예상 기말고사 성적을 예측하는 AI 모델을 개발하고자 합니다. 이 모델은 학생 상담 및 맞춤형 학습 전략 수립에 활용될 것입니다.

데이터셋 설명(파일명: 6_student_final_grades.csv)

컬럼 명	설명
weekly_study_hours	학생의 주간 평균 학습 시간
attendance_rate	학기 전체 출석률(%)
tutoring	과외 수강 여부(Yes/No)
major	학생의 전공 계열(인문, 공학, 사회, 자연, 예체능)
midterm_score	중간고사 성적(100점 만점)
avg_assignment_score	학기 중 제출한 과제 점수의 평균
online_courses	학기 중 수강한 온라인 강의의 총 개수
club_activity	동아리 활동 참여 여부(Yes/No)
final_exam_score	예측 목표(Target), 최종 기말고사 성적 (100점 만점)

[사전 실행 지시사항]

• 모든 문제를 풀기 전에 아래 코드를 실행해주세요.

In [ ]:
```
# 데이터 분석 및 시각화에 필요한 기본 라이브러리들을 불러옵니다.
import pandas as pd
import numpy as np
import matplotlib.pyplot as plt
import seaborn as sns

# Scikit-learn 라이브러리에서 필요한 모듈들을 불러옵니다.
from sklearn.model_selection import train_test_split
```

```
from sklearn.preprocessing import StandardScaler
from sklearn.linear_model import LinearRegression
from sklearn.ensemble import RandomForestRegressor
from sklearn.metrics import mean_absolute_error, r2_score

# TensorFlow Keras 라이브러리를 불러옵니다.
import tensorflow as tf
from tensorflow.keras.models import Sequential
from tensorflow.keras.layers import Dense
```

01 Scikit-learn 라이브러리의 neighbors 모듈에는 K-최근접 이웃(K-Nearest Neighbors) 알고리즘과 관련된 모델들이 포함되어 있습니다. sklearn.neighbors 모듈에서 KNeighbors Regressor 클래스를 임포트하는 코드를 작성하세요.

In [ ]:
```
# 여기에 답안코드를 작성하세요
```

02 AI 모델링을 위해 분석할 데이터를 준비하고 결측치 현황을 파악하려고 합니다. 아래 가이드에 따라 코드를 작성하세요.

- Pandas의 read_csv 함수를 사용하여 6_student_final_grades.csv 파일을 읽어 데이터프레임 변수 student_df에 할당하세요.
- isnull()과 sum() 함수를 사용하여 student_df의 컬럼별 결측치 개수를 확인하세요.

In [ ]:
```
# 여기에 답안코드를 작성하세요
```

03 midterm_score와 final_exam_score 사이의 관계를 시각적으로 탐색하고자 합니다. seaborn의 scatterplot을 사용하여 두 변수 간의 관계를 시각화하고, club_activity에 따라 점의 색상을 구분하여 표시하세요.

- x축: midterm_score
- y축: final_exam_score
- 데이터: student_df
- 추가 옵션: hue='club_activity'

```
In [ ]:    # 여기에 답안코드를 작성하세요
```

04 tutoring 여부에 따라 final_exam_score의 분포가 어떻게 다른지 확인하려고 합니다. seaborn의 kdeplot을 사용하여 tutoring('Yes'/'No') 각각에 대한 final_exam_score의 커널 밀도 추정 그래프를 그리세요.

- x축: final_exam_score
- 데이터: student_df
- 추가 옵션: hue='tutoring'

```
In [ ]:    # 여기에 답안코드를 작성하세요
```

05 major별로 weekly_study_hours와 avg_assignment_score의 평균을 비교하고자 합니다. groupby()를 사용하여 데이터를 major로 그룹화하고, 두 변수의 평균을 계산하세요.

In [ ]: # 여기에 답안코드를 작성하세요

06 모델링을 위해 데이터의 결측치를 처리하려고 합니다. 아래 가이드에 따라 결측치를 처리하고, 결과를 student_pre 변수에 저장하세요.

- student_df 데이터프레임을 복사하여 student_pre를 생성합니다.
- midterm_score 컬럼의 결측치는 해당 컬럼의 평균값(mean)으로 채우세요.
- club_activity 컬럼에 결측치가 있는 행은 삭제하세요.(dropna 함수 사용)

In [ ]: # 여기에 답안코드를 작성하세요

07 'Yes'/'No' 형태의 범주형 데이터(tutoring, club_activity)를 모델이 이해할 수 있는 숫자(1/0)로 변환하려고 합니다. replace() 함수를 사용하여 아래의 규칙에 따라 두 컬럼을 인코딩하세요.

- 'Yes' -> 1
- 'No' -> 0

In [ ]:   # 여기에 답안코드를 작성하세요

08 순서가 없는 범주형 데이터(major)를 원-핫 인코딩으로 변환하고, 훈련과 검증에 사용할 데이터셋을 분리하려고 합니다. 아래 순서에 따라 코드를 작성하세요.

- pandas의 get_dummies() 함수를 사용하여 major 컬럼을 원-핫 인코딩하고, 결과를 student_encoded 변수에 저장하세요.
- student_encoded 데이터셋에서 final_exam_score 컬럼을 label y로, 나머지 컬럼들을 feature X로 할당하세요.
- train_test_split 함수를 사용하여 훈련 데이터셋과 검증 데이터셋을 80:20 비율로 분리하세요. (random_state=42)

In [ ]:   # 여기에 답안코드를 작성하세요

09 수치형 데이터들의 단위를 맞춰주기 위해 데이터 스케일링을 진행합니다. 평균을 0, 표준편차를 1로 변환하는 StandardScaler를 사용하여 훈련 데이터와 검증 데이터의 Feature(X_train, X_valid)를 스케일링하는 코드를 작성하세요.

- 훈련 데이터에는 fit_transform()을, 검증 데이터에는 transform()을 적용하세요.
- 스케일링된 결과는 각각 X_train_scaled, X_valid_scaled 변수에 저장하세요.

In [ ]: *# 여기에 답안코드를 작성하세요*

10 K-최근접 이웃(K-Nearest Neighbors) 회귀 모델인 KNeighborsRegressor를 사용하여 기말고사 성적 예측 모델을 학습시키려고 합니다. 아래 가이드에 따라 모델을 생성하고 학습시키는 코드를 작성하세요.

- sklearn.neighbors의 KNeighborsRegressor 함수 사용(1번 문제에서 임포트)
- 하이퍼파라미터 설정
  - ▶ n_neighbors: 5
- 모델 객체는 model_knn 변수에 저장하고, 스케일링된 훈련 데이터로 학습시키세요.

In [ ]: *# 여기에 답안코드를 작성하세요*

PART 1 / AICE associate 실전모의고사

11 이번에는 RandomForestRegressor 모델을 사용하여 학습을 진행하고, 모델이 어떤 특성을 중요하게 생각하는지 확인하려고 합니다. 아래 가이드에 따라 모델을 학습시키고, 가장 중요한 특성의 이름을 답안11 변수에 저장하세요.

- sklearn.ensemble의 RandomForestRegressor 함수 사용
- 하이퍼파라미터 설정
  - ▶ n_estimators: 100
  - ▶ max_features: 5
  - ▶ random_state: 42
- 모델 객체는 model_rf 변수에 저장하고 학습시키세요.
- 학습 후 feature_importances_ 속성을 확인하여 가장 중요한 특성의 컬럼명을 답안11에 저장하세요. (예. 답안11 = 'midterm_score')

In [ ]: *# 여기에 답안코드를 작성하세요*

12 앞서 학습한 두 머신러닝 모델(model_knn, model_rf)의 성능을 평가하려고 합니다. KNN은 knn_pred 변수에 예측 값을 저장, RandomForest는 rf_pred에 예측값을 저장하세요.

회귀 모델의 성능을 평가하는 지표인 RMSE(Root Mean Squared Error)와 R^2 Score(결정계수)를 계산하는 코드를 작성하세요.

- sklearn.metrics에서 mean_squared_error, r2_score 함수를 import하세요.
- RMSE는 mean_squared_error의 결과에 np.sqrt()를 적용하여 계산합니다.
- 두 모델에 대해 각각 두 가지 평가지표를 모두 계산하고 출력하세요.

In [ ]: *# 여기에 답안코드를 작성하세요*

13 이번에는 딥러닝을 사용하여 기말고사 성적 예측 모델을 만들려고 합니다. 아래의 가이드에 따라 tensorflow.keras를 사용하여 회귀 모델을 구축하고 학습시키세요.

- Sequential 모델을 사용하세요.
- 모델 구조
  - ▶ 입력층: Dense 레이어, 64개 노드, 활성화 함수 relu
  - ▶ 은닉층 1: Dense 레이어, 32개 노드, 활성화 함수 relu
  - ▶ 출력층: Dense 레이어, 1개 노드
- 컴파일 설정
  - ▶ optimizer: adam
  - ▶ loss: mean_squared_error
- 학습 설정
  - ▶ epochs: 100
  - ▶ batch_size: 32
- validation_data로 X_valid_scaled, y_valid를 사용하여 검증 손실도 함께 확인하세요.
- 학습 과정은 history 변수에 저장하세요.

In [ ]:
```
# 여기에 답안코드를 작성하세요
```

14 최종적으로 완성된 딥러닝 모델을 사용하여, 아래와 같은 새로운 학생 데이터가 들어왔을 때의 기말고사 성적을 예측하려고 합니다. 주어진 시뮬레이션 데이터(new_student_data)를 9번 문제에서 생성한 스케일러(scaler)를 사용하여 변환한 뒤, 딥러닝 모델로 성적을 예측하는 코드를 작성하세요.

- 예측 결과는 predicted_grade_dl 변수에 저장하세요.
- 아래 코드를 실행하여 시뮬레이션용 데이터를 생성하세요.

In [ ]:
```
new_student_data = np.array([[20, 95, 1, 85.0, 90.0, 30, 1, 0, 1, 0, 0, 0]])
```

In [ ]:
```
# 여기에 답안코드를 작성하세요
```

PART 1

AICE associate 실전모의고사

01   KNeighborsRegressor 임포트

- **상세 해설**
  - ▶ from 패키지.모듈 import 클래스 구문을 사용하여 sklearn.neighbors 모듈에서 KNeighbors Regressor 클래스를 불러옵니다. KNeighborsRegressor는 K-최근접 이웃 알고리즘을 사용하는 회귀 모델입니다.

```
In [ ]:   # 여기에 답안코드를 작성하세요.
          from sklearn.neighbors import KNeighborsRegressor
```

02   데이터 로딩 및 결측치 확인

- **상세 해설**
  - ▶ pandas의 read_csv() 함수로 데이터를 불러온 후, isnull()과 sum()을 순차적으로 실행합니다. isnull() 메소드는 데이터프레임의 각 셀이 비어있는지(결측치인지) 여부를 True/False로 반환하고, 여기에 sum() 함수를 적용하면 각 컬럼별로 True(결측치)의 개수를 합산하여 보여줍니다.

```
In [ ]:   # 여기에 답안코드를 작성하세요.
          # '6_student_final_grades.csv' 파일을 읽어 student_df 변수에 저장합니다.
          student_df = pd.read_csv('6_student_final_grades.csv')

          # 컬럼별 결측치 개수 확인
          student_df.isnull().sum()
```

03 scatterplot을 이용한 관계 시각화

- **상세 해설**
  - ▷ seaborn의 scatterplot은 두 수치형 변수 간의 관계를 점으로 나타내는 산점도를 그립니다. x축에 midterm_score, y축에 final_exam_score를 설정하면 두 성적 간의 강한 양의 상관관계를 확인할 수 있습니다. 여기에 hue='club_activity' 옵션을 추가하면, 동아리 활동을 하는 학생과 하지 않는 학생 간에 성적 분포에 뚜렷한 차이가 있는지 시각적으로 탐색할 수 있습니다.

```
In [ ]:   # 여기에 답안코드를 작성하세요.
          sns.scatterplot(data=student_df, x='midterm_score', y='final_exam_score', hue='club_activity')
```

04 kdeplot을 이용한 그룹별 분포 비교

- **상세 해설**
  - ▷ kdeplot(Kernel Density Estimate Plot)은 데이터의 분포를 부드러운 곡선으로 나타내는 그래프입니다. 히스토그램보다 데이터의 분포 형태를 더 매끄럽게 파악할 수 있습니다. hue='tutoring' 옵션을 사용하면 과외를 받는 그룹과 받지 않는 그룹의 기말고사 성적 분포를 두 개의 곡선으로 비교하여, 어느 그룹의 성적이 더 높은 쪽에 치우쳐 있는지 등을 쉽게 확인할 수 있습니다.

```
In [ ]:   # 여기에 답안코드를 작성하세요.
          sns.kdeplot(data=student_df, x='final_exam_score', hue='tutoring')
```

- **핵심 이론**
  - ▷ sns.kdeplot(data, x, hue): 데이터의 분포를 부드러운 곡선 그래프로 시각화합니다. 히스토그램을 부드럽게 만들었다고 생각할 수 있으며, 데이터가 어디에 집중되어 있는지 파악하기 용이합니다.

05 groupby를 이용한 그룹별 평균 계산

- 상세 해설
  - ▶ groupby('major')을 사용하여 데이터를 전공 계열별로 그룹화합니다. 그 후, 분석 대상 컬럼인 ['weekly_study_hours', 'avg_assignment_score']를 선택하고 .mean()으로 각 그룹의 평균값을 계산합니다.

```
In [ ]:    # 여기에 답안코드를 작성하세요.
           # 'major'로 그룹화하여 주간학습시간과 과제점수평균의 평균을 계산합니다.
           major_avg = student_df.groupby('major')[['weekly_study_hours', 'avg_assignment_score']].mean()
           major_avg
```

06 결측치 처리(평균값 및 행 삭제)

- 상세 해설
  - ▶ copy()로 데이터프레임을 복사합니다. midterm_score 컬럼의 결측치는 해당 컬럼의 평균값(.mean())을 계산하여 fillna()로 채웁니다. club_activity 컬럼의 결측치는 데이터 수가 많지 않으므로 dropna()를 사용하여 해당 행 전체를 삭제합니다. subset 파라미터는 특정 컬럼에 결측치가 있을 때만 행을 삭제하도록 지정합니다.

```
In [ ]:    # 여기에 답안코드를 작성하세요.
           # 원본 보존을 위해 데이터프레임을 복사합니다.
           student_pre = student_df.copy()

           # 1. 'midterm_score' 컬럼 결측치를 평균값으로 채우기
           mean_midterm = student_pre['midterm_score'].mean()
           student_pre['midterm_score'].fillna(mean_midterm, inplace=True)

           # 2. 'club_activity' 컬럼에 결측치가 있는 행 삭제
           student_pre.dropna(subset=['club_activity'], inplace=True)

           # 전처리 결과 확인
           student_pre.isnull().sum()
```

07 'Yes'/'No' 데이터 인코딩(replace)

- **상세 해설**
  - ▸ 'Yes'/'No'와 같이 두 가지 값만 갖는 범주형 데이터는 1과 0으로 간단하게 변환할 수 있습니다. replace() 함수에 {'바꿀값' : '새값'} 형태의 딕셔너리를 전달하면, 여러 값을 한 번에 바꿀 수 있습니다. 이 방법은 map 함수와 유사하지만, map에 없는 값을 만나면 NaN으로 바꾸는 map과 달리 replace는 그대로 둔다는 차이점이 있습니다.

In [ ] :
```python
# 여기에 답안코드를 작성하세요.
# 'Yes'/'No'를 1/0으로 변환
student_pre['tutoring'] = student_pre['tutoring'].replace({'Yes': 1, 'No': 0})
student_pre['club_activity'] = student_pre['club_activity'].replace({'Yes': 1, 'No': 0})

# 변환 결과 확인
student_pre.head()
```

08 원-핫 인코딩 및 데이터셋 분리

- **상세 해설**
  - ▸ 순서가 없는 명목형 데이터인 major 컬럼은 get_dummies()를 사용하여 원-핫 인코딩을 수행합니다. 이렇게 모든 데이터가 숫자형으로 변환된 student_encoded 데이터프레임을 기준으로, drop()을 사용하여 final_exam_score 컬럼을 제외한 나머지를 X로, final_exam_score 컬럼을 y로 분리합니다. 마지막으로 train_test_split 함수를 사용하여 데이터를 분리합니다.

In [ ] :
```python
# 여기에 답안코드를 작성하세요.
# 1. 'major' 컬럼 원-핫 인코딩
student_encoded = pd.get_dummies(student_pre, columns=['major'])

# 2. Feature(X)와 Label(y) 분리
X = student_encoded.drop('final_exam_score', axis=1)
y = student_encoded['final_exam_score']

# 3. 훈련 데이터와 검증 데이터로 분리
X_train, X_valid, y_train, y_valid = train_test_split(X, y, test_size=0.2, random_state=42)

# 분리 결과 확인
print("X_train shape:", X_train.shape)
print("X_valid shape:", X_valid.shape)
```

09 데이터 스케일링(StandardScaler)

- **상세 해설**
  - ▶ StandardScaler 객체를 생성합니다. 훈련 데이터(X_train)에는 fit_transform()을 적용하여 스케일링 규칙(평균, 표준편차)을 학습하고 변환하며, 검증 데이터(X_valid)에는 transform()만 적용하여 데이터 누수를 방지합니다.

In [ ]:
```python
# 여기에 답안코드를 작성하세요.
# StandardScaler 객체 생성
scaler = StandardScaler()

# 훈련 데이터에 fit_transform 적용
X_train_scaled = scaler.fit_transform(X_train)

# 검증 데이터에 transform 적용
X_valid_scaled = scaler.transform(X_valid)
```

10 KNeighborsRegressor 모델 학습

- **상세 해설**
  - ▶ KNeighborsRegressor는 새로운 데이터가 들어왔을 때, 가장 가까운 k개의 훈련 데이터(이웃)를 찾아 그들의 평균값으로 예측하는 단순하고 직관적인 모델입니다. n_neighbors는 참고할 이웃의 수를 결정하는 중요한 하이퍼파라미터입니다.

In [ ]:
```python
# 여기에 답안코드를 작성하세요.
# KNeighborsRegressor 모델 객체 생성
model_knn = KNeighborsRegressor(n_neighbors=5)

# 모델 학습
model_knn.fit(X_train_scaled, y_train)
```

11 RandomForestRegressor 모델 학습 및 특성 중요도 확인

- **상세 해설**
  - RandomForestRegressor는 여러 개의 의사결정나무를 만들어 그 예측 결과를 평균내는 앙상블 모델입니다. 학습 후 .feature_importances_ 속성을 통해 어떤 특성이 성적 예측에 중요한 영향을 미쳤는지 확인할 수 있습니다.

In [ ] :
```python
# 여기에 답안코드를 작성하세요.
# RandomForestRegressor 모델 객체 생성
model_rf = RandomForestRegressor(n_estimators=100, max_features=5, random_state=42)

# 모델 학습
model_rf.fit(X_train_scaled, y_train)

# 특성 중요도 확인
importances = model_rf.feature_importances_
feature_names = X.columns
most_important_idx = np.argmax(importances)
most_important_feature = feature_names[most_important_idx]

# 답안 변수에 저장
답안11 = most_important_feature

print(f"가장 중요한 특성: {답안11}")
```

12   회귀 모델 성능 평가(RMSE, R²)

- **상세 해설**
  - ▶ RMSE(Root Mean Squared Error)는 MSE(평균 제곱 오차)에 제곱근을 취한 값입니다. RMSE는 단위가 원래 값(성적)과 동일해져 "평균적으로 약 O.O점 정도의 예측 오차가 있다"고 직관적으로 해석할 수 있습니다. np.sqrt() 함수를 사용하여 간단히 계산할 수 있습니다.

In [ ]:
```python
# 여기에 답안코드를 작성하세요.
# 1. KNeighborsRegressor 모델 성능 평가
knn_pred = model_knn.predict(X_valid_scaled)
knn_mse = mean_squared_error(y_valid, knn_pred)
knn_rmse = np.sqrt(knn_mse)
knn_r2 = r2_score(y_valid, knn_pred)

print("--- KNeighborsRegressor 성능 ---")
print(f"RMSE: {knn_rmse:.4f}")
print(f"R² Score: {knn_r2:.4f}\n")

# 2. RandomForestRegressor 모델 성능 평가
rf_pred = model_rf.predict(X_valid_scaled)
rf_mse = mean_squared_error(y_valid, rf_pred)
rf_rmse = np.sqrt(rf_mse)
rf_r2 = r2_score(y_valid, rf_pred)

print("--- RandomForestRegressor 성능 ---")
print(f"RMSE: {rf_rmse:.4f}")
print(f"R² Score: {rf_r2:.4f}")
```

13 딥러닝 회귀 모델 구축

- 상세 해설
  ▶ Sequential 모델을 사용하여 입력층, 1개의 은닉층, 출력층으로 구성된 딥러닝 모델을 설계합니다. 회귀 문제이므로 출력층의 노드는 1개이며, 손실 함수로는 mean_squared_error를 사용합니다. fit 함수로 모델을 학습시키며, validation_data를 지정하여 매 에포크마다 검증 성능을 함께 모니터링합니다.

In [ ]:
```python
# 여기에 답안코드를 작성하세요.
# 딥러닝 모델 설계
model_dl = Sequential([
    Dense(64, activation='relu', input_shape=[X_train_scaled.shape[1]]),
    Dense(32, activation='relu'),
    Dense(1)
])

# 모델 컴파일
model_dl.compile(optimizer='adam', loss='mean_squared_error')

# 모델 학습
history = model_dl.fit(
    X_train_scaled, y_train,
    epochs=100,
    batch_size=32,
    validation_data=(X_valid_scaled, y_valid),
    verbose=0
)

print("딥러닝 모델 학습 완료")
model_dl.evaluate(X_valid_scaled, y_valid)
```

PART 1

AICE associate 실전모의고사

14   딥러닝 모델을 이용한 예측

- **상세 해설**
  - ▶ 새로운 데이터 new_student_data는 스케일링되지 않은 원본 형태이므로, 반드시 9번 문제에서 훈련 데이터로 학습시킨 scaler 객체를 사용하여 transform() 해야 합니다. 스케일링된 데이터를 학습된 딥러닝 모델 model_dl의 .predict() 메소드에 입력하여 성적을 예측하고, 그 결과를 predicted_grade_dl 변수에 저장합니다.

```
In [ ]:    # 여기에 답안코드를 작성하세요.
           # 1. 9번 문제의 scaler를 사용하여 새로운 데이터를 스케일링합니다.
           new_student_scaled = scaler.transform(new_student_data)

           # 2. 딥러닝 모델로 성적을 예측합니다.
           predicted_grade_dl = model_dl.predict(new_student_scaled)

           print(f"새로운 학생의 예측 기말고사 성적: {predicted_grade_dl[0][0]:.2f} 점")
```

MEMO

AICE associate
실전모의고사

7회 환경 데이터 기반 농작물 수확량 예측 AI 모델 개발

↘ **과제 :** 환경 데이터 기반 농작물 수확량 예측 AI 모델 개발

↘ **도메인 :** 농업/환경

↘ **배경**

     기후 변화와 환경 요인은 농작물 생산량에 직접적인 영향을 미칩니다. 'AICE 스마트팜' 연구소는 정밀 농업 기술을 발전시키기 위해, 다양한 지역에서 수집된 기상, 토양, 재배 데이터를 분석하고자 합니다. 이 분석을 통해 어떤 환경 조건이 수확량에 중요한 영향을 미치는지 파악하고, 특정 조건에서 예상되는 수확량을 예측하는 AI 모델을 개발하는 것이 목표입니다. 이 모델은 농가의 생산성 향상과 안정적인 식량 공급 계획 수립에 기여할 것입니다.

데이터셋 설명(파일명: 7_crop_yield_prediction.csv)

컬럼 명	설명
annual_rainfall_mm	연간 총 강수량
avg_temp	연평균 기온
sunshine_hours	연간 총 일조 시간
soil_type	토양의 종류(사양토, 양토, 점질토)
soil_ph	토양의 산성도
fertilizer_type	사용된 주 비료(질소, 인, 칼륨, 복합)
nitrogen_concentration	토양 내 질소 농도
phosphorus_concentration	토양 내 인 농도
potassium_concentration	토양 내 칼륨 농도
yield_kg_per_ha	예측 목표(Target), 헥타르(ha)당 수확량 (kg)

[사전 실행 지시사항]

• 모든 문제를 풀기 전에 아래 코드를 실행해주세요.

In [ ]:
```python
# 데이터 분석 및 시각화에 필요한 기본 라이브러리들을 불러옵니다.
import pandas as pd
import numpy as np
import matplotlib.pyplot as plt
import seaborn as sns
```

```
# Scikit-learn 라이브러리에서 필요한 모듈들을 불러옵니다.
from sklearn.model_selection import train_test_split
from sklearn.preprocessing import StandardScaler, LabelEncoder
from sklearn.linear_model import Lasso
from sklearn.ensemble import RandomForestRegressor
from sklearn.metrics import mean_absolute_error, r2_score

# TensorFlow Keras 라이브러리를 불러옵니다.
import tensorflow as tf
from tensorflow.keras.models import Sequential
from tensorflow.keras.layers import Dense
```

01 Scikit-learn 라이브러리의 linear_model 모듈에는 다양한 선형 회귀 모델들이 포함되어 있습니다. sklearn.linear_model 모듈에서 Lasso 클래스를 임포트하는 코드를 작성하세요.

In [ ]:   # 여기에 답안코드를 작성하세요

02 AI 모델링을 위해 분석할 데이터를 준비하고 기본적인 정보를 파악하려고 합니다. 아래 가이드에 따라 코드를 작성하세요.

- Pandas의 read_csv 함수를 사용하여 7_crop_yield_prediction.csv 파일을 읽어 데이터프레임 변수 crop_df에 할당하세요.
- inf6o() 함수를 사용하여 crop_df의 요약 정보를 확인하여 결측치와 데이터 타입을 파악하세요.

In [ ]:   # 여기에 답안코드를 작성하세요

03 예측 목표인 yield_kg_per_ha 데이터의 분포를 시각적으로 탐색하고자 합니다. seaborn의 histplot을 사용하여 yield_kg_per_ha 컬럼의 분포를 히스토그램으로 나타내세요.

- 대상 컬럼: yield_kg_per_ha
- 데이터: crop_df
- 추가 옵션: kde=True를 사용하여 밀도 추정 곡선을 함께 표시

In [ ]:
```
# 여기에 답안코드를 작성하세요
```

04 soil_type에 따라 yield_kg_per_ha의 분포가 어떻게 다른지 확인하려고 합니다. seaborn의 boxplot을 사용하여 토양타입별 수확량 분포를 시각화세요.

- x축: soil_type
- y축: yield_kg_per_ha
- 데이터: crop_df
- 수확량의 중앙값이 가장 낮은 토양 타입을 답안04 변수에 문자열로 저장하세요.(예. 답안04 = 'loam')

In [ ]:
```
# 한글화를 위해 아래의 코드를 작성해 주세요.
import platform
from matplotlib import rc

if platform.system() == 'Darwin':  # macOS
    rc('font', family='AppleGothic')
else:  # Windows
    rc('font', family='Malgun Gothic')

plt.rcParams['axes.unicode_minus'] = False
```

In [ ]:
```
# 여기에 답안코드를 작성하세요
```

05 fertilizer_type별로 각 영양소(nitrogen_concentration, phosphorus_concentration, potassium_concentration)의 평균 농도를 비교하고자 합니다. groupby()를 사용하여 데이터를 fertilizer_type으로 그룹화하고, 세 가지 영양소 농도 컬럼의 평균을 계산하세요.

```
In [ ]:   # 여기에 답안코드를 작성하세요
```

06 모델링을 위해 데이터의 결측치를 처리하려고 합니다. 아래 가이드에 따라 결측치를 처리하고, 결과를 crop_pre 변수에 저장하세요.

- crop_df 데이터프레임을 복사하여 crop_pre를 생성합니다.
- avg_temp와 sunshine_hours 컬럼의 결측치는 각 컬럼의 평균값(mean)으로 채우세요.

```
In [ ]:   # 여기에 답안코드를 작성하세요
```

07 모델이 이해할 수 있도록 범주형 데이터를 수치형으로 변환하려고 합니다. 아래 가이드에 따라 두 가지 다른 방식으로 인코딩을 수행하세요.

- 순서 정보가 중요하지 않은 fertilizer_type 컬럼은 pandas의 get_dummies()를 사용하여 원-핫 인코딩을 수행하세요.
- soil_type 컬럼은 sklearn.preprocessing의 LabelEncoder를 사용하여 레이블 인코딩을 수행하세요.
- 모든 변환은 crop_pre 데이터프레임에 직접 적용하세요.

In [ ] : *# 여기에 답안코드를 작성하세요*

08 기존 변수를 조합하여 새로운 특성, 질소/칼륨 비율을 생성하려고 합니다. crop_pre 데이터프레임에 nitro_potassium_ratio라는 새로운 컬럼을 추가하고, nitrogen_concentration / potassium_concentration 값을 계산하여 할당하세요.

- 주의 : potassium_concentration이 0인 경우 0으로 나누는 에러가 발생할 수 있으므로, potassium_ concentration이 0일 때는 nitro_potassium_ratio 값도 0이 되도록 처리하세요.

In [ ] : *# 여기에 답안코드를 작성하세요*

09 훈련과 검증에 사용할 데이터셋을 분리하려고 합니다. yield_kg_per_ha 컬럼을 label y로, 나머지 컬럼들을 feature X로 할당한 후 훈련 데이터셋과 검증 데이터셋으로 분리하는 코드를 작성하세요.

- 대상 데이터셋: crop_pre(8번 문제까지 처리 완료된)
- 훈련:검증 데이터 비율: 80:20
- random_state: 2024

```
In [ ]:    # 여기에 답안코드를 작성하세요
```

10 수치형 데이터들의 단위를 맞춰주기 위해 데이터 스케일링을 진행합니다. 평균을 0, 표준편차를 1로 변환 하는 StandardScaler를 사용하여 훈련 데이터와 검증 데이터의 Feature(X_train, X_valid)를 스케일링하는 코드를 작성하세요.

- 훈련 데이터에는 fit_transform()을, 검증 데이터에는 transform()을 적용하세요.
- 스케일링된 결과는 각각 X_train_scaled, X_valid_scaled 변수에 저장하세요.

```
In [ ]:    # 여기에 답안코드를 작성하세요
```

PART 1

AICE associate 실전모의고사

11 L1 규제를 사용하여 불필요한 변수의 영향력을 0으로 만드는 특징이 있는 Lasso 회귀 모델을 사용하여 수확량 예측 모델을 학습시키려고 합니다. 아래 가이드에 따라 모델을 생성하고 학습시키는 코드를 작성하세요.

- sklearn.linear_model의 Lasso 함수 사용(1번 문제에서 임포트)
- 하이퍼파라미터 설정
  - ▶ alpha: 0.5(규제 강도)
  - ▶ random_state: 2024
- 모델 객체는 model_lasso 변수에 저장하고, 스케일링된 훈련 데이터로 학습시키세요.
- 모델 예측은 lasso_pred 변수에 저장하세요.

In [ ]: *# 여기에 답안코드를 작성하세요*

12 이번에는 RandomForestRegressor 모델을 사용하여 학습을 진행하고, 이 모델의 예측 성능을 확인하려고 합니다. 아래 가이드에 따라 모델을 학습시키고, 검증 데이터셋(X_valid_scaled)에 대한 예측 결과를 rf_pred 변수에 저장하세요.

- sklearn.ensemble의 RandomForestRegressor 함수 사용
- 하이퍼파라미터 설정
  - ▶ n_estimators: 150
  - ▶ max_depth: 8
  - ▶ random_state: 2024
- 모델 객체는 model_rf 변수에 저장하고 학습시키세요.

In [ ]: *# 여기에 답안코드를 작성하세요*

13 앞서 학습한 두 머신러닝 모델(model_lasso, model_rf)의 성능을 평가하려고 합니다. 회귀 모델의 성능을 평가하는 대표적인 지표인 MAE(Mean Absolute Error)와 R² Score(결정계수)를 계산하는 코드를 작성하세요.

- 두 모델에 대해 각각 두 가지 평가지표를 모두 계산하고 출력하세요.

In [ ]:   *# 여기에 답안코드를 작성하세요*

14 이번에는 딥러닝을 사용하여 수확량 예측 모델을 만들려고 합니다. 아래의 가이드에 따라 tensorflow. keras를 사용하여 회귀 모델을 구축하고, 학습시킨 후, 새로운 데이터에 대한 예측을 수행하세요.

- 모델 구축
  - ▶ Sequential 모델
  - ▶ 입력층: Dense 레이어, 32개 노드, 활성화 함수 relu
  - ▶ 은닉층: Dense 레이어, 16개 노드, 활성화 함수 relu
  - ▶ 출력층: Dense 레이어, 1개 노드
  - ▶ 컴파일: optimizer='adam', loss='mean_squared_error'
  - ▶ 학습: epochs=50, batch_size=32, validation_data 사용
- 예측: 아래 new_crop_data를 10번 문제에서 생성한 스케일러(scaler)를 사용하여 변환한 뒤, 학습된 딥러닝 모델로 수확량을 예측하여 predicted_yield_dl 변수에 저장하세요.

- 아래 코드를 실행하여 시뮬레이션용 데이터를 생성하세요.

In [ ]:   `new_crop_data = np.array([[1500, 20.0, 2500.0, 1, 6.5, 35.0, 30.0, 40.0, 1, 0, 0, 0, 0.875]])`

In [ ]:   *# 여기에 답안코드를 작성하세요*

01 Lasso 클래스 임포트

- **상세 해설**
  - ▶ from 패키지.모듈 import 클래스 구문을 사용하여 sklearn.linear_model 모듈에서 Lasso 클래스를 불러옵니다. Lasso는 선형 회귀 모델에 L1 규제를 적용한 모델입니다.

```
In [ ]:    # 여기에 답안코드를 작성하세요.
           from sklearn.linear_model import Lasso
```

02 데이터 로딩 및 기본 정보 확인

- **상세 해설**
  - ▶ pandas의 read_csv() 함수로 데이터를 불러온 후, info() 메소드를 사용하여 데이터프레임의 전체적인 구조, 각 컬럼의 데이터 타입, 결측치 현황 등을 파악합니다. 이를 통해 avg_temp와 sunshine_hours 컬럼에 결측치가 있음을 알 수 있습니다.

```
In [ ]:    # 여기에 답안코드를 작성하세요.
           # '7_crop_yield_prediction.csv' 파일을 읽어 crop_df 변수에 저장합니다.
           crop_df = pd.read_csv('7_crop_yield_prediction.csv')

           # 데이터프레임의 요약 정보 확인
           crop_df.info()
```

03 histplot을 이용한 분포 시각화

- **상세 해설**
  - ▶ seaborn의 histplot은 데이터의 분포를 막대그래프 형태인 히스토그램으로 보여줍니다. kde=True 옵션을 추가하면, 히스토그램 위에 데이터의 분포를 부드러운 곡선으로 나타낸 커널 밀도 추정 그래프를 함께 그려주어 분포의 형태를 더 명확하게 파악할 수 있습니다.

```
In [ ]:    # 여기에 답안코드를 작성하세요.
           sns.histplot(data=crop_df, x='yield_kg_per_ha', kde=True)
```

- **핵심 이론**
  - ▶ sns.histplot(data, x, kde): 데이터의 분포를 히스토그램으로 시각화합니다.
  - ▶ kde=True: Kernel Density Estimate의 약자로, 히스토그램을 부드러운 곡선으로 표현한 그래프를 함께 그려줍니다.

04 boxplot을 이용한 그룹별 분포 비교

- **상세 해설**
  - ▶ boxplot은 각 그룹(토양타입)의 데이터 분포를 상자 모양으로 요약하여 보여줍니다. 상자 안의 가로선은 중앙값(median)을 나타냅니다. 그래프를 그려보면 '점질토(clay)'의 상자 안 가로선이 다른 토양타입들보다 낮은 위치에 있으므로, 중앙값이 가장 낮다는 것을 알 수 있습니다.

```
In [ ]:    # 여기에 답안코드를 작성하세요.
           sns.boxplot(data=crop_df, x='soil_type', y='yield_kg_per_ha')

           # 그래프를 통해 '점질토'의 중앙값이 가장 낮음을 알 수 있습니다.
           답안04 = '점질토'
```

05 groupby를 이용한 그룹별 평균 계산

- **상세 해설**
  - ▶ groupby('fertilizer_type')을 사용하여 데이터를 비료 종류별로 그룹화합니다. 그 후, 분석 대상 컬럼인 ['nitrogen_concentration', 'phosphorus_concentration', 'potassium_concentration'] 를 선택하고 .mean()으로 각 그룹의 평균값을 계산합니다.

In [ ]:
```python
# 여기에 답안코드를 작성하세요.
# 'fertilizer_type'으로 그룹화하여 각 영양소 농도의 평균을 계산합니다.
nutrient_avg = crop_df.groupby('fertilizer_type')[['nitrogen_concentration', 'phosphorus_concentration', 'potassium_concentration']].mean()
nutrient_avg
```

06 결측치 처리(평균값)

- **상세 해설**
  - ▶ copy()로 데이터프레임을 복사합니다. 결측치가 있는 수치형 컬럼들의 리스트를 만들어 반복문을 통해 각 컬럼의 평균값(.mean())을 계산하고, fillna()로 결측치를 채웁니다. 이 방법은 데이터의 전체적인 통계적 특성을 크게 해치지 않으면서 결측치를 처리하는 간단하고 일반적인 방법입니다.

In [ ]:
```python
# 여기에 답안코드를 작성하세요.
# 원본 보존을 위해 데이터프레임을 복사합니다.
crop_pre = crop_df.copy()

# 결측치가 있는 수치형 컬럼 리스트
cols_to_fill = ['avg_temp', 'sunshine_hours']

# 반복문을 사용하여 각 컬럼의 결측치를 평균값으로 채우기
for col in cols_to_fill:
    mean_val = crop_pre[col].mean()
    crop_pre[col].fillna(mean_val, inplace=True)

# 전처리 결과 확인
crop_pre.isnull().sum()
```

07 두 가지 방식의 인코딩

• 상세 해설

▶ get_dummies()를 사용하여 fertilizer_type 컬럼을 원-핫 인코딩합니다. 이 때, 원본 데이터프레임 (crop_pre)과 변환된 데이터프레임을 합치기 위해 pd.concat을 사용하고, 기존의 fertilizer_type 컬럼은 삭제합니다. LabelEncoder를 사용하여 soil_type 컬럼을 0, 1, 2와 같은 정수로 변환하고, 그 결과를 다시 원래 컬럼에 덮어씁니다.

In [ ]:
```python
# 여기에 답안코드를 작성하세요.
# 1. 'fertilizer_type' 원-핫 인코딩
dummies = pd.get_dummies(crop_pre['fertilizer_type'], prefix='fertilizer')
crop_pre = pd.concat([crop_pre.drop('fertilizer_type', axis=1), dummies], axis=1)

# 2. 'soil_type' 레이블 인코딩
le = LabelEncoder()
crop_pre['soil_type'] = le.fit_transform(crop_pre['soil_type'])

# 변환 결과 확인
crop_pre.head()
```

08 피처 엔지니어링

• 상세 해설

▶ 피처 엔지니어링은 기존 변수를 가공하거나 조합하여 모델의 성능을 높일 수 있는 새로운 변수를 만드는 과정입니다. np.where() 함수를 사용하여 조건부로 값을 할당합니다. potassium_concentration 이 0일 때는 0을, 그렇지 않을 때는 nitrogen_concentration / potassium_concentration 계산 결과를 nitro_potassium_ratio 컬럼에 할당하여 0으로 나누는 에러를 방지합니다.

In [ ]:
```python
# 여기에 답안코드를 작성하세요.
# np.where를 사용하여 조건부로 비율 계산
crop_pre['nitro_potassium_ratio'] = np.where(
    crop_pre['potassium_concentration'] == 0,
    0,
    crop_pre['nitrogen_concentration'] / crop_pre['potassium_concentration']
)

# 생성된 컬럼 확인
crop_pre.head()
```

PART 1 AICE associate 실전모의고사

09 데이터셋 분리

- **상세 해설**
  - ▶ drop()을 사용하여 yield_kg_per_ha 컬럼을 제외한 나머지를 X로, yield_kg_per_ha 컬럼을 y로 분리합니다. train_test_split 함수에 X와 y, test_size=0.2(검증 데이터 20%), random_state =2024를 설정하여 데이터를 분리합니다.

```
In [ ]:    # 여기에 답안코드를 작성하세요.
           # Feature(X)와 Label(y)을 분리합니다.
           X = crop_pre.drop('yield_kg_per_ha', axis=1)
           y = crop_pre['yield_kg_per_ha']

           # 훈련 데이터와 검증 데이터로 분리합니다.
           X_train, X_valid, y_train, y_valid = train_test_split(X, y, test_size=0.2, random_state=2024)

           # 분리 결과 확인
           print("X_train shape:", X_train.shape)
           print("X_valid shape:", X_valid.shape)
```

10 데이터 스케일링(StandardScaler)

- **상세 해설**
  - ▶ StandardScaler 객체를 생성합니다. 훈련 데이터(X_train)에는 fit_transform()을 적용하여 스케 일링 규칙(평균, 표준편차)을 학습하고 변환하며, 검증 데이터(X_valid)에는 transform()만 적용하여 데이터 누수를 방지합니다.

```
In [ ]:    # 여기에 답안코드를 작성하세요.
           # StandardScaler 객체 생성
           scaler = StandardScaler()

           # 훈련 데이터에 fit_transform 적용
           X_train_scaled = scaler.fit_transform(X_train)

           # 검증 데이터에 transform 적용
           X_valid_scaled = scaler.transform(X_valid)
```

11 Lasso 모델 학습

- **상세 해설**
  - ▶ Lasso는 선형 회귀에 L1 규제를 적용한 모델로, 중요하지 않은 변수의 가중치(계수)를 0으로 만들어 자동으로 변수를 선택하는 효과가 있습니다. alpha는 규제의 강도를 조절하는 하이퍼파라미터로, 값이 클수록 더 많은 변수의 가중치가 0이 됩니다.

```
In [ ]:   # 여기에 답안코드를 작성하세요.
          # Lasso 모델 객체 생성
          model_lasso = Lasso(alpha=0.5, random_state=2024)

          # 모델 학습
          model_lasso.fit(X_train_scaled, y_train)

          # 모델 평가
          lasso_pred = model_lasso.predict(X_valid_scaled)
```

12 RandomForestRegressor 모델 학습 및 예측

- **상세 해설**
  - ▶ RandomForestRegressor는 여러 개의 의사결정나무를 만들어 그 예측 결과를 평균내는 앙상블 모델입니다. 문제에서 제시된 하이퍼파라미터로 모델 객체 model_rf를 생성하고 학습시킨 후, .predict()를 사용하여 검증 데이터에 대한 예측값을 rf_pred에 저장합니다.

```
In [ ]:   # 여기에 답안코드를 작성하세요.
          # RandomForestRegressor 모델 객체 생성
          model_rf = RandomForestRegressor(n_estimators=150, max_depth=8, random_state=2024)

          # 모델 학습
          model_rf.fit(X_train_scaled, y_train)

          # 검증 데이터에 대한 예측 수행
          rf_pred = model_rf.predict(X_valid_scaled)
```

13 회귀 모델 성능 평가(MAE, R^2)

- **상세 해설**
  - ▸ mean_absolute_error와 r2_score 함수를 임포트합니다. 각 모델에 대해 예측값을 구하고, 평가 함수에 (실제값, 예측값) 순서로 인자를 넣어 성능 지표를 계산합니다. MAE는 오차의 절댓값 평균으로, 결과를 직관적으로 해석하기 좋습니다(예: "평균적으로 약 OOO kg/ha 정도 수확량 오차가 난다").

In [ ]:
```python
# 여기에 답안코드를 작성하세요.
# 1. Lasso 모델 성능 평가
lasso_pred = model_lasso.predict(X_valid_scaled)
lasso_mae = mean_absolute_error(y_valid, lasso_pred)
lasso_r2 = r2_score(y_valid, lasso_pred)

print("--- Lasso Regressor 성능 ---")
print(f"MAE: {lasso_mae:.4f}")
print(f"R² Score: {lasso_r2:.4f}\n")

# 2. RandomForestRegressor 모델 성능 평가 (12번 문제의 예측값 사용)
rf_mae = mean_absolute_error(y_valid, rf_pred)
rf_r2 = r2_score(y_valid, rf_pred)

print("--- RandomForestRegressor 성능 ---")
print(f"MAE: {rf_mae:.4f}")
print(f"R² Score: {rf_r2:.4f}")
```

14 딥러닝 모델 구축, 학습 및 예측

- 상세 해설
  ▶ Sequential 모델을 사용하여 입력층, 1개의 은닉층, 출력층으로 구성된 딥러닝 모델을 설계하고, 컴파일 및 학습을 진행합니다. 학습이 완료된 후, 새로운 데이터 new_crop_data를 반드시 10번 문제에서 훈련 데이터로 학습시킨 scaler 객체를 사용하여 transform() 해야 합니다. 스케일링된 데이터를 학습된 딥러닝 모델의 .predict() 메소드에 입력하여 수확량을 예측합니다.

In [ ]:
```python
# 여기에 답안코드를 작성하세요
# 1. 딥러닝 모델 설계
model_dl = Sequential([
    Dense(32, activation='relu', input_shape=[X_train_scaled.shape[1]]),
    Dense(16, activation='relu'),
    Dense(1)
])


# 2. 모델 컴파일
model_dl.compile(optimizer='adam', loss='mean_squared_error')

# 3. 모델 학습
model_dl.fit(
    X_train_scaled, y_train,
    epochs=50,
    batch_size=32,
    validation_data=(X_valid_scaled, y_valid),
    verbose=0
)
print("딥러닝 모델 학습 완료")

# 스케일링
new_crop_scaled = scaler.transform(new_crop_data)

# 예측
predicted_yield_dl = model_dl.predict(new_crop_scaled)

print(f"새로운 데이터의 예측 수확량: {predicted_yield_dl[0][0]:.2f} kg/ha")
```

AICE associate
실전모의고사

8회 통신사 고객 이탈 예측 AI 모델 개발

↘ **과제** : 통신사 고객 이탈 예측 AI 모델 개발

↘ **도메인** : 통신

↘ **배경**

경쟁이 치열한 통신 시장에서 신규 고객을 유치하는 것보다 기존 고객을 유지하는 것이 더 중요합니다. 'AICE 텔레콤'의 고객 관리팀은 고객의 계약 정보, 서비스 사용 패턴 등 다양한 데이터를 분석하여, 어떤 고객이 이탈할 가능성이 높은지 사전에 예측하는 AI 모델을 개발하고자 합니다. 이 모델을 통해 이탈 가능성이 높은 고객에게 맞춤형 프로모션을 제공하거나 선제적으로 문제를 해결하여 고객 이탈률을 낮추는 것이 목표입니다.

데이터셋 설명(파일명: 8_customer_churn.csv)

컬럼 명	설명
tenure_months	총 사용 기간(개월)
contract_type	계약 종류(무약정, 1년, 2년)
payment_method:	결제 방식(신용카드, 자동이체, 지류)
internet_service	인터넷 서비스 종류(기가, 광랜, 미사용)
monthly_charge	월요금
total_charges	총 사용 요금
data_usage_gb	월평균 데이터 사용량(GB)
support_calls	고객센터 문의 건수
addon_services	가입한 부가서비스 수
churn	예측 목표(Target), 고객의 이탈 여부(1: 이탈, 0: 유지)

[사전 실행 지시사항]

• 모든 문제를 풀기 전에 아래 코드를 실행해주세요.

In [ ]:
```
# 데이터 분석 및 시각화에 필요한 기본 라이브러리들을 불러옵니다.
import pandas as pd
import numpy as np
import matplotlib.pyplot as plt
import seaborn as sns
```

```
# Scikit-learn 라이브러리에서 필요한 모듈들을 불러옵니다.
from sklearn.model_selection import train_test_split
from sklearn.preprocessing import StandardScaler
from sklearn.linear_model import LogisticRegression
from sklearn.ensemble import RandomForestClassifier
from sklearn.metrics import accuracy_score, precision_score, recall_score, f1_score, confusio
n_matrix

# TensorFlow Keras 라이브러리를 불러옵니다.
import tensorflow as tf
from tensorflow.keras.models import Sequential
from tensorflow.keras.layers import Dense
```

01 Scikit-learn 라이브러리의 metrics 모듈에는 모델의 성능을 평가하기 위한 다양한 함수들이 포함되어 있습니다. sklearn.metrics 모듈에서 confusion_matrix 함수를 임포트하는 코드를 작성하세요.

In [ ]:
```
# 여기에 답안코드를 작성하세요
```

02 AI 모델링을 위해 분석할 데이터를 준비하고 기본적인 정보를 파악하려고 합니다. 아래 가이드에 따라 코드를 작성하세요.

- Pandas의 read_csv 함수를 사용하여 8_customer_churn.csv 파일을 읽어 데이터프레임 변수 churn_df에 할당하세요.
- info() 함수를 사용하여 churn_df의 요약 정보를 확인하여 결측치와 데이터 타입을 파악하세요.

In [ ]:
```
# 여기에 답안코드를 작성하세요
```

03 월요금(monthly_charge)이 고객 이탈여부(churn)에 따라 어떻게 다른 분포를 보이는지 시각적으로 탐색하고자 합니다. seaborn의 histplot을 사용하여 두 그룹의 monthly_charge 분포를 히스토그램으로 비교하세요.

- x축: monthly_charge
- 데이터: churn_df
- 추가 옵션: hue='churn'을 사용하여 이탈 여부(0, 1)에 따라 색상을 구분하여 표시, kde는 True로 설정

```
In [ ]:    # 여기에 답안코드를 작성하세요
```

04 계약종류(contract_type)에 따른 이탈 고객의 비율을 확인하려고 합니다. seaborn의 countplot을 사용하여 contract_type별 고객 수를 시각화하되, churn 여부에 따라 막대를 구분하여 표시하세요.

- x축: contract_type
- 데이터: churn_df
- 추가 옵션: hue='churn'

```
In [ ]:    # 한글화를 위해 아래의 코드를 작성해 주세요.
           import platform
           from matplotlib import rc

           if platform.system() == 'Darwin':  # macOS
               rc('font', family='AppleGothic')
           else:  # Windows
               rc('font', family='Malgun Gothic')

           plt.rcParams['axes.unicode_minus'] = False
```

```
In [ ]:    # 여기에 답안코드를 작성하세요
```

05 이탈여부(churn)에 따라 주요 수치형 변수들의 평균값을 비교하고자 합니다. groupby()를 사용하여 데이터를 churn으로 그룹화하고, tenure_months, monthly_charge, support_calls 세 가지 변수의 평균을 계산하세요.

```
In [ ]:    # 여기에 답안코드를 작성하세요
```

06 모델링을 위해 데이터의 결측치를 처리하고 데이터 타입을 변환하려고 합니다. 아래 가이드에 따라 전처리를 수행하고, 결과를 churn_pre 변수에 저장하세요.

- churn_df 데이터프레임을 복사하여 churn_pre를 생성합니다.
- total_charges 컬럼은 숫자여야 하지만, 문자열(object) 타입으로 되어 있습니다. pd.to_numeric 함수를 사용하여 숫자형으로 변환하세요. 변환할 수 없는 값은 결측치(NaN)로 만드세요.(errors= 'coerce')
- total_charges 컬럼에 새로 생긴 결측치는 해당 컬럼의 중앙값(median)으로 채우세요.
- 나머지 컬럼들의 결측치는 모두 0으로 채우세요.

```
In [ ]:    # 여기에 답안코드를 작성하세요
```

07 모델이 이해할 수 있도록 범주형 데이터를 수치형으로 변환하려고 합니다. replace() 함수를 사용하여 contract_type 컬럼을 아래의 규칙에 따라 순서형 데이터로 직접 인코딩하세요.

- contract_type: '무약정' =0, '1년' = 1, '2년' = 2

```
In [ ]:    # 여기에 답안코드를 작성하세요
```

08 순서가 없는 나머지 범주형 데이터(payment_method, internet_service)를 원-핫 인코딩으로 변환하고, 훈련과 검증에 사용할 데이터셋을 분리하려고 합니다. 아래 순서에 따라 코드를 작성하세요.

- pandas의 get_dummies() 함수를 사용하여 두 컬럼을 원-핫 인코딩하고, 결과를 churn_encoded 변수에 저장하세요.
- churn_encoded 데이터셋에서 churn 컬럼을 label y로, 나머지 컬럼들을 feature X로 할당하세요.
- train_test_split 함수를 사용하여 훈련 데이터셋과 검증 데이터셋을 75:25 비율로 분리하세요. (random_state=2024, stratify=y)

```
In [ ]:    # 여기에 답안코드를 작성하세요
```

09 수치형 데이터들의 단위를 맞춰주기 위해 데이터 스케일링을 진행합니다. 평균을 0, 표준편차를 1로 변환하는 StandardScaler를 사용하여 훈련 데이터와 검증 데이터의 Feature(X_train, X_valid)를 스케일링하는 코드를 작성하세요.

- 데이터에는 fit_transform()을, 검증 데이터에는 transform()을 적용하세요.
- 스케일링된 결과는 각각 X_train_scaled, X_valid_scaled 변수에 저장하세요.

```
In [ ]:    # 여기에 답안코드를 작성하세요
```

10 가장 기본적인 이진 분류 모델인 LogisticRegression을 사용하여 고객 이탈 예측 모델을 학습시키려고 합니다. 아래 가이드에 따라 모델을 생성하고 학습시키는 코드를 작성하세요.

- sklearn.linear_model의 LogisticRegression 함수 사용
- 하이퍼파라미터 설정: random_state=2024
- 모델 객체는 model_lr 변수에 저장하고, 스케일링된 훈련 데이터로 학습시키세요.

In [ ] : # 여기에 답안코드를 작성하세요

11 이번에는 RandomForestClassifier 모델을 사용하여 학습을 진행하고, 모델이 어떤 특성을 중요하게 생각하는지 확인하려고 합니다. 아래 가이드에 따라 모델을 학습해주세요.

- sklearn.ensemble의 RandomForestClassifier 함수 사용
- 하이퍼파라미터 설정
  - ▶ n_estimators: 100
  - ▶ max_depth: 6
  - ▶ random_state: 2024
- 모델 객체는 model_rf 변수에 저장하고 학습시키세요.
- 학습 후 feature_importances_ 속성을 확인하여 가장 중요한 특성의 컬럼명을 답안11에 저장하세요. (예. 답안11 = 'tenure_months')

In [ ] : # 여기에 답안코드를 작성하세요

12 앞서 학습한 RandomForestClassifier 모델(model_rf)의 성능을 평가하려고 합니다. 분류 모델의 성능을 평가하는 대표적인 지표인 정밀도(Precision)와 재현율(Recall)을 계산하는 코드를 작성하세요.

- sklearn.metrics에서 precision_score, recall_score 함수를 import하세요.
- model_rf를 사용하여 X_valid_scaled에 대한 예측 결과를 생성한 후, 두 가지 평가지표를 모두 계산하고 출력하세요.

In [ ] :   *# 여기에 답안코드를 작성하세요*

13 이번에는 딥러닝을 사용하여 고객 이탈 예측 모델을 만들려고 합니다. 아래의 가이드에 따라 tensorflow. keras를 사용하여 이진 분류 모델을 구축하고 학습시키세요.

- Sequential 모델을 사용하세요.
- 모델 구조
  - ▶ 입력층: Dense 레이어, 16개 노드, 활성화 함수 relu
  - ▶ 은닉층 1: Dense 레이어, 8개 노드, 활성화 함수 relu
  - ▶ 출력층: Dense 레이어, 1개 노드, 활성화 함수 sigmoid
- 컴파일 설정
  - ▶ optimizer: adam
  - ▶ loss: binary_crossentropy
  - ▶ metrics: ['accuracy']
- 학습 설정
  - ▶ epochs: 30
  - ▶ batch_size: 32
- validation_data로 X_valid_scaled, y_valid를 사용하여 검증 성능도 함께 확인하세요.
- 학습 과정은 history 변수에 저장하세요.

In [ ] :   *# 여기에 답안코드를 작성하세요*

14 최종적으로 완성된 딥러닝 모델을 사용하여, 아래와 같은 새로운 고객 데이터가 들어왔을 때의 이탈 확률을 예측하려고 합니다. 주어진 시뮬레이션 데이터(new_customer_data)를 9번 문제에서 생성한 스케일러(scaler)를 사용하여 변환한 뒤, 딥러닝 모델로 이탈 확률을 예측하는 코드를 작성하세요.

- 예측 결과(확률값)는 predicted_churn_prob 변수에 저장하세요.
- 아래 코드를 실행하여 시뮬레이션용 데이터를 생성하세요.

In [ ]:
```python
new_customer_data = np.array([[10, 100000, 1000000, 50.0, 5.0, 3.0, 0, 1, 2, 1, 0, 0, 0, 1, 0]])
```

In [ ]:
```python
# 여기에 답안코드를 작성하세요
```

01 confusion_matrix 함수 임포트

- **상세 해설**
  - ▸ from 패키지.모듈 import 함수 구문을 사용하여 sklearn.metrics 모듈에서 confusion_matrix 함수를 불러옵니다. confusion_matrix(혼동 행렬)는 분류 모델의 예측 결과를 실제 값과 비교하여 얼마나 잘 예측했는지 표 형태로 보여주는 중요한 평가 도구입니다.

In [ ]:
```
# 여기에 답안코드를 작성하세요.
from sklearn.metrics import confusion_matrix
```

02 데이터 로딩 및 기본 정보 확인

- **상세 해설**
  - ▸ pandas의 read_csv() 함수로 데이터를 불러온 후, info() 메소드를 사용하여 데이터프레임의 전체적인 구조, 각 컬럼의 데이터 타입, 결측치 현황 등을 파악합니다. 실행 결과를 보면 total_charges 컬럼이 숫자여야 함에도 불구하고 object(문자열) 타입으로 되어 있는 것을 발견할 수 있으며, 이는 전처리가 필요함을 시사합니다.

In [ ]:
```
# 여기에 답안코드를 작성하세요.
# '8_customer_churn.csv' 파일을 읽어 churn_df 변수에 저장합니다.
churn_df = pd.read_csv('8_customer_churn.csv')
```

03 histplot을 이용한 그룹별 분포 비교

- **상세 해설**
  - ▶ seaborn의 histplot은 데이터의 분포를 히스토그램으로 보여줍니다. hue='churn' 옵션을 사용하면, 이탈한 고객(churn=1)과 유지한 고객(churn=0)의 월요금 분포를 두 개의 다른 색상으로 겹쳐서 보여줍니다. 이를 통해 이탈한 고객들이 전반적으로 더 높은 월요금을 내는 경향이 있음을 시각적으로 확인할 수 있습니다.

```
In [ ]:    # 여기에 답안코드를 작성하세요.
           sns.histplot(data=churn_df, x='monthly_charge', hue='churn', kde=True)
```

04 countplot을 이용한 그룹별 비교

- **상세 해설**
  - ▶ countplot은 각 카테고리에 해당하는 데이터가 몇 개씩 있는지 막대그래프로 보여줍니다. hue='churn' 옵션을 추가하면, 각 계약 종류(contract_type) 내에서 이탈 고객과 유지 고객의 수를 각각 다른 색의 막대로 보여줍니다. 이를 통해 '무약정' 고객 그룹에서 이탈 고객의 비율이 다른 계약 종류에 비해 현저히 높다는 것을 파악할 수 있습니다.

```
In [ ]:    # 여기에 답안코드를 작성하세요.
           sns.countplot(data=churn_df, x='contract_type', hue='churn')
```

PART 1

AICE associate 실전모의고사

05 groupby를 이용한 그룹별 평균 비교

- **상세 해설**
  - ▶ groupby('churn')을 사용하여 데이터를 이탈 그룹과 유지 그룹으로 나눕니다. 그 후, 분석 대상 컬럼인 ['tenure_months', 'monthly_charge', 'support_calls']를 선택하고 .mean()으로 각 그룹의 평균값을 계산합니다. 결과를 보면 이탈한 고객(churn=1)이 유지한 고객(churn=0)에 비해 평균 사용 기간이 짧고, 월요금은 높으며, 고객센터 문의 건수가 많다는 경향을 수치적으로 확인할 수 있습니다.

In [ ]:
```
# 여기에 답안코드를 작성하세요.
# 'churn'으로 그룹화하여 주요 변수들의 평균을 계산합니다.
churn_avg = churn_df.groupby('churn')[['tenure_months', 'monthly_charge', 'support_calls']].mean()
churn_avg
```

06 결측치 및 데이터 타입 처리

- **상세 해설**
  - ▶ copy()로 데이터프레임을 복사합니다. pd.to_numeric 함수는 문자열 컬럼을 숫자형으로 바꾸는 역할을 합니다. errors='coerce' 옵션은 변환 과정에서 숫자로 바꿀 수 없는 값(예: 공백 문자)을 만나면 에러를 발생시키는 대신 강제로 결측치(NaN)로 만듭니다. 이렇게 생성된 total_charges의 결측치는 중앙값(.median())으로 채웁니다. 마지막으로 fillna(0)을 사용하여 데이터프레임에 남아있는 모든 결측치를 0으로 일괄 처리합니다.

In [ ]:
```
# 여기에 답안코드를 작성하세요
# 원본 보존을 위해 데이터프레임을 복사합니다.
churn_pre = churn_df.copy()

# 1. 'total_charges' 컬럼을 숫자형으로 변환 (오류는 NaN으로)
churn_pre['total_charges'] = pd.to_numeric(churn_pre['total_charges'], errors='coerce')

# 2. 'total_charges'의 결측치를 중앙값으로 채우기
median_total_charges = churn_pre['total_charges'].median()
churn_pre['total_charges'].fillna(median_total_charges, inplace=True)

# 3. 나머지 모든 결측치를 0으로 채우기
churn_pre.fillna(0, inplace=True)

# 전처리 결과 확인
churn_pre.isnull().sum()
```

07 순서형 데이터 인코딩(replace)

- **상세 해설**
  - ▶ '무약정' & '1년' & '2년' 처럼 명확한 순서가 있는 범주형 데이터는 그 순서 정보를 숫자에 반영해주는 것이 좋습니다. replace() 함수에 {'바꿀값': '새값'} 형태의 딕셔너리를 전달하여 값을 변환합니다.

```
In [ ]:
# 여기에 답안코드를 작성하세요.
# 'contract_type'을 순서형 숫자로 변환
contract_map = {'무약정': 0, '1년': 1, '2년': 2}
churn_pre['contract_type'] = churn_pre['contract_type'].replace(contract_map)

# 변환 결과 확인
print(churn_pre['contract_type'].value_counts())
```

08 원–핫 인코딩 및 데이터셋 분리

- **상세 해설**
  - ▶ 순서가 없는 명목형 데이터인 payment_method, internet_service 컬럼은 get_dummies()를 사용하여 원–핫 인코딩을 수행합니다. 이렇게 모든 데이터가 숫자형으로 변환된 데이터프레임을 기준으로 X와 y를 분리합니다. 마지막으로 train_test_split 함수를 사용하는데, stratify=y 옵션을 추가하여 훈련 데이터와 검증 데이터의 이탈 고객 비율(0과 1의 비율)이 원본 데이터와 동일하게 유지되도록 합니다. 이는 분류 문제, 특히 데이터가 불균형할 때 모델의 성능을 공정하게 평가하기 위해 매우 중요한 옵션입니다.

```
In [ ]:
# 여기에 답안코드를 작성하세요.
# 1. 범주형 컬럼 원–핫 인코딩
churn_encoded = pd.get_dummies(churn_pre, columns=['payment_method', 'internet_service'])

# 2. Feature(X)와 Label(y) 분리
X = churn_encoded.drop('churn', axis=1)
y = churn_encoded['churn']

# 3. 훈련 데이터와 검증 데이터로 분리
X_train, X_valid, y_train, y_valid = train_test_split(X, y, test_size=0.25, random_state=2024, stratify=y)

# 분리 결과 확인
print(y_train.value_counts(normalize=True))
print(y_valid.value_counts(normalize=True))
```

09 데이터 스케일링(StandardScaler)

- **상세 해설**
  - ▶ StandardScaler 객체를 생성합니다. 훈련 데이터(X_train)에는 fit_transform()을 적용하여 스케일링 규칙(평균, 표준편차)을 학습하고 변환하며, 검증 데이터(X_valid)에는 transform()만 적용하여 데이터 누수를 방지합니다.

```
In [ ]:   # 여기에 답안코드를 작성하세요.
          # StandardScaler 객체 생성
          scaler = StandardScaler()

          # 훈련 데이터에 fit_transform 적용
          X_train_scaled = scaler.fit_transform(X_train)

          # 검증 데이터에 transform 적용
          X_valid_scaled = scaler.transform(X_valid)
```

10 LogisticRegression 모델 학습

- **상세 해설**
  - ▶ LogisticRegression은 이름에 'Regression'이 들어가지만 실제로는 분류를 위한 선형 모델입니다. 각 특성에 가중치를 학습하여 데이터가 특정 클래스에 속할 확률을 계산하고, 그 확률을 바탕으로 분류를 수행합니다. 이진 분류 문제의 가장 기본이 되는 모델 중 하나입니다.

```
In [ ]:   # 여기에 답안코드를 작성하세요.
          # LogisticRegression 모델 객체 생성
          model_lr = LogisticRegression(random_state=2024)

          # 모델 학습
          model_lr.fit(X_train_scaled, y_train)
```

11 RandomForestClassifier 모델 학습 및 특성 중요도 확인

- **상세 해설**
  - ▶ RandomForestClassifier는 여러 개의 의사결정나무를 만들어 그 예측 결과를 종합(다수결)하는 앙상블 모델입니다. 분류 문제에서는 RandomForestRegressor 대신 RandomForestClassifier를 사용합니다. 학습 후 .feature_importances_ 속성을 통해 어떤 특성이 이탈 예측에 중요한 영향을 미쳤는지 확인할 수 있습니다.

In [ ]:
```python
# 여기에 답안코드를 작성하세요.
# RandomForestClassifier 모델 객체 생성
model_rf = RandomForestClassifier(n_estimators=100, max_depth=6, random_state=2024)

# 모델 학습
model_rf.fit(X_train_scaled, y_train)

# 특성 중요도 확인
importances = model_rf.feature_importances_
feature_names = X.columns
most_important_idx = np.argmax(importances)
most_important_feature = feature_names[most_important_idx]

# 답안 변수에 저장
답안11 = most_important_feature

print(f"가장 중요한 특성: {답안11}")
```

PART 1

AICE associate 실전모의고사

12 분류 모델 성능 평가(정밀도, 재현율)

- **상세 해설**
  - ▶ 분류 모델의 성능은 정확도(Accuracy)만으로 평가하기 어렵습니다.
  - ▶ 정밀도(Precision): 모델이 '이탈'이라고 예측한 고객 중, 실제로 '이탈'한 고객의 비율입니다.(예측의 정확성)
  - ▶ 재현율(Recall): 실제 '이탈'한 고객 중, 모델이 '이탈'이라고 예측해낸 고객의 비율입니다.(놓치지 않는 능력)
  - ▶ 고객 이탈 예측에서는 실제 이탈 고객을 놓치지 않는 것이 중요하므로(재현율), 두 지표를 함께 보는 것이 중요합니다.

In [ ]:
```python
# 여기에 답안코드를 작성하세요.
# model_rf로 예측
rf_pred = model_rf.predict(X_valid_scaled)

# 정밀도 계산
precision = precision_score(y_valid, rf_pred)

# 재현율 계산
recall = recall_score(y_valid, rf_pred)

print(f"정밀도 (Precision): {precision:.4f}")
print(f"재현율 (Recall): {recall:.4f}")
```

13 딥러닝 이진 분류 모델 구축

- **상세 해설**
  - ▶ 이진 분류를 위한 딥러닝 모델은 회귀 모델과 몇 가지 중요한 차이점이 있습니다.
  - ▶ 출력층: Dense(1, activation='sigmoid') – 예측할 결과가 0 또는 1이므로 노드는 1개이며, 출력값을 0과 1 사이의 확률로 바꾸어주는 sigmoid 활성화 함수를 사용합니다.
  - ▶ 손실 함수: loss='binary_crossentropy' – 두 개의 클래스 간의 차이를 계산하는, 이진 분류 문제에 특화된 손실 함수를 사용합니다.

In [ ]:
```python
# 여기에 답안코드를 작성하세요
# 딥러닝 모델 설계
model_dl = Sequential([
    Dense(16, activation='relu', input_shape=[X_train_scaled.shape[1]]),
    Dense(8, activation='relu'),
    Dense(1, activation='sigmoid')
])

# 모델 컴파일
model_dl.compile(optimizer='adam', loss='binary_crossentropy', metrics=['accuracy'])

# 모델 학습
history = model_dl.fit(
    X_train_scaled, y_train,
    epochs=30,
    batch_size=32,
    validation_data=(X_valid_scaled, y_valid),
    verbose=0
)

print("딥러닝 모델 학습 완료")
model_dl.evaluate(X_valid_scaled, y_valid)
```

PART 1

AICE associate 실전모의고사

14 딥러닝 모델을 이용한 예측

• 상세 해설

▶ 새로운 데이터 new_customer_data를 반드시 9번 문제에서 훈련 데이터로 학습시킨 scaler 객체를 사용하여 transform() 해야 합니다. 스케일링된 데이터를 학습한 딥러닝 모델의 .predict() 메소드에 입력하면, sigmoid 함수를 통해 0과 1 사이의 '이탈 확률'이 예측됩니다.

```
In [ ]:   # 여기에 답안코드를 작성하세요.
          # 1. 9번 문제의 scaler를 사용하여 새로운 데이터를 스케일링합니다.
          new_customer_scaled = scaler.transform(new_customer_data)

          # 2. 딥러닝 모델로 이탈 확률을 예측합니다.
          predicted_churn_prob = model_dl.predict(new_customer_scaled)

          print(f"새로운 고객의 예측 이탈 확률: {predicted_churn_prob[0][0]:.4f}")
```

MEMO

AICE associate
실전모의고사

9회 지역별 부동산 가격 예측 AI 모델 개발

↘ **과제** : 고객 데이터 기반 대출 승인 여부 예측 AI 모델 개발

↘ **도메인** : 금융

↘ **배경**

금융 기관에서 대출 승인 심사는 리스크 관리의 핵심적인 부분입니다. 'AICE 캐피탈'의 리스크 관리팀은 과거 대출 신청 고객들의 데이터를 분석하여, 어떤 요인이 대출 승인 및 거절에 영향을 미치는지 파악하고자 합니다. 이를 바탕으로 신규 대출 신청 건에 대해 승인 가능성을 자동으로 예측하는 AI 모델을 개발하는 것이 목표입니다. 이 모델은 심사 과정의 효율성을 높이고, 일관성 있는 의사결정을 내리는 데 도움을 줄 것입니다.

데이터셋 설명(파일명: 9_loan_approval.csv)

컬럼 명	설명
employment_type	고용 형태
annual_income	연소득(만원)
credit_score	신용 점수
loan_purpose	대출 목적
loan_amount	대출 신청 금액(만원)
dti	부채 비율(%)
years_employed	고용 기간(년)
home_ownership	주택 소유 여부
delinquency_history	과거 연체 이력 유무
loan_status	예측 목표(Target), 대출 승인 여부 (1: 승인, 0: 거절)

[사전 실행 지시사항]

• 모든 문제를 풀기 전에 아래 코드를 실행해주세요.

In [ ]:
```
# 데이터 분석 및 시각화에 필요한 기본 라이브러리들을 불러옵니다.
import pandas as pd
import numpy as np
import matplotlib.pyplot as plt
import seaborn as sns
```

```
# Scikit-learn 라이브러리에서 필요한 모듈들을 불러옵니다.
from sklearn.model_selection import train_test_split
from sklearn.preprocessing import StandardScaler, LabelEncoder
from sklearn.linear_model import LogisticRegression
from sklearn.ensemble import AdaBoostClassifier
from sklearn.metrics import accuracy_score, f1_score, confusion_matrix

# TensorFlow Keras 라이브러리를 불러옵니다.
import tensorflow as tf
from tensorflow.keras.models import Sequential
from tensorflow.keras.layers import Dense
```

PART 1

AICE associate 실전모의고사

01 Scikit-learn 라이브러리의 ensemble 모듈에는 여러 개의 약한 학습기를 결합하여 성능을 높이는 앙상블 모델들이 포함되어 있습니다. sklearn.ensemble 모듈에서 AdaBoostClassifier 클래스를 임포트하는 코드를 작성하세요.

In [ ]:   # 여기에 답안코드를 작성하세요

02 AI 모델링을 위해 분석할 데이터를 준비하고 기본적인 정보를 파악하려고 합니다. 아래 가이드에 따라 코드를 작성하세요.

- Pandas의 read_csv 함수를 사용하여 9_loan_approval.csv 파일을 읽어 데이터프레임 변수 loan_df에 할당하세요.
- info() 함수를 사용하여 loan_df의 요약 정보를 확인하여 결측치와 데이터 타입을 파악하세요.

In [ ]:   # 여기에 답안코드를 작성하세요

03 신용점수(credit_score)가 대출승인여부(loan_status)에 따라 어떻게 다른 분포를 보이는지 시각적으로 탐색하고자 합니다. seaborn의 violinplot을 사용하여 두 그룹의 credit_score 분포를 비교하세요.

- x축: loan_status
- y축: credit_score
- 데이터: loan_df

In [ ]: # 여기에 답안코드를 작성하세요

04 주택소유여부(home_ownership)에 따른 대출 승인 고객의 비율을 확인하려고 합니다. pandas의 crosstab 함수를 사용하여 두 변수의 교차표를 생성하고, normalize='index' 옵션을 사용하여 각 주택 소유 그룹 내에서 대출 승인/거절 비율을 계산하세요.

In [ ]: # 여기에 답안코드를 작성하세요

05 고용형태(employment_type)별로 연소득(annual_income)과 대출금액(loan_amount)의 평균을 비교하고자 합니다. groupby()를 사용하여 데이터를 employment_type으로 그룹화하고, 두 변수의 평균을 계산하세요.

In [ ] :   `# 여기에 답안코드를 작성하세요`

06 모델링을 위해 데이터의 결측치를 처리하려고 합니다. 아래 가이드에 따라 결측치를 처리하고, 결과를 loan_pre 변수에 저장하세요.

- loan_df 데이터프레임을 복사하여 loan_pre를 생성합니다.
- 수치형 컬럼인 annual_income, credit_score, loan_amount, dti, years_employed의 결측치는 각 컬럼의 중앙값(median)으로 채우세요.
- 범주형 컬럼인 employment_type, loan_purpose, home_ownership의 결측치는 각 컬럼의 최빈값(mode)으로 채우세요.

In [ ] :   `# 여기에 답안코드를 작성하세요`

07 모델이 이해할 수 있도록 범주형 데이터를 수치형으로 변환하려고 합니다. 아래 가이드에 따라 두 가지 다른 방식으로 인코딩을 수행하세요.

- 값이 두 개인 home_ownership과 delinquency_history 컬럼은 sklearn.preprocessing의 LabelEncoder를 사용하여 레이블 인코딩을 수행하세요.
- 값이 여러 개인 employment_type과 loan_purpose 컬럼은 pandas의 get_dummies()를 사용하여 원-핫 인코딩을 수행하세요.
- 모든 변환은 loan_pre 데이터프레임에 직접 적용하세요.

In [ ]: # 여기에 답안코드를 작성하세요

08 훈련과 검증에 사용할 데이터셋을 분리하려고 합니다. loan_status 컬럼을 label y로, 나머지 컬럼들을 feature X로 할당한 후 훈련 데이터셋과 검증 데이터셋으로 분리하는 코드를 작성하세요.

- 대상 데이터셋: loan_pre(7번 문제까지 처리 완료된)
- 훈련: 검증 데이터 비율: 70:30
- random_state: 2024
- 추가 옵션: stratify=y를 사용하여 타겟 변수의 분포를 유지

In [ ]: # 여기에 답안코드를 작성하세요

09 수치형 데이터들의 단위를 맞춰주기 위해 데이터 스케일링을 진행합니다. 평균을 0, 표준편차를 1로 변환하는 StandardScaler를 사용하여 훈련 데이터와 검증 데이터의 Feature(X_train, X_valid)를 스케일링하는 코드를 작성하세요.

- 훈련 데이터에는 fit_transform()을, 검증 데이터에는 transform()을 적용하세요.
- 스케일링된 결과는 각각 X_train_scaled, X_valid_scaled 변수에 저장하세요.

```
In [ ]:    # 여기에 답안코드를 작성하세요
```

10 가장 기본적인 이진 분류 모델인 LogisticRegression을 사용하여 대출 승인 예측 모델을 학습시키려고 합니다. 아래 가이드에 따라 모델을 생성하고 학습시키는 코드를 작성하세요.

- sklearn.linear_model의 LogisticRegression 함수 사용
- 하이퍼파라미터 설정: random_state=2024
- 모델 객체는 model_lr 변수에 저장하고, 스케일링된 훈련 데이터로 학습시키세요.

```
In [ ]:    # 여기에 답안코드를 작성하세요
```

11 이번에는 AdaBoostClassifier 모델을 사용하여 학습을 진행하려고 합니다. 아래 가이드에 따라 모델을 학습시키고, 검증 데이터셋(X_valid_scaled)에 대한 예측 결과를 ada_pred 변수에 저장하세요.

- sklearn.ensemble의 AdaBoostClassifier 함수 사용(1번 문제에서 임포트)
- 하이퍼파라미터 설정
  - ▸ n_estimators: 50
  - ▸ learning_rate: 1.0
  - ▸ random_state: 2024
- 모델 객체는 model_ada 변수에 저장하고 학습시키세요.

In [ ]: *# 여기에 답안코드를 작성하세요*

12 앞서 학습한 AdaBoostClassifier 모델(model_ada)의 성능을 평가하려고 합니다. 분류 모델의 성능을 종합적으로 평가하는 지표인 F1 Score를 계산하고, 혼동 행렬(Confusion Matrix)을 시각화하는 코드를 작성하세요.

- sklearn.metrics에서 f1_score, confusion_matrix 함수를 import하세요.
- model_ada를 사용하여 예측 결과를 생성한 후, F1 Score를 계산하여 출력하세요.
- seaborn의 heatmap을 사용하여 혼동 행렬을 시각화하세요.

In [ ]: *# 여기에 답안코드를 작성하세요*

13 이번에는 딥러닝을 사용하여 대출 승인 예측 모델을 만들려고 합니다. 아래의 가이드에 따라 tensorflow. keras를 사용하여 이진 분류 모델을 구축하고 학습시키세요.

- Sequential 모델을 사용하세요.

- 모델 구조
  - ▶ 입력층: Dense 레이어, 16개 노드, 활성화 함수 relu
  - ▶ 은닉층 1: Dense 레이어, 8개 노드, 활성화 함수 relu
  - ▶ 출력층: Dense 레이어, 1개 노드, 활성화 함수 sigmoid

- 컴파일 설정
  - ▶ optimizer: adam
  - ▶ loss: binary_crossentropy
  - ▶ metrics: ['accuracy']

- 학습 설정
  - ▶ epochs: 20
  - ▶ batch_size: 64

- validation_data로 X_valid_scaled, y_valid를 사용하여 검증 성능도 함께 확인하세요.

- 학습 과정은 history 변수에 저장하세요.

In [ ]:   # 여기에 답안코드를 작성하세요

PART 1

AICE associate 실전모의고사

14 최종적으로 완성된 딥러닝 모델을 사용하여, 아래와 같은 새로운 고객 데이터가 들어왔을 때의 대출 승인 확률을 예측하려고 합니다. 주어진 시뮬레이션 데이터(new_applicant_data)를 9번 문제에서 생성한 스케일러(scaler)를 사용하여 변환한 뒤, 딥러닝 모델로 승인 확률을 예측하는 코드를 작성하세요.

- 예측 결과(확률값)는 predicted_approval_prob 변수에 저장하세요.
- 아래 코드를 실행하여 시뮬레이션용 데이터를 생성하세요.

```
In [ ]: new_applicant_data = np.array([[10000, 750, 5000, 150, 5, 1, 0, 0, 0, 1, 0, 0, 1]])
```

```
In [ ]: # 여기에 답안코드를 작성하세요
```

9 회 지역별 부동산 가격 예측 [해설 및 핵심이론]

01 AdaBoostClassifier 클래스 임포트

• **상세 해설**

▶ from 패키지.모듈 import 클래스 구문을 사용하여 sklearn.ensemble 모듈에서 AdaBoost Classifier 클래스를 불러옵니다. AdaBoost는 이전 모델이 잘못 예측한 데이터에 가중치를 부여하여 다음 모델이 더 잘 맞추도록 하는 부스팅(Boosting) 계열의 앙상블 모델입니다.

```
In [ ]:    # 여기에 답안코드를 작성하세요.
           from sklearn.ensemble import AdaBoostClassifier
```

02 데이터 로딩 및 기본 정보 확인

• **상세 해설**

▶ pandas의 read_csv() 함수로 데이터를 불러온 후, info() 메소드를 사용하여 데이터프레임의 전체적인 구조, 각 컬럼의 데이터 타입, 결측치 현황 등을 파악합니다. 실행 결과를 통해 여러 컬럼에 결측치가 존재함을 확인할 수 있습니다.

```
In [ ]:    # 여기에 답안코드를 작성하세요.
           # '9_loan_approval.csv' 파일을 읽어 loan_df 변수에 저장합니다.
           loan_df = pd.read_csv('9_loan_approval.csv')

           # 데이터프레임의 요약 정보 확인
           loan_df.info()
```

03 violinplot을 이용한 그룹별 분포 비교

- **상세 해설**
  - ▶ violinplot은 boxplot과 데이터의 밀도 그래프를 합친 형태로, 각 그룹의 데이터 분포를 더 상세하게 보여줍니다. x축에 loan_status, y축에 credit_score를 설정하면, 대출이 승인된 그룹(1)의 신용 점수 분포가 거절된 그룹(0)보다 전반적으로 더 높은 쪽에 치우쳐 있음을 시각적으로 확인할 수 있습니다.

In [ ]:
```
# 여기에 답안코드를 작성하세요.
sns.violinplot(data=loan_df, x='loan_status', y='credit_score')
```

04 crosstab을 이용한 비율 계산

- **상세 해설**
  - ▶ pandas의 crosstab 함수는 두 변수의 빈도를 표 형태로 만들어 줍니다. 여기에 normalize='index' 옵션을 추가하면, 각 행(index)의 합이 1이 되도록 비율로 변환해줍니다. 이를 통해 '자가', '월세', '전세' 각 그룹 내에서 대출이 승인(1)되거나 거절(0)된 고객의 비율을 쉽게 비교할 수 있습니다.

In [ ]:
```
# 여기에 답안코드를 작성하세요.
# 주택소유여부와 대출승인여부의 교차표 생성 (비율 기준)
cross_table_ratio = pd.crosstab(loan_df['home_ownership'], loan_df['loan_status'], normalize='index')
pcross_table_ratio
```

05 groupby를 이용한 그룹별 평균 비교

- **상세 해설**
  - ▶ groupby('employment_type')을 사용하여 데이터를 고용 형태별로 그룹화합니다. 그 후, 분석 대상 컬럼인 ['annual_income', 'loan_amount']를 선택하고 .mean()으로 각 그룹의 평균값을 계산합니다.

```
In [ ]:     # 여기에 답안코드를 작성하세요.
            # 'employment_type'으로 그룹화하여 연소득과 대출금액의 평균을 계산합니다.
            employment_avg = loan_df.groupby('employment_type')[['annual_income', 'loan_amount']].mean()
            employment_avg
```

06 결측치 처리(중앙값 및 최빈값)

- **상세 해설**
  - ▶ copy()로 데이터프레임을 복사합니다. 수치형 컬럼들의 결측치는 이상치의 영향을 덜 받는 중앙값(.median())으로, 범주형 컬럼들의 결측치는 가장 자주 나타나는 값인 최빈값(.mode()[0])으로 채우는 것은 일반적인 전처리 전략입니다. 각 컬럼의 데이터 타입에 맞는 적절한 통계량을 사용하여 결측치를 처리합니다.

```
In [ ]:     # 여기에 답안코드를 작성하세요.
            # 원본 보존을 위해 데이터프레임을 복사합니다.
            loan_pre = loan_df.copy()

            # 1. 수치형 컬럼 결측치를 중앙값으로 채우기
            numeric_cols = ['annual_income', 'credit_score', 'loan_amount', 'dti', 'years_employed']
            for col in numeric_cols:
                median_val = loan_pre[col].median()
                loan_pre[col].fillna(median_val, inplace=True)

            # 2. 범주형 컬럼 결측치를 최빈값으로 채우기
            categorical_cols = ['employment_type', 'loan_purpose', 'home_ownership']
            for col in categorical_cols:
                mode_val = loan_pre[col].mode()[0]
                loan_pre[col].fillna(mode_val, inplace=True)

            # 전처리 결과 확인
            loan_pre.isnull().sum()
```

07 두 가지 방식의 인코딩

- **상세 해설**
  - ▷ 값이 두 개인 범주형 컬럼은 LabelEncoder를 사용하여 0과 1로 간단하게 변환합니다. 값이 여러 개인 범주형 컬럼은 get_dummies()를 사용하여 각 카테고리를 별도의 컬럼으로 만들어주는 원-핫 인코딩을 수행합니다. 이처럼 컬럼의 특성에 따라 다른 인코딩 방식을 적용하는 것이 중요합니다.

```
In [ ]:    # 여기에 답안코드를 작성하세요.
           # 1. 레이블 인코딩
           le = LabelEncoder()
           loan_pre['home_ownership'] = le.fit_transform(loan_pre['home_ownership'])
           loan_pre['delinquency_history'] = le.fit_transform(loan_pre['delinquency_history'])

           # 2. 원-핫 인코딩
           loan_pre = pd.get_dummies(loan_pre, columns=['employment_type', 'loan_purpose'])

           # 변환 결과 확인
           loan_pre.head()
```

08 데이터셋 분리

- **상세 해설**
  - ▷ drop()을 사용하여 loan_status 컬럼을 제외한 나머지를 X로, loan_status 컬럼을 y로 분리합니다. train_test_split 함수를 사용하는데, stratify=y 옵션을 추가하여 훈련 데이터와 검증 데이터의 대출 승인 비율(0과 1의 비율)이 원본 데이터와 동일하게 유지되도록 합니다. 이는 분류 문제, 특히 데이터가 불균형할 때 모델의 성능을 공정하게 평가하기 위해 매우 중요한 옵션입니다.

```
In [ ]:    # 여기에 답안코드를 작성하세요.
           # Feature(X)와 Label(y)을 분리합니다.
           X = loan_pre.drop('loan_status', axis=1)
           y = loan_pre['loan_status']

           # 훈련 데이터와 검증 데이터로 분리
           X_train, X_valid, y_train, y_valid = train_test_split(X, y, test_size=0.3, random_state=2024,
           stratify=y)

           # 분리 결과 확인
           print(y_train.value_counts(normalize=True))
           print(y_valid.value_counts(normalize=True))
```

09 데이터 스케일링(StandardScaler)

- **상세 해설**
  - ▷ StandardScaler 객체를 생성합니다. 훈련 데이터(X_train)에는 fit_transform()을 적용하여 스케 일링 규칙(평균, 표준편차)을 학습하고 변환하며, 검증 데이터(X_valid)에는 transform()만 적용하여 데이터 누수를 방지합니다.

In [ ] :
```python
# 여기에 답안코드를 작성하세요.
# StandardScaler 객체 생성
scaler = StandardScaler()

# 훈련 데이터에 fit_transform 적용
X_train_scaled = scaler.fit_transform(X_train)

# 검증 데이터에 transform 적용
X_valid_scaled = scaler.transform(X_valid)
```

10 LogisticRegression 모델 학습

- **상세 해설**
  - ▷ LogisticRegression은 이름에 'Regression'이 들어가지만 실제로는 분류를 위한 선형 모델입니다. 각 특성에 가중치를 학습하여 데이터가 특정 클래스에 속할 확률을 계산하고, 그 확률을 바탕으로 분류를 수행합니다. 이진 분류 문제의 가장 기본이 되는 모델 중 하나입니다.

In [ ] :
```python
# 여기에 답안코드를 작성하세요.
# LogisticRegression 모델 객체 생성
model_lr = LogisticRegression(random_state=2024)

# 모델 학습
model_lr.fit(X_train_scaled, y_train)
```

PART 1

AICE associate 실전모의고사

11 AdaBoostClassifier 모델 학습 및 예측

- **상세 해설**
  - ▶ AdaBoostClassifier는 간단한 모델(주로 의사결정나무)을 순차적으로 학습시키면서, 이전 모델이 틀린 데이터에 더 큰 가중치를 부여하여 다음 모델이 그 데이터를 더 잘 맞추도록 하는 부스팅 앙상블 기법입니다. 문제에서 제시된 하이퍼파라미터로 모델 객체 model_ada를 생성하고 학습시킨 후, .predict()를 사용하여 검증 데이터에 대한 예측값을 ada_pred에 저장합니다.

```
In [ ]:   # 여기에 답안코드를 작성하세요.
          # AdaBoostClassifier 모델 객체 생성
          model_ada = AdaBoostClassifier(n_estimators=50, learning_rate=1.0, random_state=2024)

          # 모델 학습
          model_ada.fit(X_train_scaled, y_train)

          # 검증 데이터에 대한 예측 수행
          ada_pred = model_ada.predict(X_valid_scaled)
```

12 분류 모델 성능 평가(F1 Score, 혼동 행렬)

- **상세 해설**
  - ▶ F1 Score: 정밀도(Precision)와 재현율(Recall)의 조화 평균으로, 두 지표가 모두 중요할 때 사용되는 종합적인 성능 지표입니다. 1에 가까울수록 좋습니다.
  - ▶ 혼동 행렬(Confusion Matrix): 모델의 예측 결과를 실제 값과 비교하여 표로 나타낸 것입니다. (TN, FP, FN, TP)를 통해 모델이 어떤 종류의 실수를 저지르는지 상세하게 분석할 수 있습니다. heatmap으로 시각화하면 결과를 더 쉽게 파악할 수 있습니다.

```
In [ ]:   # 여기에 답안코드를 작성하세요.
          # F1 Score 계산
          f1 = f1_score(y_valid, ada_pred)
          print(f"F1 Score: {f1:.4f}")

          # 혼동 행렬 계산
          cm = confusion_matrix(y_valid, ada_pred)

          # 혼동 행렬 시각화
          sns.heatmap(cm, annot=True, fmt='d')
```

13 딥러닝 이진 분류 모델 구축

• 상세 해설

▶ 이진 분류를 위한 딥러닝 모델은 회귀 모델과 몇 가지 중요한 차이점이 있습니다.

▶ 출력층: Dense(1, activation='sigmoid') – 예측할 결과가 0 또는 1이므로 노드는 1개이며, 출력값을 0과 1 사이의 확률로 바꾸어주는 sigmoid 활성화 함수를 사용합니다.

▶ 손실 함수: loss='binary_crossentropy' – 두 개의 클래스 간의 차이를 계산하는, 이진 분류 문제에 특화된 손실 함수를 사용합니다.

In [ ] :
```python
# 여기에 답안코드를 작성하세요.
# 딥러닝 모델 설계
model_dl = Sequential([
    Dense(16, activation='relu', input_shape=[X_train_scaled.shape[1]]),
    Dense(8, activation='relu'),
    Dense(1, activation='sigmoid')
])

# 모델 컴파일
model_dl.compile(optimizer='adam', loss='binary_crossentropy', metrics=['accuracy'])

# 모델 학습
history = model_dl.fit(
    X_train_scaled, y_train,
    epochs=20,
    batch_size=64,
    validation_data=(X_valid_scaled, y_valid),
    verbose=0
)

print("딥러닝 모델 학습 완료")
model_dl.evaluate(X_valid_scaled, y_valid)
```

14 딥러닝 모델을 이용한 예측

- **상세 해설**

  ▶ 새로운 데이터 new_applicant_data를 반드시 9번 문제에서 훈련 데이터로 학습시킨 scaler 객체를 사용하여 transform() 해야 합니다. 스케일링된 데이터를 학습된 딥러닝 모델의 .predict() 메소드에 입력하면, sigmoid 함수를 통해 0과 1 사이의 '승인 확률'이 예측됩니다.

```
In [ ]:   # 여기에 답안코드를 작성하세요.
          # 1. 9번 문제의 scaler를 사용하여 새로운 데이터를 스케일링합니다.
          new_applicant_scaled = scaler.transform(new_applicant_data)

          # 2. 딥러닝 모델로 승인 확률을 예측합니다.
          predicted_approval_prob = model_dl.predict(new_applicant_scaled)

          print(f"새로운 고객의 예측 대출 승인 확률: {predicted_approval_prob[0][0]:.4f}")
```

MEMO

AICE associate
실전모의고사

10회 제품 불량 여부 예측 AI 모델 개발

10 회 제품 불량 여부 예측 [문제]

↳ **과제** : 공정 데이터 기반 제품 불량 여부 예측 AI 모델 개발
↳ **도메인** : 제조/품질관리
↳ **배경**

제조업에서 제품의 불량률을 관리하는 것은 품질 유지와 비용 절감의 핵심입니다. 'AICE 정밀'의 품질관리(QA)팀은 생산 라인에서 수집되는 다양한 공정 데이터를 분석하여, 어떤 조건에서 제품 불량이 발생하는지 패턴을 파악하고자 합니다. 이를 바탕으로 제품의 불량 가능성을 사전에 예측하는 AI 모델을 개발하여, 불량률을 최소화하고 선제적인 품질 관리를 수행하는 것이 목표입니다.

데이터셋 설명(파일명: 10_product_defect_status.csv)

컬럼 명	설명
production_line	생산 라인 (Line-1, Line-2, Line-3)
shift	교대조(주간/야간)
operator_experience_years	작업자 경력(년)
processing_time_min	공정 시간(분)
temperature	공정 온도
humidity	공정 습도
measurement_A	측정값 A
measurement_B	측정값 B
measurement_C	측정값 C
defect_status	예측 목표(Target), 제품의 불량 여부(1: 불량, 0: 정상)

[사전 실행 지시사항]

• 모든 문제를 풀기 전에 아래 코드를 실행해주세요.

In [ ]:
```
# 데이터 분석 및 시각화에 필요한 기본 라이브러리들을 불러옵니다.
import pandas as pd
import numpy as np
import matplotlib.pyplot as plt
import seaborn as sns
```

```
# Scikit-learn 라이브러리에서 필요한 모듈들을 불러옵니다.
from sklearn.model_selection import train_test_split
from sklearn.preprocessing import StandardScaler
from sklearn.tree import DecisionTreeClassifier
from sklearn.ensemble import GradientBoostingClassifier
from sklearn.metrics import accuracy_score, roc_auc_score, roc_curve

# TensorFlow Keras 라이브러리를 불러옵니다.
import tensorflow as tf
from tensorflow.keras.models import Sequential
from tensorflow.keras.layers import Dense, Dropout
```

01 Scikit-learn 라이브러리의 ensemble 모듈에는 여러 개의 약한 학습기를 결합하여 성능을 높이는 앙상블 모델들이 포함되어 있습니다. sklearn.ensemble 모듈에서 GradientBoosting Classifier 클래스를 임포트하는 코드를 작성하세요.

```
In [ ]:    # 여기에 답안코드를 작성하세요
```

02 AI 모델링을 위해 분석할 데이터를 준비하고 기본적인 정보를 파악하려고 합니다. 아래 가이드에 따라 코드를 작성하세요.

- Pandas의 read_csv 함수를 사용하여 10_product_defect_status.csv 파일을 읽어 데이터프레임 변수 defect_df에 할당하세요.
- info() 함수를 사용하여 defect_df의 요약 정보를 확인하여 결측치와 데이터 타입을 파악하세요.

```
In [ ]:    # 여기에 답안코드를 작성하세요
```

03 온도(temperature)가 불량여부(defect_status)에 따라 어떻게 다른 분포를 보이는지 시각적으로 탐색하고자 합니다. seaborn의 boxplot을 사용하여 두 그룹의 temperature 분포를 비교하고, 이상치가 더 많이 존재하는 defect_status가 무엇인지 답안03 변수에 작성하세요. (예. 답안03 = 1)

- x축: defect_status
- y축: temperature
- 데이터: defect_df

In [ ]:   # 여기에 답안코드를 작성하세요

04 생산라인(production_line)에 따른 불량 제품의 비율을 확인하려고 합니다. pandas의 crosstab 함수를 사용하여 두 변수의 교차표를 생성하고, normalize='index' 옵션을 사용하여 각 생산 라인 내에서 정상/불량 비율을 계산하세요.

In [ ]:   # 여기에 답안코드를 작성하세요

05 교대조(shift)별로 주요 측정값(measurement_A, measurement_B, measurement_C)의 평균을 비교하고자 합니다. groupby()를 사용하여 데이터를 shift로 그룹화하고, 세 가지 측정값의 평균을 계산하세요.

In [ ]: *# 여기에 답안코드를 작성하세요*

06 모델링을 위해 데이터의 결측치를 처리하려고 합니다. 아래 가이드에 따라 결측치를 처리하고, 결과를 defect_pre 변수에 저장하세요.

- defect_df 데이터프레임을 복사하여 defect_pre를 생성합니다.
- operator_experience_years 컬럼의 결측치는 해당 컬럼의 중앙값(median)으로 채우세요.
- processing_time_min 컬럼의 결측치는 해당 컬럼의 평균값(mean)으로 채우세요.

In [ ]: *# 여기에 답안코드를 작성하세요*

07 모델이 이해할 수 있도록 범주형 데이터를 수치형으로 변환하려고 합니다. 아래 가이드에 따라 두 가지 다른 방식으로 인코딩을 수행하세요.

- 값이 두 개인 shift 컬럼은 map() 함수를 사용하여 '주간' = 0, '야간' = 1로 직접 인코딩하세요.
- 값이 여러 개인 production_line 컬럼은 pandas의 get_dummies()를 사용하여 원-핫 인코딩을 수행하세요.
- 모든 변환은 defect_pre 데이터프레임에 직접 적용하세요.

In [ ]: # 여기에 답안코드를 작성하세요

08 기존 변수를 조합하여 새로운 특성, 측정값 비율(measurement_ratio)을 생성하고, 훈련과 검증에 사용할 데이터셋을 분리하려고 합니다.

- defect_pre 데이터프레임에 measurement_ratio라는 새로운 컬럼을 추가하고, measurement_A / measurement_B 값을 계산하여 할당하세요. (measurement_B가 0인 경우는 없다고 가정합니다.)
- defect_status 컬럼을 label y로, 나머지 컬럼들을 feature X로 할당하세요.
- train_test_split 함수를 사용하여 훈련 데이터셋과 검증 데이터셋을 80:20 비율로 분리하세요
- random_state=2024, stratify=y

In [ ]: # 여기에 답안코드를 작성하세요

09 수치형 데이터들의 단위를 맞춰주기 위해 데이터 스케일링을 진행합니다. 평균을 0, 표준편차를 1로 변환하는 StandardScaler를 사용하여 훈련 데이터와 검증 데이터의 Feature(X_train, X_valid)를 스케일링하는 코드를 작성하세요.

- 훈련 데이터에는 fit_transform()을, 검증 데이터에는 transform()을 적용하세요.
- 스케일링된 결과는 각각 X_train_scaled, X_valid_scaled 변수에 저장하세요.

In [ ]:
```
# 여기에 답안코드를 작성하세요
```

10 단일 의사결정나무 모델인 DecisionTreeClassifier를 사용하여 불량 여부 예측 모델을 학습시키려고 합니다. 아래 가이드에 따라 모델을 학습시키고, 검증 데이터셋(X_valid_scaled)에 대한 예측 결과를 dt_pred 변수에 저장하세요.

- sklearn.tree의 DecisionTreeClassifier 함수 사용
- 하이퍼파라미터 설정
  ▸ max_depth: 5
  ▸ random_state: 2024

모델 객체는 model_dt 변수에 저장하고, 스케일링된 훈련 데이터로 학습시키세요.

In [ ]:
```
# 여기에 답안코드를 작성하세요
```

이번에는 GradientBoostingClassifier 모델을 사용하여 학습을 진행하려고 합니다. 아래 가이드에 따라 모델을 학습시키고, 검증 데이터셋(X_valid_scaled)에 대한 예측 결과를 gb_pred 변수에 저장하세요.

- sklearn.ensemble의 GradientBoostingClassifier 함수 사용(1번 문제에서 임포트)
- 하이퍼파라미터 설정
  - ▸ n_estimators: 100
  - ▸ learning_rate: 0.1
  - ▸ random_state: 2024
- 모델 객체는 model_gb 변수에 저장하고 학습시키세요.

In [ ]:
```
# 여기에 답안코드를 작성하세요
```

12 앞서 학습한 DecisionTreeClassifier 모델(model_dt), GradientBoostingClassifier 모델(model_gb)의 성능을 평가하려고 합니다.

분류 모델의 성능을 평가하는 지표인 정확도(Accuracy) 와 ROC AUC Score를 계산하는 코드를 작성하세요.

- sklearn.metrics에서 accuracy_score, roc_auc_score 함수를 import하세요.
- ROC AUC Score를 계산하기 위해서는 예측 확률이 필요하므로, predict_proba() 메소드를 사용하세요.
- 두 가지 평가지표를 모두 계산하고 출력하세요.

In [ ]:
```
# 여기에 답안코드를 작성하세요
```

13 이번에는 딥러닝을 사용하여 불량 여부 예측 모델을 만들려고 합니다. 아래의 가이드에 따라 tensorflow.keras를 사용하여 이진 분류 모델을 구축하고 학습시키세요.

- Sequential 모델을 사용하세요.

- 모델 구조
  - ▶ 입력층: Dense 레이어, 32개 노드, 활성화 함수 relu
  - ▶ 은닉층 1: Dense 레이어, 16개 노드, 활성화 함수 relu
  - ▶ Dropout: 25%의 뉴런을 비활성화 (Dropout(0.25))
  - ▶ 출력층: Dense 레이어, 1개 노드, 활성화 함수 sigmoid

- 컴파일 설정
  - ▶ optimizer: adam
  - ▶ loss: binary_crossentropy
  - ▶ metrics: ['accuracy']

- 학습 설정
  - ▶ epochs: 25
  - ▶ batch_size: 32

- validation_data로 X_valid_scaled, y_valid를 사용하여 검증 성능도 함께 확인하세요.

- 학습 과정은 history 변수에 저장하세요.

```
In [ ]:   # 여기에 답안코드를 작성하세요
```

14 최종적으로 완성된 딥러닝 모델을 사용하여, 아래와 같은 새로운 공정 데이터가 들어왔을 때의 불량 확률을 예측하려고 합니다. 주어진 시뮬레이션 데이터(new_product_data)를 9번 문제에서 생성한 스케일러(scaler)를 사용하여 변환한 뒤, 딥러닝 모델로 불량 확률을 예측하는 코드를 작성하세요.

- 예측 결과(확률값)는 predicted_defect_prob 변수에 저장하세요.
- 아래 코드를 실행하여 시뮬레이션용 데이터를 생성하세요.

In [ ] :
```
new_product_data = np.array([[1, 10.0, 25.0, 28.0, 55.0, 105.0, 195.0, 50.0, 0.538, 0, 1, 0]])
```

In [ ] :
```
# 여기에 답안코드를 작성하세요
```

10<small>회</small> 제품 불량 여부 예측 [해설 및 핵심이론]

01 · 상세 해설

▶ from 패키지.모듈 import 클래스 구문을 사용하여 sklearn.ensemble 모듈에서 Gradient BoostingClassifier 클래스를 불러옵니다. Gradient Boosting은 이전 모델의 오차를 보완하는 방식으로 모델을 순차적으로 추가해나가는 강력한 부스팅(Boosting) 계열의 앙상블 모델입니다.

```
In [ ]:    # 여기에 답안코드를 작성하세요.
           from sklearn.ensemble import GradientBoostingClassifier
```

02 데이터 로딩 및 기본 정보 확인

· 상세 해설

▶ pandas의 read_csv() 함수로 데이터를 불러온 후, info() 메소드를 사용하여 데이터프레임의 전체적인 구조, 각 컬럼의 데이터 타입, 결측치 현황 등을 파악합니다. 실행 결과를 통해 operator_experience_years와 processing_time_min 컬럼에 결측치가 있음을 알 수 있습니다.

```
In [ ]:    # 여기에 답안코드를 작성하세요.
           # '10_product_defect_status.csv' 파일을 읽어 defect_df 변수에 저장합니다.
           defect_df = pd.read_csv('10_product_defect_status.csv')

           # 데이터프레임의 요약 정보 확인
           defect_df.info()
```

03   boxplot을 이용한 그룹별 분포 비교

- 상세 해설

  ▶ seaborn의 boxplot은 각 그룹(정상/불량)의 데이터 분포를 상자 모양으로 요약하여 보여줍니다. x축에 defect_status, y축에 temperature를 설정하면, 불량(1) 그룹의 온도 분포가 정상(0) 그룹과 어떻게 다른지(예: 중앙값이 더 높은지, 분포가 더 넓은지 등) 시각적으로 비교할 수 있습니다.

In [ ]:
```python
# 여기에 답안코드를 작성하세요.
sns.boxplot(data=defect_df, x='defect_status', y='temperature')
```

04   crosstab을 이용한 비율 계산

- 상세 해설

  ▶ pandas의 crosstab 함수는 두 변수의 빈도를 표 형태로 만들어 줍니다. 여기에 normalize='index' 옵션을 추가하면, 각 행(index, 여기서는 생산 라인)의 합이 1이 되도록 비율로 변환해줍니다. 이를 통해 각 생산 라인별로 정상 제품과 불량 제품의 비율을 쉽게 비교할 수 있습니다.

In [ ]:
```python
# 여기에 답안코드를 작성하세요.
# 생산라인과 불량여부의 교차표 생성 (비율 기준)
cross_table_ratio = pd.crosstab(defect_df['production_line'], defect_df['defect_status'], normalize='index')
cross_table_ratio
```

05 groupby를 이용한 그룹별 평균 비교

- 상세 해설
  - ▶ groupby('shift')를 사용하여 데이터를 교대조별로 그룹화합니다. 그 후, 분석 대상 컬럼인 ['measurement_A', 'measurement_B', 'measurement_C']를 선택하고 .mean()으로 각 그룹의 평균값을 계산합니다.

In [ ]:
```python
# 여기에 답안코드를 작성하세요.
# 'shift'로 그룹화하여 주요 측정값들의 평균을 계산합니다.
shift_avg = defect_df.groupby('shift')[['measurement_A', 'measurement_B', 'measurement_C']].mean()
shift_avg
```

06 결측치 처리(중앙값 및 평균값)

- 상세 해설
  - ▶ copy()로 데이터프레임을 복사합니다. operator_experience_years 컬럼은 이상치의 영향을 덜 받는 중앙값(.median())으로, processing_time_min 컬럼은 일반적인 대표값인 평균값(.mean())으로 결측치를 채웁니다. 이처럼 컬럼의 특성에 따라 다른 통계량을 사용하여 결측치를 처리하는 전략을 사용할 수 있습니다.

In [ ]:
```python
# 여기에 답안코드를 작성하세요.
# 원본 보존을 위해 데이터프레임을 복사합니다.
defect_pre = defect_df.copy()

# 1. 'operator_experience_years' 컬럼 결측치를 중앙값으로 채우기
median_exp = defect_pre['operator_experience_years'].median()
defect_pre['operator_experience_years'].fillna(median_exp, inplace=True)

# 2. 'processing_time_min' 컬럼 결측치를 평균값으로 채우기
mean_time = defect_pre['processing_time_min'].mean()
defect_pre['processing_time_min'].fillna(mean_time, inplace=True)

# 전처리 결과 확인
defect_pre.isnull().sum()
```

07 두 가지 방식의 인코딩

- **상세 해설**
  - ▶ 값이 두 개인 shift 컬럼은 map() 함수를 사용하여 0과 1로 간단하게 변환합니다. 값이 여러 개인 production_line 컬럼은 get_dummies()를 사용하여 각 카테고리를 별도의 컬럼으로 만들어주는 원-핫 인코딩을 수행합니다. 이처럼 컬럼의 특성에 따라 다른 인코딩 방식을 적용하는 것이 중요합니다.

```
In [ ]:    # 여기에 답안코드를 작성하세요.
           # 1. 'shift' 컬럼 직접 인코딩
           shift_map = {'주간': 0, '야간': 1}
           defect_pre['shift'] = defect_pre['shift'].map(shift_map)

           # 2. 'production_line' 원-핫 인코딩
           defect_pre = pd.get_dummies(defect_pre, columns=['production_line'])

           # 변환 결과 확인
           defect_pre.head()
```

08 피처 엔지니어링 및 데이터셋 분리

- **상세 해설**

  ▶ 기존 변수인 measurement_A와 measurement_B를 나누어 새로운 특성 measurement_ratio
  를 생성합니다. 그 후, drop()을 사용하여 defect_status 컬럼을 제외한 나머지를 X로,
  defect_status 컬럼을 y로 분리합니다. train_test_split 함수를 사용하는데, stratify=y 옵션을
  추가하여 훈련 데이터와 검증 데이터의 불량품 비율(0과 1의 비율)이 원본 데이터와 동일하게 유지되도록
  합니다.

In [ ]:
```python
# 여기에 답안코드를 작성하세요.
# 1. 피처 엔지니어링
defect_pre['measurement_ratio'] = defect_pre['measurement_A'] / defect_pre['measurement_
B']

# 2. Feature(X)와 Label(y) 분리
X = defect_pre.drop('defect_status', axis=1)
y = defect_pre['defect_status']

# 3. 훈련 데이터와 검증 데이터로 분리
X_train, X_valid, y_train, y_valid = train_test_split(X, y, test_size=0.2, random_state=2024,
stratify=y)

# 분리 결과 확인
print(y_train.value_counts(normalize=True))
print(y_valid.value_counts(normalize=True))
```

09 데이터 스케일링(StandardScaler)

- **상세 해설**

  ▶ StandardScaler 객체를 생성합니다. 훈련 데이터(X_train)에는 fit_transform()을 적용하여 스케일링 규칙(평균, 표준편차)을 학습하고 변환하며, 검증 데이터(X_valid)에는 transform()만 적용하여 데이터 누수를 방지합니다.

```
In [ ]:   # 여기에 답안코드를 작성하세요.
          # StandardScaler 객체 생성
          scaler = StandardScaler()

          # 훈련 데이터에 fit_transform 적용
          X_train_scaled = scaler.fit_transform(X_train)

          # 검증 데이터에 transform 적용
          X_valid_scaled = scaler.transform(X_valid)
```

10 DecisionTreeClassifier 모델 학습

- **상세 해설**

  ▶ DecisionTreeClassifier는 데이터를 특정 기준에 따라 반복적으로 분할하여 예측을 수행하는 가장 기본적인 트리 모델입니다. max_depth는 트리가 과도하게 복잡해져 훈련 데이터에만 과적합되는 것을 방지하는 중요한 하이퍼파라미터입니다.

```
In [ ]:   # 여기에 답안코드를 작성하세요.
          from sklearn.tree import DecisionTreeClassifier

          # DecisionTreeClassifier 모델 객체 생성
          model_dt = DecisionTreeClassifier(max_depth=5, random_state=2024)

          # 모델 학습
          model_dt.fit(X_train_scaled, y_train)

          # 검증 데이터에 대한 예측 수행
          dt_pred = model_dt.predict(X_valid_scaled)
```

11 GradientBoostingClassifier 모델 학습 및 예측

• 상세 해설

▶ GradientBoostingClassifier는 이전 모델이 틀린 부분에 가중치를 주어 다음 모델이 그 부분을 집중적으로 학습하게 하는 부스팅 앙상블 기법입니다. 문제에서 제시된 하이퍼파라미터로 모델 객체 model_gb를 생성하고 학습시킨 후, .predict()를 사용하여 검증 데이터에 대한 예측값을 gb_pred에 저장합니다.

In [ ]:
```python
# 여기에 답안코드를 작성하세요.
# GradientBoostingClassifier 모델 객체 생성
model_gb = GradientBoostingClassifier(n_estimators=100, learning_rate=0.1, random_state=2024)

# 모델 학습
model_gb.fit(X_train_scaled, y_train)

# 검증 데이터에 대한 예측 수행
gb_pred = model_gb.predict(X_valid_scaled)
```

12 분류 모델 성능 평가(Accuracy, ROC AUC)

- **상세 해설**
  - ▸ 정확도(Accuracy): 전체 예측 중 올바르게 예측한 비율로, 가장 직관적인 지표입니다.
  - ▸ ROC AUC Score: 모델이 양성(1)과 음성(0) 클래스를 얼마나 잘 구별하는지를 나타내는 지표입니다. 0.5는 무작위 예측, 1은 완벽한 예측을 의미하며, 1에 가까울수록 좋습니다. 이 지표를 계산하기 위해서는 predict() 대신 predict_proba() 메소드를 사용하여 각 클래스에 속할 '확률'을 예측해야 합니다. [:, 1]은 양성 클래스(불량)일 확률만 선택하라는 의미입니다.

In [ ]:
```python
# 여기에 답안코드를 작성하세요.
# 의사결정나무 정확도 계산
dt_acc = accuracy_score(y_valid, dt_pred)
print(f"dt_Accuracy: {dt_acc:.4f}")

# 그래디언트 부스트 정확도 계산
gb_acc = accuracy_score(y_valid, gb_pred)
print(f"gb_Accuracy: {gb_acc:.4f}")

# 의사결정나무 ROC AUC Score 계산
# predict_proba로 불량(1)일 확률을 예측
dt_pred_proba = model_dt.predict_proba(X_valid_scaled)[:, 1]
dt_roc_auc = roc_auc_score(y_valid, dt_pred_proba)
print(f"dt_ROC AUC Score: {roc_auc:.4f}")

# 그래디언트 부스트 ROC AUC Score 계산
# predict_proba로 불량(1)일 확률을 예측
gb_pred_proba = model_gb.predict_proba(X_valid_scaled)[:, 1]
gb_roc_auc = roc_auc_score(y_valid, gb_pred_proba)
print(f"gb_ROC AUC Score: {gb_roc_auc:.4f}")
```

13 딥러닝 이진 분류 모델 구축

• 상세 해설

▷ 이진 분류를 위한 딥러닝 모델을 설계합니다. Dropout(0.25)는 학습 시 25%의 뉴런을 무작위로 비활성화하여 과적합을 방지하는 역할을 합니다. 출력층은 Dense(1, activation='sigmoid'), 손실 함수는 loss='binary_crossentropy'를 사용하여 이진 분류 문제에 맞게 모델을 구성합니다.

In [ ]:
```python
# 여기에 답안코드를 작성하세요.
# 딥러닝 모델 설계
model_dl = Sequential([
    Dense(32, activation='relu', input_shape=[X_train_scaled.shape[1]])
    Dense(16, activation='relu'),
    Dropout(0.25),
    Dense(1, activation='sigmoid')
])

# 모델 컴파일
model_dl.compile(optimizer='adam', loss='binary_crossentropy', metrics=['accuracy'])

# 모델 학습
history = model_dl.fit(
    X_train_scaled, y_train,
    epochs=25,
    batch_size=32,
    validation_data=(X_valid_scaled, y_valid),
    verbose=0
)

print("딥러닝 모델 학습 완료")
model_dl.evaluate(X_valid_scaled, y_valid)
```

PART 1

AICE associate 실전모의고사

14 딥러닝 모델을 이용한 예측

- **상세 해설**
  - ▶ 새로운 데이터 new_product_data를 반드시 9번 문제에서 훈련 데이터로 학습시킨 scaler 객체를 사용하여 transform() 해야 합니다. 스케일링된 데이터를 학습된 딥러닝 모델의 .predict() 메소드에 입력하면, sigmoid 함수를 통해 0과 1 사이의 '불량 확률'이 예측됩니다.

```
In [ ]:   # 여기에 답안코드를 작성하세요.
          # 시뮬레이션용 데이터 생성 (문제에서 제공)
          new_product_data = np.array([[1, 10.0, 25.0, 28.0, 55.0, 105.0, 195.0, 50.0, 0.538, 0, 1, 0]])

          # 1. 9번 문제의 scaler를 사용하여 새로운 데이터를 스케일링합니다.
          new_product_scaled = scaler.transform(new_product_data)

          # 2. 딥러닝 모델로 불량 확률을 예측합니다.
          predicted_defect_prob = model_dl.predict(new_product_scaled)
          print(f"새로운 제품의 예측 불량 확률: {predicted_defect_prob[0][0]:.4f}")
```

MEMO

PART 2

AICE Associate 대비
핵심 이론 및 필수 문법 마스터

유형 01 라이브러리 불러오기(Importing Libraries)

▶ Point: 분석에 필요한 '필살기 세트' 장착하기

데이터 분석은 RPG 게임과 같습니다. 맨몸으로 몬스터를 잡을 수 없듯, import는 분석이라는 퀘스트를 시작하기 전에 검(pandas), 방패(numpy), 포션(matplotlib), 갑옷(seaborn) 같은 필수 '장비(라이브러리)'를 인벤토리에서 꺼내 장착하는 과정입니다. 이 장비들을 장착해야 비로소 몬스터의 스탯(데이터)을 확인하고 전투(분석)를 시작할 수 있습니다. 장비 없이는 필드에 나갈 수조차 없습니다.

▶ 필수 코드(이 4줄은 '국룰'입니다!)

AICE 시험지를 받으면, 다른 어떤 코드보다 먼저 반사적으로 이 네 줄의 코드를 작성하세요. 이 '국룰' 세팅만 해두면 앞으로 나올 문제의 99%는 이 장비들을 활용해 풀게 됩니다.

```
# 1. Pandas: 데이터를 표(DataFrame) 형태로 다루는 '만능 검'.
# 데이터의 특정 부분을 베어내고(선택), 불순물을 쳐내고(정제), 형태를 바꾸는(가공) 등
# 데이터 조작의 모든 것을 담당하는 핵심 장비입니다.
import pandas as pd

# 2. NumPy: 숫자, 배열, 행렬 계산을 위한 '강철 방패'.
# Pandas의 내부 작동을 책임지는 강력한 계산 엔진으로, 빠르고 안정적인 계산을 보장합니다.
import numpy as np

# 3. Matplotlib: 데이터의 속을 보여주는 '진실의 포션'.
# 데이터를 그래프로 그려 분포나 패턴을 눈으로 확인하게 해주는 가장 기본적인 시각화 도구입니다.
import matplotlib.pyplot as plt

# 4. Seaborn: Matplotlib을 더 화려하고 통계적으로 만들어주는 '전설의 갑옷'.
# Matplotlib 위에 덧입는 갑옷처럼, 더 적은 코드로 훨씬 미려하고 전문적인 그래프를 만들어줍니다.
import seaborn as sns
```

- import pandas as pd: pandas라는 긴 이름을 앞으로 pd라는 별명으로 짧게 부르겠다는 약속입니다. 이것은 개인적인 취향이 아니라, 전 세계 모든 데이터 분석가들이 따르는 '글로벌 스탠다드'입니다. 인터넷에서 어떤 코드를 찾아보더라도 pd는 pandas를 의미하므로, 이 약속을 지켜야 내 코드가 다른 사람에게도 쉽게 읽힙니다.

▶ 이렇게 출제됩니다

[예상 문제 1]

- 데이터 시각화 라이브러리인 seaborn을 sns라는 별칭(alias)으로 불러오는 코드를 작성하시오.

```
[정답]
import seaborn as sns
```

[예상 문제 2]

- 수치 계산 라이브러리인 numpy를 np라는 별칭(alias)으로 임포트하는 코드를 작성하시오.

```
[정답]
import numpy as np
```

[해설]

- 문제에서 요구하는 라이브러리 이름과 별칭을 import [라이브러리] as [별칭] 형식에 맞춰 그대로 작성
하면 됩니다. AICE 시험의 1번 문제는 보통 이렇게 라이브러리 임포트 능력을 확인하는 간단한 문제로
시작됩니다.

▶ 파생 유형: 특정 스킬만 콕 집어 배우기

가끔은 1000페이지짜리 마법책 전체가 아니라, 그 안에 있는 '파이어볼' 마법 하나만 필요할 때가 있습니
다. from … import … 구문이 바로 이런 역할을 합니다.

```
# sklearn이라는 거대 마법책(라이브러리)의 'model_selection' 챕터에서
# '데이터 분리' 마법(train_test_split) 하나만 배우기
from sklearn.model_selection import train_test_split

# tensorflow.keras.layers 라는 마법책의 'layers' 챕터에서
# '신경망 층' 마법(Dense) 하나만 배우기
from tensorflow.keras.layers import Dense
```

from [마법책] import [특정마법]: sklearn 같은 거대한 라이브러리에서 특정 함수나 클래스 하나만 콕
집어 가져올 때 사용합니다.

왜 이렇게 쓸까?

- 편리함: sklearn.model_selection.train_test_split() 이라고 마법책의 챕터까지 길게 외울 필요 없이,
train_test_split() 만으로 마법을 바로 시전할 수 있습니다.

- 효율성: 거대한 마법책 전체를 머릿속에 넣지 않아도 되므로(메모리를 아낄 수 있음), 프로그램이 더
가벼워집니다.

1. 한 번에 여러 개 가져오기(괄호 정렬 패턴)

```python
# [목적] 평가 지표를 한 번에 가져와 코드 길이/가독성을 개선
from sklearn.metrics import (
    accuracy_score, precision_score, recall_score, f1_score,
    confusion_matrix, classification_report, roc_auc_score
)
```

2. 별칭(alias)으로 짧게 쓰기(as)

```python
# [목적] 반복 타이핑 줄이기, 팀 컨벤션 반영
from sklearn.metrics import accuracy_score as acc
from sklearn.model_selection import train_test_split as tts

# 사용 예
X_tr, X_te, y_tr, y_te = tts(X, y, test_size=0.2, stratify=y, random_state=42)
print("ACC:", acc(y_te, model.predict(X_te)))
```

3. 서브모듈의 특정 객체만(세밀한 가져오기)

- 거대한 라이브러리를 통으로 import하면 탐색은 쉬우나 오염/길이/탑레벨 충돌 가능
- 필요한 객체만 가져오면 짧고, 의존이 명확해져 유지보수에 유리

```python
# SciPy에서 통계검정만 콕
from scipy.stats import ttest_ind, chi2_contingency

# statsmodels에서 공식/모델 콕
from statsmodels.formula.api import ols     # 선형회귀 공식식('y ~ x1 + x2') API
```

데이터분석 현장에서 자주 쓰는 "from-import" 컬렉션

```python
# sklearn: 데이터 분리/스케일/모델/파이프라인/교차검증
from sklearn.model_selection import train_test_split, KFold, cross_val_score
from sklearn.preprocessing import StandardScaler, MinMaxScaler, RobustScaler, LabelEncoder
from sklearn.pipeline import Pipeline
from sklearn.metrics import (
    accuracy_score, precision_score, recall_score, f1_score, roc_auc_score,
    confusion_matrix, classification_report
)

# imbalanced-learn: 불균형 데이터 샘플링
from imblearn.over_sampling import SMOTE

# xgboost / lightgbm (옵션)
# from xgboost import XGBClassifier
# from lightgbm import LGBMClassifier
```

```
# statsmodels: 회귀/가설검정(공식식 API)
from statsmodels.formula.api import ols

# scipy: 통계 검정
from scipy.stats import ttest_ind, chi2_contingency
```

▶ 꿀팁 & 주의사항

에러 해결 1: ModuleNotFoundError

- 이 에러가 보이면 십중팔구 라이브러리 이름에 오타가 난 것입니다. (pandas -& panda (x)) 철자를 다시 꼼꼼히 확인하세요. (AICE 시험 환경에서는 라이브러리가 모두 설치되어 있지만, 개인 PC에서는 pip install pandas 등으로 라이브러리가 설치되지 않았을 때도 이 에러가 발생합니다.)

에러 해결 2: NameError

- pd.read_csv()를 실행했는데 이 에러가 뜬다면, pd라는 이름이 뭔지 컴퓨터가 모른다는 뜻입니다. 즉, 그전에 import pandas as pd를 실행하지 않았다는 의미입니다. 항상 장비를 장착(import)한 후에 스킬 (pd.read_csv)을 사용해야 합니다.

코드의 품격: import는 맨 위로!

모든 import 구문은 코드 파일의 가장 위쪽에 모아두는 것이 좋습니다. 요리를 시작하기 전에 모든 재료와 도구를 꺼내놓는 것과 같습니다. 이렇게 하면 코드를 읽는 사람이 어떤 장비들을 사용하는지 한눈에 파악할 수 있어 가독성이 매우 좋아집니다.

시간 단축: 시험 시작과 동시에 필수 코드 4줄을 치는 습관을 들이세요. 고민할 필요 없는 부분에서 1초라도 버는 것이 합격의 지름길입니다.

▶ Point: 신선한 식재료(데이터)를 손질대로 가져오기

훌륭한 요리는 신선한 식재료를 준비하는 것에서 시작됩니다. 데이터 분석에서 pd.read_csv()는 바로 '시장에서 막 사 온 식재료 봉투(CSV 파일)'를 풀어서, 요리를 위해 깨끗하게 씻고 다듬어 요리용 손질대(DataFrame) 위에 올려놓는 과정입니다. 손질대에 재료를 펼쳐놓지 않으면 어떤 요리를 할지 계획조차 세울 수 없습니다.

- CSV (Comma-Separated Values): 온갖 재료가 담겨있는 '식재료 봉투'. 쉼표(,)로 각 재료가 구분된 가장 기본적인 데이터 파일 형식입니다. 엑셀에서도 열리지만, 본질은 단순한 텍스트 파일이라 가볍고 호환성이 뛰어납니다. AICE 시험의 모든 데이터는 이 CSV 형태로 제공된다고 생각하면 됩니다.

- DataFrame: pandas가 제공하는 '요리용 손질대'. 단순한 쟁반이 아니라, 재료를 종류별로 나누고(필터링), 크기 순으로 정렬하고, 그룹별로 묶어 무게를 재는 등 강력한 기능이 탑재된 최첨단 스마트 조리대입니다. CSV 파일을 DataFrame으로 변환하는 순간, 비로소 데이터는 요리 가능한 재료가 됩니다.

▶ 필수 코드(데이터 로딩 + 확인 3종 세트)

좋은 요리사는 재료를 손질대에 올린 후, 반드시 눈으로 보고, 만져보고, 냄새를 맡아 상태를 확인합니다. 데이터 분석가도 마찬가지입니다. 데이터를 불러온 후에는, 반드시 아래 3가지 명령어로 데이터의 상태를 종합 검진하는 습관을 들이세요.

```
# 1. Pandas: 데이터를 표(DataFrame) 형태로 다루는 '만능 검'.
# 데이터의 특정 부분을 베어내고(선택), 불순물을 쳐내고(정제), 형태를 바꾸는(가공) 등
# 데이터 조작의 모든 것을 담당하는 핵심 장비입니다.
import pandas as pd

# 2. NumPy: 숫자, 배열, 행렬 계산을 위한 '강철 방패'.
# Pandas의 내부 작동을 책임지는 강력한 계산 엔진으로, 빠르고 안정적인 계산을 보장합니다.
import numpy as np

# 3. Matplotlib: 데이터의 속을 보여주는 '진실의 포션'.
# 데이터를 그래프로 그려 분포나 패턴을 눈으로 확인하게 해주는 가장 기본적인 시각화 도구입니다.
import matplotlib.pyplot as plt

# 4. Seaborn: Matplotlib을 더 화려하고 통계적으로 만들어주는 '전설의 갑옷'.
# Matplotlib 위에 덧입는 갑옷처럼, 더 적은 코드로 훨씬 미려하고 전문적인 그래프를 만들어줍니다.
import seaborn as sns
```

df = pd.read_csv('파일이름.csv'): 이 코드 한 줄이 CSV 파일을 데이터프레임으로 변환하는 마법 주문입니다. df는 DataFrame의 약자로, 관례적으로 가장 많이 사용하는 변수 이름입니다.

▶ 이렇게 출제됩니다

[예상 문제 1]

- pandas 라이브러리를 사용하여 1_used_car_prices.csv 파일을 읽어 car_df 라는 이름의 데이터프레임 변수에 저장하는 코드를 작성하시오.

```
[정답]
car_df = pd.read_csv('1_used_car_prices.csv')
```

[예상 문제 2]

- student_data.csv 파일을 불러와 데이터의 구조와 결측치 현황을 파악하기 위한 코드를 작성하시오.

```
[정답]
df = pd.read_csv('student_data.csv')
df.info()
```

[해설]

- 문제에서 요구하는 파일 이름과 변수 이름을 변수 = pd.read_csv('파일이름') 형식에 맞춰 그대로 작성하면 됩니다. '상위 5개 행 확인'은 head(), '구조와 결측치 현황 파악'은 info()를 사용하는 등 문제의 요구사항을 정확히 파악하는 것이 중요합니다.

▶ 파생 유형: 특별한 식재료 다루기

1. 수입 식재료의 레시피 해독하기: encoding 스킬

외국에서 온 식재료의 레시피(한글 데이터)가 외계어처럼 보일 때 사용하는 해독 스킬입니다. 컴퓨터마다 한글을 기록하는 방식(인코딩)이 달라 발생하며, encoding 옵션으로 번역 방식을 지정해주면 해결됩니다.

```
# 윈도우 환경에서 만든 한글 파일이 깨질 때 주로 사용 ('euc-kr' 또는 'cp994')
df = pd.read_csv('korean_food.csv', encoding='cp949')

# 웹이나 Mac/Linux 환경에서 만든 파일은 대부분 'utf-8' 방식입니다.
df = pd.read_csv('web_recipe.csv', encoding='utf-8')
```

2. 포장 방식이 다른 식재료 열기: sep 스킬

모든 식재료가 쉼표(,)로 포장되어 있지는 않습니다. 가끔 탭이나 세미콜론 같은 다른 방식으로 포장

PART 2

AICE Associate 대비 핵심 이론 및 필수 문법 마스터

된 재료가 있습니다. 이때는 sep (separator) 옵션으로 포장을 뜯는 방법을 직접 알려줘야 합니다.

```python
# 재료가 탭(tab)으로 구분된 경우 ('\t'는 탭을 의미하는 특수 문자)
df = pd.read_csv('special_sauce.tsv', sep='\t')

# 재료가 세미콜론(;)으로 구분된 경우
df = pd.read_csv('european_cheese.csv', sep=';')
```

3. 상자 겹겹이 벗기기: header / names / usecols 스킬

```python
import pandas as pd

# (A) 첫 줄이 헤더가 아닐 때: header=None 로 '제목 없음' 선언 후, names로 직접 열 이름 지정
df = pd.read_csv(
    "no_header_data.csv",
    header=None,                              # 첫 행을 데이터로 읽겠다
    names=["id", "date", "sku", "qty", "price"]    # 우리가 붙일 열 이름
)

# (B) 헤더는 있지만, 필요한 열만 추려 읽기 (대용량일수록 중요)
df = pd.read_csv(
    "large_sales.csv",
    usecols=["order_id", "order_date", "amount"]    # 이 세 열만 읽는다(메모리·속도 절약)
)

# (C) 헤더 줄이 여러 줄일 때(상단 설명 줄 스킵)
df = pd.read_csv(
    "report_with_notes.csv",
    skiprows=2,                               # 상단 2줄 설명은 건너뛴다
    header=0                                  # 그 다음 줄을 헤더로 사용
)

# [유의사항]
# - header=None 인데 names를 안 주면 열 이름이 0,1,2 … 로 생성됩니다.
# - usecols는 반드시 실제 파일에 존재하는 열만 지정해야 합니다(오타 주의).
```

4. 포장지 찢기: skiprows / nrows / on_bad_lines / encoding_errors

- 파일 상단에 설명/메모가 깔려 있거나, 깨진 라인이 섞여 있으면 읽기가 멈춥니다.
- 필요 줄만 골라 담고, 문제 라인은 우회합니다.

```python
# (A) 상단 주석 줄 스킵 + 일부 샘플만 맛보기
df = pd.read_csv("raw_export.csv", skiprows=3, nrows=1000)

# (B) 잘못된 행(열 개수 불일치 등) 처리: 'skip'은 건너뛰기, 'warn'은 경고만
df = pd.read_csv("dirty.csv", on_bad_lines="skip")
```

```
# (C) 인코딩 에러 시 정책 선택: 'ignore'(무시), 'replace'(◆로 대체)
df = pd.read_csv("strange.csv", encoding="utf-8", encoding_errors="ignore")
```

5. 엑셀/JSON/HTML/Parquet: 다양한 형식의 재료 꺼내기

CSV만 있는 것이 아닙니다. 파일 형식별 맞춤 함수를 알고 있으면 상황 대처가 빨라집니다.

```
# (A) Excel: 시트 선택, 행 스킵, 열 선택
df = pd.read_excel(
    "report.xlsx",
    sheet_name="2025_Q2",        # 시트 이름 또는 인덱스(0부터)
    skiprows=2,
    usecols="A:D"                # 엑셀 열 표기법 가능
)

# (B) JSON: 줄 단위 JSON(로그·API 응답)에 lines=True
df = pd.read_json("events.json", lines=True)

# (C) HTML 테이블: 페이지 내 표 전체를 리스트로 받음 → 첫 번째 테이블만 선택
tables = pd.read_html("https://example.com/table_page")
df = tables[0]

# (D) Parquet/Feather: 초고속 컬럼 지향 포맷(용량↓ 속도↑, 권장)
df = pd.read_parquet("fact_sales.parquet")     # 빠름, 타입 안정

# df = pd.read_feather("fact_sales.feather")  # 메모리맵 빠름(동일 머신)
```

6. 인코딩 정리(퀵 가이드)

UTF-8(utf-8 / utf-8-sig): 웹/리눅스/맥 표준. 엑셀 한글 깨짐 방지는 utf-8-sig.

▸ CP949(=MS949, 흔히 'euc-kr'로 잘못 표기): 윈도우 엑셀에서 가장 호환.

▸ EUCKR(euc-kr): 구형/옛파일. 요즘은 cp949로 대체되는 경우가 많습니다.

```
# 윈도우 엑셀로 바로 열 파일이면:
df = pd.read_csv("korean_food.csv", encoding="cp949")

# 맥/리눅스/웹 생성 파일이면:
df = pd.read_csv("web_recipe.csv", encoding="utf-8")
```

▶ 꿀팁 & 주의사항

에러 해결 1: FileNotFoundError

- 이 에러는 "시장에 갔는데 그 식재료가 없네요!"라는 뜻입니다. 가장 흔한 원인은 재료 이름(파일 이름)을 잘못 말했거나, 엉뚱한 시장(폴더)을 찾아갔을 때입니다. 파일 위치와 이름을 가장 먼저 다시 확인하세요.

에러 해결 2: info()와 describe()의 차이 완벽 이해

- df.info(): 재료의 종류(뼈대)를 봅니다.(총 몇 개? 빠진 건 없나? 이건 과일인가 채소인가?) -& "분명 무게(숫자)여야 할 컬럼이 왜 글자(object)로 되어있지?"와 같은 구조적 문제를 발견하는 데 핵심적입니다.

- df.describe(): 숫자 재료의 속성(살)을 봅니다.(평균 당도는? 최대 무게는? 유독 짜거나 단 재료가 있나?) -& "소금의 최대량이 너무 많은데? 혹시 데이터 오류(이상치)?"와 같은 내용적 문제를 발견하는 데 핵심적입니다.

시간 단축: 데이터를 불러온 후에는 확인 3종 세트(head, info, describe) 를 습관처럼, 하나의 코드 블록처럼 사용하세요. 재료의 전체적인 상태를 순식간에 파악하고 다음 요리(분석) 계획을 세울 수 있어 시간을 크게 절약해 줍니다.

▶ Point: 재료 간의 '맛의 궁합' 알아보기

최고의 요리는 각 재료가 가진 맛의 조화, 즉 '궁합'에서 나옵니다. 단순히 좋은 재료를 많이 넣는다고 해서 맛있는 요리가 되지 않는 것처럼, 데이터 분석도 변수 간의 관계를 이해하는 것이 핵심입니다. 상관관계 분석은 바로 이 재료(숫자형 변수)들 간의 맛의 궁합을 파악하는 과정입니다. "설탕을 더 넣으면 단맛이 얼마나 강해질까?" 또는 "오래 끓이면 짠맛은 어떻게 변할까?"와 같은 질문에 답을 찾는 과정이죠. 이 궁합을 이해하는 것이 초보 요리사와 마스터 셰프를 가르는 기준이 됩니다.

- 양(+)의 상관관계 (시너지 효과): 한 재료를 더 넣을수록 특정 맛도 같이 강해지는 관계. (예: 설탕 양과 단맛, 소금 양과 짠맛)

- 음(-)의 상관관계 (상쇄 효과): 한 재료를 더 넣을수록 특정 맛은 오히려 약해지는 관계. (예: 끓이는 시간과 수분 함량, 레몬즙 양과 비린내)

상관계수: 이 궁합의 정도를 -1부터 1 사이의 점수로 나타낸 값입니다.
- +0.7 ~ +1.0: 매우 강한 시너지 (거의 같이 움직임)
- +0.3 ~ +0.7: 뚜렷한 시너지
- -0.3 ~ +0.3: 궁합이 거의 없음 (서로 무관함)
- -0.7 ~ -0.3: 뚜렷한 상쇄
- -1.0 ~ -0.7: 매우 강한 상쇄

히트맵(Heatmap)은 이 '맛의 궁합 점수표'를 '온도 지도'처럼 색깔로 보여주어, 어떤 재료들끼리 '뜨거운' (궁합이 좋은) 관계인지 한눈에 파악하게 해주는 셰프의 비밀 레시피 북입니다.

▶ 필수 코드(궁합 점수 계산 + 시각화)

1단계: 모든 재료 간의 궁합 점수 계산하기

```
# df라는 손질대 위의 모든 숫자 재료들 간의 궁합 점수표(.corr())를 만든다.
corr_matrix = df.corr()
```

df.corr(): pandas에 내장된 '마스터 소믈리에' 기능입니다. 데이터프레임 안의 모든 숫자형 변수들을 두 개씩 짝지어 맛의 궁합(상관계수)을 계산하고, 그 결과를 표 형태로 반환합니다. 이 표만 있으면 모든 재료 간의 관계를 수치로 정확히 알 수 있습니다.

PART 2 AICE Associate 대비 핵심 이론 및 필수 연립 마스터

2단계: 궁합 점수표를 한눈에 보기 좋게 시각화하기

```
# 1. 시각화를 위한 도화지(plt.figure)를 준비한다. 그림의 크기를 정하는 단계.
plt.figure(figsize=(10, 8))

# 2. seaborn 도구(sns)를 사용해 '맛의 궁합 지도(heatmap)'를 그린다.
#     data=corr_matrix: 시각화할 데이터는 위에서 만든 궁합 점수표.
#     annot=True: 각 칸에 실제 궁합 점수(숫자)를 표시해준다. (매우 중요!)
#     cmap='coolwarm': 색상 테마. 따뜻한 색(빨강)은 양의 관계, 차가운 색(파랑)은 음의 관계를 나타내 직관적.
sns.heatmap(data=corr_matrix, annot=True, cmap='coolwarm', fmt='.2f') # .2f는 소수점 둘째자리까지 표시

# 3. 그래프의 제목을 붙여준다.
plt.title('Flavor Combination Heatmap')

# 4. 완성된 그래프를 보여준다.
plt.show()
```

annot=True: 이 옵션이 없으면 색깔만 보고 어림짐작해야 해서 "이게 0.5인지 0.6인지" 헷갈리게 됩니다. 정확한 분석을 위해 반드시 True로 설정하여 숫자 주석(Annotation)을 함께 보는 습관을 들이세요.

cmap='coolwarm': 양수(+)는 붉은색, 음수(-)는 푸른색으로 표현해줘서 관계의 방향을 즉시 파악할 수 있는 매우 유용한 색상 테마입니다.

▶ 이렇게 출제됩니다

[예상 문제]

• car_df 데이터프레임에서 horsepower와 price_krw 간의 상관계수를 히트맵에서 찾아, 두 변수의 관계로 가장 올바른 것을 고르시오.(단, 히트맵의 상관계수 값은 0.66이다)

① 관계가 거의 없다.
② 강한 음의 상관관계가 있다.
③ 어느 정도 뚜렷한 양의 상관관계가 있다.
④ 완벽한 양의 상관관계가 있다.

[정답]

• ③번

[해설]

• 상관계수 0.66은 0.3과 0.7 사이에 있으므로, '어느 정도 뚜렷한 양의 상관관계'라고 해석할 수 있습니다. +1에 가까울수록 강한 양의 관계입니다.

▶ **파생 유형: 핵심 재료만 골라 궁합 보기**

1. 특정 재료들만 선택해서 분석하기

모든 재료가 아니라, 내가 관심 있는 핵심 재료 몇 개의 궁합만 보고 싶을 때 사용합니다.

```python
# 분석하고 싶은 핵심 재료(컬럼) 이름들을 리스트로 만든다.
main_ingredients = ['sugar', 'salt', 'bitterness', 'final_score']

# df에서 해당 재료들만 선택([[]])하여 궁합 점수표를 계산한다.
corr_matrix_main = df[main_ingredients].corr()
```

df[['컬럼1', '컬럼2']]: 여러 개의 컬럼을 선택할 때는 대괄호 안에 리스트(또 다른 대괄호) 형태로 컬럼 이름들을 넣어줍니다. [[]] 이중 대괄호 형태를 꼭 기억하세요!

2. 최종 요리의 맛과 가장 궁합이 좋은 재료 찾기

"최종 점수(target)에 가장 큰 영향을 미친 재료는 무엇인가?"와 같은 주관식 문제에 대비해야 합니다.

```python
# 1. 위에서 계산한 전체 궁합 점수표(corr_matrix)에서 'final_score' 행/열만 선택
#    결과는 각 재료와 final_score 간의 궁합 점수만 담긴 리스트 형태(Series)가 된다.
score_corr = corr_matrix['final_score']

# 2. 자기 자신과의 궁합(1.0)은 분석에 의미가 없으므로 리스트에서 제거한다.
score_corr = score_corr.drop('final_score')

# 3. 궁합의 '세기'를 비교하기 위해 모든 점수를 양수로 바꾼다. (-0.8이 0.7보다 더 강한 관계이므로)
#    .abs(): 절댓값(absolute value)으로 변환
#    .idxmax(): 변환된 리스트에서 가장 큰 값을 가진 인덱스(재료명)를 반환
best_ingredient = score_corr.abs().idxmax()

print("최종 점수와 가장 궁합이 좋은 재료: {best_ingredient}")
```

3. 궁합이 '특히 안 좋은' 재료 찾기

데이터 분석에서는 "서로 방해하는 관계(음의 상관관계)"를 찾는 것도 중요합니다.
예를 들어, 레몬즙을 많이 넣으면 비린내가 줄어드는 것처럼 말이죠.

```python
# final_score와 각 재료 간의 관계 중에서 음의 상관관계가 가장 강한 재료 찾기
score_corr = corr_matrix['final_score'].drop('final_score')
worst_ingredient = score_corr.idxmin()    # 상관계수가 가장 작은(음수) 재료 선택
print(f"최종 점수와 가장 상쇄 효과가 큰 재료: {worst_ingredient}")
```

4. 궁합 순위 매기기(Top N 찾기)

세프가 재료 궁합 노트를 정리하듯, 상관관계를 강한 순서대로 나열해보는 유형입니다.

```
# final_score와 재료 간 궁합 점수를 내림차순 정렬
ranked_corr = score_corr.abs().sort_values(ascending=False)
print("최종 점수와의 궁합 순위표:\n", ranked_corr)

# sugar        0.82
# salt         0.66
# bitterness   0.41
```

5. 조건부 궁합 확인하기(부분 데이터로 분석)

"전체 요리"가 아니라, 특정 상황에서만 재료 궁합을 다시 계산하는 문제입니다.

▸ 예 : "매운맛이 일정 기준 이상인 경우, 설탕과 소금의 관계는 어떻게 변하는가?"

▸ "특정 조건(예: 매운맛 5 이상)에서 sugar와 salt의 관계를 해석하시오."

▸ 실제 분석에서는 집단을 나눠볼 때(성별, 연령대, 지역별) 자주 활용되는 기법.

```
# 조건: spiciness >= 5 인 경우만 필터링
subset_df = df[df['spiciness'] >= 5]

# 부분 데이터에서 다시 상관관계 계산
subset_corr = subset_df.corr()
print(subset_corr[['sugar', 'salt']])
```

▶ 꿀팁 & 주의사항

주의! 상관관계는 인과관계가 아니다!

• "여름철 아이스크림 판매량과 상어 공격 횟수는 양의 상관관계가 높다"는 유명한 예시가 있습니다. 이는 아이스크림이 상어 공격의 원인이라는 뜻이 아니라, '더운 날씨'라는 공통된 원인 때문입니다. 상관관계는 두 변수가 함께 움직이는 경향을 보여줄 뿐, 무엇이 원인이고 결과인지는 말해주지 않습니다.

.corr()는 숫자만 계산한다!

• .corr() 함수는 숫자형 데이터에 대해서만 작동합니다. 만약 문자열(object) 타입의 컬럼이 있다면, 이 함수는 해당 컬럼을 조용히 무시하고 숫자형 컬럼에 대해서만 계산합니다. df.info()로 데이터 타입을 항상 먼저 확인하는 습관이 중요합니다.

히트맵의 대각선을 주목하라!

• 히트맵을 보면 대각선 방향으로 항상 상관계수가 1.0인 것을 볼 수 있습니다. 이는 '설탕'과 '설탕', '소금'과 '소금'처럼 자기 자신과의 궁합을 나타내므로 당연히 완벽한 관계(1.0)가 나옵니다. 이 대각선을 기준으로 위아래는 서로 대칭인 거울과 같습니다.

▶ Point: 주재료에 따른 '요리의 맛 분포' 비교하기

훌륭한 셰프는 같은 레시피라도 주재료를 '소고기'로 했을 때와 '닭고기'로 했을 때 맛의 특징이 어떻게 달라지는지 정확히 알고 있습니다. 데이터 분석에서의 그룹별 데이터 시각화는 바로 이 과정과 같습니다. '주재료(범주형 변수)'에 따라 '요리의 최종 맛 점수(연속형 변수)'가 어떻게 달라지는지 그룹별로 데이터를 나란히 놓고 비교하여 숨겨진 패턴과 인사이트를 발견하는 것입니다. 이 과정을 통해 셰프는 어떤 재료가 레스토랑의 시그니처 메뉴가 될 가능성이 있는지 판단할 수 있습니다.

"소고기 요리가 닭고기 요리보다 평균적으로 더 짠가?" 또는 "돼지고기 요리는 맛의 편차가 큰 편인가?"와 같은 질문에 대한 답을 그래프를 통해 한눈에 찾는 과정입니다.

- 범주형 변수 (Categorical): '소고기', '닭고기', '돼지고기'처럼 몇 개의 카테고리로 나뉘는 데이터. 그래프의 x축 (가로축)에 주로 위치하여 비교의 기준이 됩니다.
- 연속형 변수 (Continuous): '짠맛 점수', '단맛 점수'처럼 연속적인 숫자로 표현되는 데이터. 그래프의 y축 (세로축)에 주로 위치하여 비교의 대상이 됩니다.

▶ 필수 코드(그룹별 분포 비교 3대장)

어떤 그래프를 선택하느냐에 따라 우리가 볼 수 있는 정보의 깊이가 달라집니다.

1. 박스플롯(Boxplot): '맛의 5가지 핵심 정보' 요약 보기

그룹별 데이터의 전체적인 분포와 중앙값, 그리고 이상치(특별히 짜거나 단 맛)를 한 번에 보고 싶을 때 가장 유용합니다. 데이터의 건강 상태를 진단하는 의사의 차트와 같습니다.

```python
# 1. 시각화를 위한 도화지(plt.figure)를 준비한다.
plt.figure(figsize=(10, 6))

# 2. seaborn의 boxplot으로 '주재료(main_ingredient)'별 '짠맛 점수(saltiness)' 분포를 그린다.
sns.boxplot(x='main_ingredient', y='saltiness', data=df)

# 3. 그래프 제목을 붙이고 보여준다.
plt.title('Saltiness Distribution by Main Ingredient')
plt.show()
```

PART 2

AICE Associate 대비 핵심 이론 및 필수 문법 마스터

- **박스플롯 완벽 해부(매우 중요!)**

  ▸ 상자(Box): 전체 요리 중 맛이 중간 수준인 50%가 분포하는 핵심 범위. 이 상자가 길면 맛이 들쭉날쭉하다는 의미이고, 짧으면 대부분 비슷한 맛을 낸다는 의미입니다.

  ▸ 상자 안의 선: 중앙값(Median). 모든 요리를 짠맛 순으로 줄 세웠을 때 정확히 가운데 있는 요리의 짠맛 점수. (평균이 아님!) 그룹의 대표적인 맛의 경향을 나타냅니다.

  ▸ 상자 위아래 선(수염, Whisker): 극단적인 맛을 제외한 일반적인 맛의 상한선과 하한선. 대부분의 요리가 이 범위 안의 맛을 가집니다.

  ▸ 점(이상치, Outlier): 다른 요리들과 동떨어진, 유독 짜거나 싱거운 특별한 케이스. 레시피를 잘못 따랐거나, 특별한 의도를 가진 요리일 수 있습니다.

2. 바플롯(Barplot): '맛의 평균'만 간단히 비교하기

각 그룹의 '평균값'만 간단하게 비교하고 싶을 때 사용합니다. 메뉴판에 별점 평균을 표시하는 것과 같습니다.

```
sns.barplot(x='main_ingredient', y='saltiness', data=df)
plt.title('Average Saltiness by Main Ingredient')
plt.show()
```

박스플롯과의 차이점: 바플롯의 막대 높이는 각 그룹의 '평균(Mean)'을, 박스플롯 상자 안의 선은 '중앙값(Median)'을 나타냅니다. 예를 들어, 짠맛 점수가 [10, 11, 12, 13, 100]인 다섯 가지 요리가 있다면, 중앙값은 12로 안정적이지만 평균은 29.2로 치솟습니다. 바플롯은 이 왜곡된 평균을 보여주지만, 박스플롯은 100을 이상치로 분리하고 안정적인 중앙값을 보여줍니다. 이 차이를 이해하는 것이 중요합니다.

3. 바이올린플롯(Violinplot): '맛의 전체 스펙트럼' 자세히 보기

박스플롯의 정보에 더해, 데이터가 어떤 맛 점수대에 많이 몰려있는지(분포의 밀도)까지 보여주는 '업그레이드 버전'입니다.

```
sns.violinplot(x='main_ingredient', y='saltiness', data=df)
plt.title('Full Saltiness Spectrum by Main Ingredient')
plt.show()
```

바이올린의 '뚱뚱한 부분'은 해당 맛 점수를 가진 요리가 많다는 의미이고, '홀쭉한 부분'은 적다는 의미입니다. 만약 바이올린 허리가 잘록하다면, 어중간한 맛보다는 아예 싱겁거나 짠 맛으로 나뉘는 경향이 있다는 뜻입니다.

▶ 이렇게 출제됩니다

[예상 문제]

- 아래는 engine_type에 따른 price_krw를 나타낸 박스플롯이다. 그래프에 대한 해석으로 올바른 것을 고르시오.

  ① 가솔린(gasoline) 차량의 평균 가격이 가장 높다.
  ② 하이브리드(hybrid) 차량은 가격의 편차가 가장 작다.
  ③ 디젤(diesel) 차량의 가격 중앙값이 가솔린 차량보다 높다.
  ④ 모든 그룹에 이상치(outlier)가 존재한다.

[정답]

- ③번

[해설]

- ① 박스플롯은 평균이 아닌 중앙값을 보여주므로 알 수 없습니다.
- ② 편차(상자 길이)는 하이브리드가 가장 길어 보입니다.
- ③ 디젤의 상자 안 선이 가솔린보다 높은 곳에 위치하므로 옳은 설명입니다.
- ④ 이상치(점)가 없는 그룹도 있습니다.

▶ 파생 유형: 더 깊은 맛의 비밀 파헤치기

1. 조리법에 따른 맛의 차이까지 한 번에 보기: hue 옵션

하나의 그래프에서 더 많은 정보를 비교하고 싶을 때 hue 옵션을 사용합니다. 이를 통해 변수 간의 '상호작용'을 확인할 수 있습니다.

```
# 주재료별 짠맛을 비교하는데, '조리법(cooking_method)'(구이/찜)으로 색상을 나누어 함께 보고 싶을 때
sns.boxplot(x='main_ingredient', y='saltiness', hue='cooking_method', data=df)
```

- ▸ hue: x축, y축 변수 외에 제3의 범주형 변수를 기준으로 색상을 나누어 시각화하는 강력한 옵션입니다. "소고기는 구웠을 때 더 짜지만, 닭고기는 쪘을 때 더 짜다"와 같이, 주재료에 따라 조리법의 효과가 달라지는지를 한눈에 파악할 수 있게 해줍니다.

2. 오늘 들어온 재료 개수 세기: countplot

각 그룹에 데이터가 몇 개나 있는지, 그 '개수' 자체를 보고 싶을 때 사용합니다. 분석의 신뢰도를 확인하는 과정입니다.

```
# 오늘 들어온 재료 중 소고기, 닭고기, 돼지고기가 각각 몇 개인지 확인
sns.countplot(x='main_ingredient', data=df)
```

countplot은 y축 변수가 필요 없습니다. x축에 지정된 범주의 개수를 자동으로 세어 막대그래프로 그려줍니다. 만약 특정 재료가 너무 적다면, 그 재료에 대한 분석 결과는 신뢰하기 어려울 수 있습니다.

3. 조건별로 그래프 나누어 보기: FacetGrid(col/row 옵션)

한 화면에서 비교하기 어려운 경우, 조건별로 여러 개의 그래프(subplot) 로 나눌 수 있습니다.

▸ 예 : cooking_method(구이/찜)별로 그래프를 따로 분리해서 주재료와 짠맛의 관계를 살펴보기.

```python
# seaborn의 catplot 활용: 여러 조건별로 subplot 자동 생성
g = sns.catplot(
    x='main_ingredient',    # x축: 주재료
    y='saltiness',          # y축: 짠맛 점수
    col='cooking_method',   # cooking_method별로 그래프 분할
    kind='box',             # 박스플롯 형태로 시각화
    data=df,
    height=5, aspect=1      # subplot 크기 및 비율
)

# 전체 제목 추가
g.fig.suptitle("Saltiness by Ingredient (Split by Cooking Method)")
plt.show()
```

col 또는 row 옵션을 사용하면 데이터 조건에 따라 여러 그래프를 동시에 출력 가능
시험 응용 : "구이와 찜을 분리해 보았을 때, 어느 조리법에서 분산이 더 큰가?"

4. 평균 + 불확실성 범위 함께 보기: Barplot + Error bar

barplot은 기본적으로 평균값만 보여줍니다. 여기에 신뢰구간(Confidence Interval, CI)이 함께 표시되어 그룹별 평균 비교의 신뢰도를 판단할 수 있습니다.

▸ 에러바(error bar)는 "평균값의 불확실성"을 나타냄
▸ 95% 신뢰구간이 겹친다면 두 그룹 평균 차이가 크다고 단정하기 어려움

```python
plt.figure(figsize=(8,6))

# errorbar=('ci', 95): 95% 신뢰구간 표시
sns.barplot(
    x='main_ingredient',
    y='saltiness',
    data=df,
    errorbar=('ci', 95)
)

plt.title("Mean Saltiness with 95% Confidence Interval")
```

```
plt.show()
```

5. 전체 분포 모양 비교하기: Violinplot + Hue

박스플롯은 요약 통계(중앙값, 사분위수)를 보여주지만,

Violinplot은 데이터가 어느 점수대에 몰려 있는지(밀도) 까지 보여줍니다.

▸ Violinplot은 밀도 곡선으로 "어떤 점수대에 데이터가 몰렸는지" 확인 가능

▸ 시험 응용: "닭고기의 경우 구이와 찜 중 어느 쪽이 더 높은 짠맛 점수에 많이 몰려 있는가?"

```
plt.figure(figsize=(10,6))

sns.violinplot(
    x='main_ingredient',
    y='saltiness',
    hue='cooking_method',      # 조리법별 색상 구분
    data=df,
    split=True                 # 같은 x축 안에서 두 분포를 좌우로 나눠 표현
)

plt.title("Saltiness Distribution by Ingredient and Cooking Method")
plt.show()
```

6. 평균과 분포를 동시에: swarmplot / stripplot

그룹별 데이터 개수를 직접 점으로 찍어 보여주는 보조 그래프.

boxplot/violinplot 위에 겹쳐 쓰면 데이터 분포를 더 직관적으로 볼 수 있습니다.

▸ stripplot/swarmpot은 개별 데이터의 실제 분포를 확인할 수 있음

▸ 데이터 개수 적은 그룹을 눈으로 바로 확인 가능

```
plt.figure(figsize=(10,6))

# 박스플롯 위에 데이터 점을 겹쳐서 표시
sns.boxplot(x='main_ingredient', y='saltiness', data=df)
sns.stripplot(
    x='main_ingredient',
    y='saltiness',
    data=df,
    color='black',       # 점 색상
    alpha=0.5            # 투명도 (겹쳐도 보기 좋게)
)

plt.title("Saltiness Distribution with Data Points")
plt.show()
```

PART 2

AICE Associate 대비 핵심 이론 및 필수 문법 마스터

▶ 꿀팁 & 주의사항

- 평균의 함정: 이상치(outlier)가 있는 데이터의 경우, barplot이 보여주는 평균값은 실제 데이터 분포를 왜곡할 수 있습니다. 데이터의 전체적인 분포와 안정적인 대표값을 보려면 boxplot을 사용하는 것이 훨씬 더 안전하고 정확한 분석 방법입니다.

- 주관식 대비: "A 그룹과 B 그룹 중 어느 그룹의 맛이 더 균일한가?"라고 묻는다면, 박스플롯의 '상자(box)의 세로 길이'를 비교하면 됩니다. 상자가 짧을수록 데이터가 중앙값 근처에 모여있다는 뜻이며, 이는 맛의 편차가 작고 균일하다는 의미입니다.

▶ **Point: 재료들을 그룹으로 묶어 '요리 전체의 정보' 계산하기**

하나의 요리는 여러 재료로 구성됩니다. 우리는 각 재료의 칼로리, 단백질 함량을 알지만, 정말 궁금한 것은 '이 요리 한 접시'의 총 칼로리와 평균 단백질 함량입니다. 데이터 분석에서의 '데이터 집계(Aggregation)'는 바로 이 과정과 같습니다. 흩어져 있는 개별 재료(데이터 행)들을 특정 기준(예: 채소 그룹, 고기 그룹)으로 묶은 뒤, 각 그룹의 특징을 나타내는 '대표값(통계치)'을 계산하는, 데이터 분석의 꽃과 같은 기능입니다. 이 집계 과정을 통해 우리는 개별 데이터의 숲에서 길을 잃지 않고, 의미 있는 패턴이라는 나무를 발견할 수 있습니다.

pandas에서는 이 과정을 "Split-Apply-Combine"(쪼개고-적용하고-합치기)라는 3단계 전략으로 수행합니다.

- Split(분할): 손질대 위의 모든 재료를 '채소', '고기', '소스' 그룹으로 나눕니다.
- Apply(적용): 각 그룹별로 '평균 칼로리', '총 단백질' 등을 계산합니다.
- Combine(결합): 계산된 결과를 다시 하나의 깔끔한 '영양 정보표'로 합칩니다.

이 과정을 통해 "어떤 부서의 평균 연봉이 가장 높은가?" 또는 "상품 카테고리별 총 판매량은?"과 같은 구체적이고 핵심적인 질문에 직접적인 답을 얻을 수 있습니다.

▶ **필수 코드(데이터 집계의 황금률)**

가. 핵심 패턴! groupby('기준')['대상'].계산()

- 이 코드 패턴은 엑셀의 피벗 테이블 기능을 코드로 구현한 것으로, 반드시 소리 내어 읽고 암기해야 합니다.

```
# df 손질대에서 'department'(부서) 칼럼을 기준으로 그룹을 나누고(groupby),
# 각 부서 그룹의 'salary'(연봉) 칼럼을 선택해서,
# 평균(mean)을 계산해줘.
df.groupby('department')['salary'].mean()
```

df.groupby('그룹화할 기준 컬럼'): 데이터를 쪼개는(Split) 단계입니다. 이 코드 자체만 실행하면 특별한 결과 없이 "...DataFrameGroupBy object..."라는 객체 정보만 보입니다. 이는 '재료 더미'들이 그룹별로 잘 나뉘어 계산을 기다리는 상태라고 생각하면 됩니다.

- ['계산할 대상 컬럼']: 통계 함수를 적용할(Apply) 대상을 지정합니다. 이 부분을 생략하고 바로 .mean()을 붙이면, pandas는 똑똑하게도 계산 가능한 모든 숫자형 컬럼에 대해 평균을 계산해줍니다.

- 계산방식(): 실제로 계산을 수행하고 결과를 합쳐(Combine) 보여주는 단계입니다.

나. 자주 사용되는 집계 함수(Apply 단계)

함수	설명	요리 비유 (질문에 대한 답)
.mean()	평균	각 그룹의 평균 칼로리는 얼마인가?
.sum()	합계	각 그룹의 총 단백질 함량은 얼마인가?
.count()	개수 (결측치는 세지 않음)	상하지 않은(유효한) 재료는 그룹별로 몇 개인가?
.size()	그룹의 전체 크기 (결측치 포함)	그룹별로 원래 재료 칸은 총 몇 개였나?
.median()	중앙값	칼로리가 유독 높은 재료를 빼고 봤을 때, 대표적인 칼로리는?
.min() / .max()	최솟값 / 최댓값	그룹 내 가장 칼로리가 낮은/높은 재료는 무엇인가?
.nunique()	고유한 값의 개수	각 그룹별로 사용된 재료의 가짓수는 총 몇 종류인가?

▶ **이렇게 출제됩니다**

[예상 문제]

• emp_df 데이터프레임에서 department 별 performance_score의 평균을 계산하는 코드를 작성하시오

```
[정답]
emp_df.groupby('department')['performance_score'].mean()
```

[해설]

• 문제에서 'department 별' 이라는 표현이 나오면 groupby('department')를, 'performance_score의 평균' 이라는 표현이 나오면 ['performance_score'].mean()을 떠올리면 됩니다.

▶ **파생 유형: 더 복잡한 레시피를 위한 고급 집계 기술**

1. 여러 기준으로 그룹화하기(더 상세한 그룹)

'부서' 뿐만 아니라 '부서'와 '직급'을 함께 기준으로 삼아 더 세분화된 그룹을 만들 수 있습니다. 이는 마치 '채소' 그룹을 '뿌리채소'와 '잎채소'로 다시 나누는 것과 같습니다.

```
# '부서(department)'와 '직급(position)' 두 가지 기준으로 그룹화
# 각 그룹의 '연봉(salary)' 평균 계산
df.groupby(['department', 'position'])['salary'].mean()
```

2. 여러 통계치를 한 번에 계산하기: .agg()

각 그룹에 대해 여러 통계치를 한 번에 보고 싶을 때 .agg() (aggregate) 함수를 사용합니다. 나만의 맞춤형 '영양 정보표'를 만드는 강력한 기능입니다.

```python
# '부서'별로 '연봉'의 평균과 총합, 개수를 한 번에 보고 싶을 때
df.groupby('department')['salary'].agg(['mean', 'sum', 'count'])

# 여러 컬럼에 대해 각각 다른 통계치를 계산하고 싶을 때
df.groupby('department').agg(
    avg_salary=('salary', 'mean'),           # salary 컬럼은 평균 계산
    total_projects=('projects', 'sum')       # projects 컬럼은 합계 계산
)
```

3. 주관식 문제 대비: 최고의 그룹 찾기

"평균 연봉이 가장 높은 부서는 어디인가?"와 같은 질문에 답할 때 사용합니다. 이 함수들은 '최고의 값'이 아니라 '최고의 값을 가진 그룹의 이름'을 반환하므로 주관식 문제에 안성맞춤입니다.

```python
# 1. 부서별 평균 연봉을 계산하여 새로운 변수에 저장
avg_salary_by_dept = df.groupby('department')['salary'].mean()

# 2. 평균 연봉(값)이 가장 높은 부서의 이름(인덱스)을 찾는다.
highest_dept = avg_salary_by_dept.idxmax()

# 3. 평균 연봉(값)이 가장 낮은 부서의 이름(인덱스)을 찾는다.
lowest_dept = avg_salary_by_dept.idxmin()
```

▶ 꿀팁 & 주의사항

- groupby 결과 다루기: groupby를 실행하면 그룹화의 기준이 된 컬럼('department')이 결과 테이블의 '인덱스(행 이름)'로 설정됩니다. 이는 표를 깔끔하게 보여주지만, 이후에 이 'department' 컬럼을 다른 분석이나 시각화에 사용하기 불편할 수 있습니다. 계산 결과 뒤에 .reset_index()를 붙여주면 인덱스를 일반 컬럼으로 되돌려주어 다루기 편한 '평평한' 데이터프레임으로 만들 수 있습니다.

- count() vs size(): count()는 그룹 내에서 결측치(NaN), 즉 '상한 재료'를 제외하고 개수를 세는 반면, size()는 결측치까지 포함하여 그룹의 전체 크기, 즉 '원래 있던 재료 칸의 수'를 반환합니다. 데이터의 결측치 유무에 따라 결과가 달라질 수 있으므로 차이를 알아두는 것이 좋습니다.

유형 **06** 데이터 정제(Data Cleaning)

▶ Point : 상한 재료나 불순물 제거하기

최고의 셰프라도 재료 손질을 게을리하면 좋은 요리를 만들 수 없습니다. 흙 묻은 채소를 그냥 쓰거나, 상한 부분을 도려내지 않으면 요리 전체의 맛과 향을 망치게 됩니다. 데이터 분석에서의 '데이터 정제(Data Cleaning)'는 바로 이 과정입니다. 모델이 잘 학습하고 정확한 예측을 하려면, 모델이 '소화'하기 좋은 깔끔한 형태로 데이터를 손질해주는 과정이 필수적입니다. 이 과정을 건너뛰면, 모델은 데이터의 진짜 패턴이 아닌 '불순물'까지 학습하게 되어 잘못된 예측을 내놓게 됩니다.

"Garbage in, Garbage out"(쓰레기를 넣으면 쓰레기가 나온다)이라는 유명한 말이 있습니다. 아무리 좋은 모델(레시피)을 사용하더라도, 지저분한 데이터(재료)를 넣으면 엉터리 결과(요리)가 나올 수밖에 없습니다.

주요 손질 작업:

- 불필요한 재료 제거: 요리의 맛과 관련 없는 재료(고객 ID, 이름 등)는 과감히 빼서 분석의 초점을 명확히 합니다.

- 재료 다듬기: '1,500원' → 1500 처럼 불필요한 글자나 기호를 제거하여 순수한 숫자 데이터만 남깁니다.

- 재료 형태 변환: 문자열(object)을 숫자(int, float)로 변환하여 모델이 수학적 계산을 할 수 있게 만듭니다.

▶ 필수 코드 (데이터 손질의 3단계)

1단계: (안전장치) 재료 복사해두기: .copy()

요리 초보가 재료를 잘못 손질할까 봐 여분을 준비해두는 것처럼, 원본 데이터를 복사해서 작업하는 것은 매우 안전하고 좋은 습관입니다. 원본을 보존하면, 언제든 실수 이전으로 되돌아갈 수 있습니다.

```
# 원본 데이터프레임(df)을 직접 수정하면 실수를 되돌리기 어렵다.
# 전처리용 복사본(df_clean)을 만들어 작업하는 것이 안전하다.
df_clean = df.copy()
```

2단계: 불필요한 재료(컬럼) 제거하기: .drop()

레시피에 필요 없는 재료는 과감히 제거하여 손질대를 깔끔하게 만듭니다.

```
# df_clean에서 'customer_id'와 'name' 컬럼을 삭제한다.
# axis=1: '컬럼'을 삭제하겠다는 의미 (axis=0은 '행'을 의미)
# inplace=True: 복사본을 만들지 않고, 원본(df_clean)에 바로 변경사항을 적용
df_clean.drop(['customer_id', 'name'], axis=1, inplace=True)
```

3단계: 재료 다듬고 형태 바꾸기(문자열 → 숫자)

'1,500원' 처럼 글자가 섞인 데이터는 모델이 계산할 수 없습니다. 아래 2단계를 거쳐 순수한 숫자로 바꿔줘야 합니다.

```
# 3-1. 글자/기호 제거: .str.replace()
# 'price' 컬럼의 값들에서 쉼표(,)와 '원'을 빈 문자열('')로 바꾸기
# 예: '1,500원' -& '1500' (아직은 글자 '1500' 상태)
# .str.replace()를 연달아 쓰는 것을 '메서드 체이닝(method chaining)'이라고 합니다.
df_clean['price'] = df_clean['price'].str.replace(',', '').str.replace('원', '')

# 3-2. 데이터 타입 변경: .astype()
# 글자 '1500'을 진짜 숫자 1500으로 최종 변환
df_clean['price'] = df_clean['price'].astype(int)
```

.str 접근자는 해당 컬럼의 각 값에 대해 문자열 관련 함수를 적용하겠다는 '스위치'와 같습니다. 이 스위치를 켜야만 문자열을 자르거나 바꿀 수 있습니다.

.astype(int)를 실행하기 전에, 해당 컬럼에 숫자 외의 문자(쉼표, '원' 등)가 하나라도 남아있으면 ValueError가 발생합니다. 반드시 깨끗하게 정리한 후에 타입을 변경해야 합니다.

▶ 이렇게 출제됩니다

[예상 문제]

- car_df 데이터프레임의 price 컬럼은 1,500과 같이 쉼표가 포함된 문자열입니다. 이 컬럼에서 쉼표를 제거하고, 데이터 타입을 정수(int)로 변환하는 코드를 작성하시오.

```
[정답]
car_df['price'] = car_df['price'].str.replace(',', '')
car_df['price'] = car_df['price'].astype(int)
```

▶ 파생 유형: 더 섬세한 재료 손질 기술

1. 특정 기준으로 재료 자르기: .str.split()

'2023-01-01' 같은 날짜에서 '년도'만 잘라내 새로운 재료로 만들고 싶을 때 사용합니다. 이는 요리의 풍미를 더할 새로운 특징(Feature)을 만드는 과정입니다.

```
# 'date' 컬럼을 '-' 기준으로 자르기 -& ['2023', '01', '01'] 라는 조각 리스트가 생긴다.
# .str[0]을 붙이면 잘라진 조각 중 첫 번째('2023')만 선택하여 'year'라는 새 컬럼에 저장한다.
df_clean['year'] = df_clean['date'].str.split('-').str[0]
```

2. 정해진 레시피로 재료 바꾸기: .map() or .replace()

'남'/'여' 나 '상'/'중'/'하' 같은 문자열 데이터를 모델이 이해할 수 있는 숫자로 바꿔줍니다.

```
# '상'은 2, '중'은 1, '하'는 0으로 변환 (순서가 있는 경우)
df_clean['skill_level'] = df_clean['skill_level'].map({'상': 2, '중': 1, '하': 0})

# 'Male'은 1로, 'Female'은 0으로 바꾸기 (순서가 없는 경우)
df_clean['gender'] = df_clean['gender'].replace({'Male': 1, 'Female': 0})
```

.map() vs .replace() 차이점: map은 딕셔너리에 지정된 값 외에는 모두 NaN(결측치)으로 바꿔버립니다. replace는 지정된 값만 바꾸고 나머지는 그대로 둡니다. 정해진 카테고리 외에는 모두 오류로 처리하고 싶을 때 map이 유용할 수 있습니다.

3. 날짜 데이터 다루기: .dt 접근자

'문자열 상태의 날짜를 datetime으로 변환 후, 연도·월·일 등 세부 값 추출 가능

▸ str.split()으로 문자열 자르기보다, dt 속성을 쓰면 깔끔하게 날짜 파생 컬럼 생성 가능
▸ 자주 출제: "date에서 연도만 추출하여 year 컬럼 생성"

```
# 1) 날짜 문자열을 datetime 형식으로 변환
df_clean['date'] = pd.to_datetime(df_clean['date'])

# 2) 연도, 월, 일 각각 새로운 컬럼으로 추출
df_clean['year'] = df_clean['date'].dt.year       # 2023
df_clean['month'] = df_clean['date'].dt.month     # 1
df_clean['day'] = df_clean['date'].dt.day         # 15
```

4. 문자열 전처리 응용: .str.lower(), .str.strip()

대소문자/공백 문제는 시험 단골입니다.

▸ 텍스트 데이터 정제: strip, lower, contains
▸ "VIP 고객 여부를 True/False로 표시하시오." 같은 문제 출제 가능

```
# 1) 모두 소문자로 변환
df_clean['name'] = df_clean['name'].str.lower()

# 2) 양쪽 공백 제거
df_clean['name'] = df_clean['name'].str.strip()

# 3) 특정 단어 포함 여부(불리언 값)
df_clean['has_vip'] = df_clean['name'].str.contains('vip')
```

5. 여러 컬럼 합치기: .str.cat() / pd.concat()

이름 + 성, 주소 합치기, 혹은 수치형 합산 후 새로운 특성 만들기.

‣ concat은 axis=0/1 방향 지정 중요
‣ "df1, df2를 행 기준으로 합쳐라" → axis=0
‣ "옆으로 붙여라" → axis=1

```
# 1) 문자열 컬럼 합치기 (이름 + 성)
df_clean['full_name'] = df_clean['first_name'].str.cat(df_clean['last_name'], sep=' ')

# 2) 여러 데이터프레임 합치기 (행 기준/열 기준)
df_all = pd.concat([df1, df2], axis=0)  # 행 이어붙이기
df_merge = pd.concat([df1, df2], axis=1)  # 열 옆으로 붙이기
```

6. 숫자 데이터 스케일링 / 변환(여러 가지 방법)

데이터의 범위나 단위가 제각각이면 머신러닝 모델 성능이 떨어질 수 있습니다. 그래서 스케일링으로 데이터를 일정한 기준에 맞춰줍니다.

‣ MinMaxScaler: 값들을 0~1 범위로 압축 (극단값에 민감)
‣ StandardScaler: 평균=0, 표준편차=1 (정규분포 가정)
‣ RobustScaler: 중앙값과 IQR을 이용해 변환 (이상치에 강함)
‣ 출제 예시: "이상치에 영향을 덜 받는 스케일링 방법은 무엇인가?" → RobustScaler

```
from sklearn.preprocessing import MinMaxScaler, StandardScaler, RobustScaler

# 1) Min-Max 스케일링 (0~1 범위)
scaler = MinMaxScaler()
df_clean[['Height_minmax', 'Weight_minmax']] = scaler.fit_transform(df_clean[['Height','Weight']])

# 2) 표준화(StandardScaler, 평균=0, 표준편차=1)
scaler = StandardScaler()
df_clean[['Height_std', 'Weight_std']] = scaler.fit_transform(df_clean[['Height','Weight']])

# 3) RobustScaler (중앙값=0, IQR(사분위 범위)=1)
# → 이상치(극단값)에 덜 민감함
scaler = RobustScaler()
df_clean[['Height_robust', 'Weight_robust']] = scaler.fit_transform(df_clean[['Height','Weight']])
```

▶ 꿀팁 & 주의사항

어디를 손질해야 할지 찾는 법: df.info()를 실행했을 때, 분명 숫자여야 할 컬럼이 object(문자열) 타입으로 나온다면, 그 컬럼에 숫자 외의 무언가가 섞여있다는 강력한 신호입니다. df.head()로 실제 값을 확인하고, df['컬럼명'].unique()를 실행하여 어떤 종류의 값들이 들어있는지 목록을 확인하면 원인을 쉽게 찾을 수 있습니다.

• 순서가 중요!: 문자열을 숫자로 바꿀 때는 ① 글자/기호 제거 → ② .astype() 타입 변경 순서를 반드시 지켜야 합니다. 순서가 바뀌면 컴퓨터는 "글자를 어떻게 숫자로 바꾸라는 거죠?"라며 에러를 발생시킵니다.

• 재확인은 필수: 데이터 정제 후에는 항상 df_clean.info() 와 df_clean.head() 로 내가 의도한 대로 타입이 잘 바뀌었는지, 값이 올바르게 수정되었는지 반드시 재확인하는 습관을 가지세요. 셰프가 요리를 내놓기 전에 맛을 보는 것과 같은 중요한 과정입니다.

Point: 레시피에 빠진 재료 대처하기

요리를 하다 보면 레시피에 적힌 재료가 빠졌거나, 양이 기록되지 않은 경우를 마주하게 됩니다. 이때 셰프의 역량이 드러납니다. 무시하고 요리를 강행할 것인가, 비슷한 다른 재료로 대체할 것인가, 아니면 그 재료가 들어간 메뉴는 포기할 것인가. 데이터 분석에서의 결측치(Missing Value) 처리는 바로 이 과정입니다. 데이터의 '빈칸' 즉, 'NaN (Not a Number)'을 어떻게 처리하느냐에 따라 분석 결과의 신뢰도가 크게 달라집니다.

결측치가 왜 문제일까?(더 깊은 이해)

* 계산 불가 & 에러 유발: 대부분의 머신러닝 모델은 내부적으로 덧셈, 곱셈 등 수많은 수학적 계산을 수행합니다. NaN은 숫자가 아니므로, 3 + NaN 과 같은 연산은 불가능합니다. 결국 모델은 "계산을 할 수 없습니다!"라며 에러를 발생시키고 멈추게 됩니다.

* 분석 결과 왜곡: 예를 들어, 10명 중 1명의 나이가 NaN일 때, 이 사람을 제외하고 평균 나이를 계산하면 전체 그룹의 특징을 제대로 반영하지 못할 수 있습니다. 만약 빠진 사람이 고령층이라면, 계산된 평균 나이는 실제보다 훨씬 어리게 왜곡될 것입니다. 이는 결국 "우리 고객은 대부분 젊은 층이다"라는 잘못된 비즈니스 판단으로 이어질 수 있습니다.

따라서 모델링 전에 데이터의 '빈칸'을 적절히 처리하는 것은 요리의 맛을 결정하는 것만큼이나 중요한 필수 과정입니다.

필수 코드(결측치 처리의 2단계)

1단계: 빠진 재료 확인하기: .isnull().sum()

본격적인 처리에 앞서, 어떤 재료가 얼마나 빠졌는지 정확히 파악해야 합니다. 이는 마치 요리 시작 전, 재료 목록을 보며 빠진 것이 없는지 체크하는 것과 같습니다.

```
# df 손질대 위 재료들의 '결측치(isnull)' 개수를 '합산(sum)'하여 확인한다.
df.isnull().sum()
```

isnull(): 데이터프레임의 각 칸이 비어있는지(NaN인지) 여부를 True/False로 된 표로 반환합니다.

.sum(): True를 1, False를 0으로 간주하여 각 컬럼별로 True(결측치)의 개수를 합산해줍니다. 이 결과를 보고 어떤 컬럼에 결측치가 많은지 한눈에 파악할 수 있습니다. 여기서 더 나아가, df.isnull().mean()을 사용하면 결측치의 '비율'을 확인할 수 있어, "이 컬럼은 데이터의 30%가 비어있네, 심각하군"과 같이 문제의 심각성을 더 직관적으로 파악할 수 있습니다.

2단계: 빠진 재료 채우거나 버리기

- 방법 A: 다른 재료로 대체하기(Imputation): .fillna()

- 가장 일반적인 방법으로, 결측치를 가장 '그럴듯한' 값으로 채워 넣어 데이터 손실을 최소화합니다. 빠진 소금 대신 가장 보편적인 농도의 소금물을 만들어 넣는 것과 같습니다.

```
# [전략 1] 평균값으로 채우기: 'age' 컬럼의 빈칸을 전체 'age'의 평균값으로 채운다.
age_mean = df['age'].mean()
df['age'].fillna(age_mean, inplace=True)

# [전략 2] 중앙값으로 채우기: 'salary' 컬럼의 빈칸을 전체 'salary'의 중앙값으로 채운다.
salary_median = df['salary'].median()
df['salary'].fillna(salary_median, inplace=True)

# [전략 3] 최빈값으로 채우기: 'city' 컬럼(문자열)의 빈칸을 가장 자주 나온 도시 이름으로 채운다.
city_mode = df['city'].mode()[0]   # .mode()는 여러 개일 수 있어 [0]으로 첫 번째 선택
df['city'].fillna(city_mode, inplace=True)
```

평균 vs 중앙값, 무엇을 쓸까?(심화)

- 평균(Mean): 데이터가 종 모양(정규분포)처럼 대칭적으로 분포할 때 좋은 대표값입니다.

- 중앙값(Median): 소득처럼 데이터가 한쪽으로 쏠려있거나, 유독 크거나 작은 값(이상치)이 있을 때 사용합니다. 이상치의 영향을 덜 받아 더 안정적인 값을 제공합니다. (대부분의 경우 더 안전한 선택)

- 최빈값(Mode): 성별, 도시명 등 '문자열 데이터(범주형)'의 결측치를 채울 때 사용합니다. 숫자 계산이 불가능하므로, 가장 많이 등장한 값으로 채우는 것이 가장 합리적인 추정입니다.

방법 B: 해당 재료가 들어간 요리 포기하기(Removal): .dropna()

결측치가 있는 행 전체를 삭제하는 방법. 데이터 손실이 크므로 신중하게 사용해야 합니다. 재료 하나가 빠졌다고 요리 전체를 버리는 것과 같아서, 최후의 수단으로 고려해야 합니다.

```
# 결측치가 하나라도 있는 '행'을 모두 삭제
df_dropped = df.dropna()

# 'age' 컬럼에 결측치가 있는 행만 특정해서 삭제
df_dropped_subset = df.dropna(subset=['age'])
```

- 언제 사용할까? 결측치의 비율이 매우 낮거나(예: 전체 데이터의 1% 미만), 혹은 특정 행의 대부분의 정보가 비어있어 분석 가치가 없다고 판단될 때 제한적으로 사용합니다. 함부로 사용하면 특정 그룹의 데이터가 통째로 사라져 모델이 편향될 위험이 있습니다.

▶ 이렇게 출제됩니다

[예상 문제]

emp_df 데이터프레임의 performance_score 컬럼에 있는 결측치를 해당 컬럼의 중앙값(median)으로 채우는 코드를 작성하시오. (단, 변경사항을 즉시 원본에 적용하시오)

```
[정답]
median_score = emp_df['performance_score'].median()
emp_df['performance_score'].fillna(median_score, inplace=True)
```

▶ 파생 유형: 더 섬세한 결측치 대처법

1. 특정 값으로 채우기

때로는 통계값이 아닌, 의미를 가진 특정 값으로 채우는 것이 더 합리적일 수 있습니다. 이는 셰프의 '직관'과 '지식'이 필요한 부분입니다.

```
# '자녀 수' 컬럼의 빈칸은 '자녀 없음'을 의미할 가능성이 높으므로 0으로 채운다.
df['num_children'].fillna(0, inplace=True)

# '할인 종류' 컬럼의 빈칸은 '할인 없음'을 의미할 수 있으므로 'No_Discount'라는 문자로 채운다.
# 이렇게 하면 '할인 없음'이라는 새로운 그룹으로 분석할 수 있게 됩니다.
df['discount_type'].fillna('No_Discount', inplace=True)
```

2. 그룹별 통계값으로 채우기(고급 기술)

더 정교하게는, 전체 평균이 아닌 '해당 그룹'의 평균으로 채울 수도 있습니다. 예를 들어, '과장' 직급의 연봉 결측치는 전체 평균 연봉이 아닌, '과장들의 평균 연봉'으로 채우는 것이 훨씬 더 정확하고 합리적인 추정입니다.

```
# '직급(position)'별 '연봉(salary)' 평균을 계산하여, 각 직급 그룹의 결측치를 해당 그룹의 평균으로 채운다.
df['salary'] = df.groupby('position')['salary'].transform(lambda x: x.fillna(x.mean()))
```

transform과 lambda를 사용하는 이 방법은 AICE Associate 수준을 약간 넘을 수 있지만, "전체 평균보다 그룹별 평균으로 대체하는 것이 더 정확할 수 있다"는 개념 자체를 이해하는 것이 중요합니다.

3. 여러 컬럼의 결측치를 한 번에 처리하기

컬럼마다 결측치 처리 방법이 다른 경우, for문이나 딕셔너리 매핑을 활용합니다.

  ▸ 여러 열 처리 시 for문 사용법
  ▸ inplace=True 여부 확인 문제 자주 출제

```
# 1) 여러 수치형 컬럼을 평균으로 채우기 (for문)
num_cols = ['Age', 'Height', 'Weight']
for col in num_cols:
    df[col].fillna(df[col].mean(), inplace=True)

# 2) 여러 범주형 컬럼을 'Unknown'으로 채우기 (for문)
cat_cols = ['gender', 'city']
for col in cat_cols:
    df[col].fillna('Unknown', inplace=True)
```

4. 모든 수치형 컬럼에 한 번에 평균 대체

df.mean()을 그대로 넣으면, 수치형 컬럼 전체를 한 번에 처리할 수 있습니다

▸ df.mean()은 수치형 컬럼만 평균 계산

▸ 시험 응용: "모든 수치형 컬럼의 NaN을 평균으로 채우시오"

```
# 모든 숫자형 컬럼의 결측치를 해당 컬럼 평균으로 채우기
df.fillna(df.mean(), inplace=True)
```

5. 모든 컬럼을 각각 다른 기준으로 채우기(dict 활용)

각 컬럼별로 다르게 채워야 할 때, 딕셔너리 기반 fillna() 사용

▸ fillna({컬럼명: 값}) 문법

▸ 단답형: "여러 컬럼을 한 번에 다른 값으로 채우려면 어떤 문법을 쓰는가?"

```
# 각 컬럼별로 다른 값으로 채우기
df.fillna({
    'num_children': 0,
    'discount_type': 'No_Discount',
    'Age': df['Age'].median()
}, inplace=True)
```

6. 보간법(Interpolation)으로 값 채우기

시간 데이터나 연속형 데이터에서는 중간값을 추정하여 채울 수 있습니다.

▸ interpolate() = 이전/다음 값 기준으로 중간값 채움

▸ 시계열 데이터에서 시험에 종종 등장

```
# 예: 시계열 데이터에서 결측치 선형 보간
df['temperature'] = df['temperature'].interpolate(method='linear')
```

7. KNN을 이용한 결측치 대체(고급)

주변 데이터와 유사한 값을 활용해 채움 (K-최근접 이웃 기반)

- ▸ "단순 평균 대신 패턴을 고려해 채우는 방법은?" → KNN
- ▸ 고급 응용 문제에서 출제 가능

```
from sklearn.impute import KNNImputer

imputer = KNNImputer(n_neighbors=3)
df[['Age','Height','Weight']] = imputer.fit_transform(df[['Age','Height','Weight']])
```

8. 결측치 비율 확인 및 임계값 기준 제거

결측치가 너무 많은 컬럼/행은 통째로 제거하는 경우가 있습니다.

- ▸ "결측치 비율이 50% 이상인 컬럼을 제거하시오"
- ▸ df.isnull().mean() 활용 여부 확인

```
# 각 컬럼별 결측치 비율 계산
missing_ratio = df.isnull().mean()

# 결측치 비율이 50% 이상인 컬럼 제거
df = df.drop(columns=missing_ratio[missing_ratio > 0.5].index)
```

▸ 꿀팁 & 주의사항

결측치 처리 순서: 데이터 정제(유형 6)와 결측치 처리는 보통 함께 이루어집니다. 어떤 것을 먼저 할지 정답은 없지만, 보통 df.info()로 타입을 확인하고, 숫자여야 할 컬럼이 문자로 되어있다면 해당 컬럼의 불순물을 먼저 제거한 뒤, 결측치를 처리하고, 마지막으로 데이터 타입을 변경하는 순서가 논리적일 때가 많습니다.

- inplace=True의 의미: 이 옵션은 df = df.fillna(...)처럼 결과를 다시 변수에 저장하는 과정을 생략하고, 원본 데이터프레임을 바로 수정하라는 강력한 명령어입니다. 코드가 간결해지지만, 원본이 손상될 수 있으니 .copy()로 복사본을 만들어두고 사용하는 것이 안전합니다.

재확인은 필수: 결측치 처리가 끝난 후에는 반드시 df.isnull().sum() 이나 df.info()를 다시 실행하여 모든 빈칸이 성공적으로 처리되었는지 반드시 재확인해야 합니다. 셰프가 요리를 내놓기 전 간을 보는 것처럼, 분석가도 다음 단계로 넘어가기 전 데이터의 상태를 확인하는 것이 필수입니다.

▶ Point: '연습용 레시피'와 '실전 경연용 레시피' 나누기

유명한 요리 경연 대회에 나가는 셰프를 상상해 봅시다. 셰프는 대회 전에 수많은 레시피로 연습을 합니다. 하지만 진짜 실력은, 대회 당일 처음 보는 재료와 주제로 얼마나 훌륭한 요리를 만들어내는가에 달려있습니다. 만약 연습했던 레시피와 똑같은 문제가 나온다면, 그건 실력 검증이 아니라 암기력 테스트일 뿐입니다. 이런 셰프는 레시피 북에 없는 새로운 요리는 절대 만들지 못할 것입니다.

데이터 분석에서 데이터셋 분리는 바로 이 과정입니다. 우리가 가진 전체 레시피 북(전체 데이터)을 '연습용'(훈련 데이터)과 '실전 경연용'(검증 데이터)으로 나누어, 모델이 연습 문제만 달달 외운 것(과적합, Overfitting)이 아니라, 어떤 새로운 문제가 나와도 해결할 수 있는 진짜 '응용력'과 '일반화된 실력'을 갖추었는지 공정하게 평가하기 위한 필수적인 절차입니다.

- Feature(X): 레시피의 '재료' 목록(예: 소고기 200g, 간장 2스푼, 설탕 1스푼...)
- Label(y) / Target: 레시피로 만든 요리의 '최종 평점'(예: 5점 만점에 4.5점)
- 훈련 데이터(Training Set): 재료와 평점이 모두 공개된 '연습용 레시피'. 모델은 이것을 보고 재료와 평점 간의 패턴, 즉 '성공의 공식'을 학습합니다.
- 검증 데이터(Validation Set): 평점은 가려져 있는 '실전 경연용 레시피'. 모델은 오직 재료만 보고 평점을 예측해야 하며, 우리는 이 예측이 실제 평점과 얼마나 일치하는지 채점하여 모델의 진짜 실력을 평가합니다.

▶ 필수 코드(데이터 분리의 2단계)

1단계: '재료(X)'와 '최종 평점(y)' 분리하기

요리를 시작하기 전, 레시피에서 재료 부분과 최종 결과 부분을 명확히 구분해야 합니다.

```
# df 레시피 북에서 'final_score'(최종 평점) 컬럼을 제외한 나머지를 X(재료)로 사용
X = df.drop('final_score', axis=1)

# 'final_score' 컬럼만 선택하여 y(최종 평점)로 사용
y = df['final_score']
```

2단계: 훈련용/검증용으로 나누기: train_test_split()

- scikit-learn 라이브러리의 train_test_split 함수가 레시피 북을 마법처럼 나눠줍니다.
- from sklearn.model_selection import train_test_split

```
# X(재료)와 y(평점)를 훈련용과 검증용으로 분리하여 4개의 변수에 순서대로 저장
# test_size=0.2: 전체 레시피의 20%를 실전 경연용으로 떼어놓는다.(80%는 연습용)
# random_state=42: 나눌 때의 규칙을 고정(매번 공정한 평가를 위해)
# stratify=y: 연습용과 실전용의 '성공/실패 요리' 비율을 동일하게 맞춘다.
X_train, X_valid, y_train, y_valid = train_test_split(X, y,
                                        test_size=0.2,
                                        random_state=42,
                                        stratify=y)
```

X_train, X_valid, y_train, y_valid: 반환되는 4개의 데이터셋을 순서대로 담을 변수들입니다. 이 순서는 정해져 있으므로 바꾸면 안 됩니다.

- ▸ X_train: 연습용 재료 목록
- ▸ y_train: 연습용 재료에 대한 정답 평점
- ▸ X_valid: 실전 경연용 재료 목록
- ▸ y_valid: 실전 경연용 재료에 대한 정답 평점(채점용)
- ▸ test_size: 실전 경연용(검증용) 데이터의 비율을 지정합니다. 0.2는 20%, 0.3은 30%를 의미합니다. 데이터가 충분하다면 보통 20%를, 데이터가 적다면 모델 학습을 위해 10% 정도만 사용하기도 합니다.
- ▸ random_state: 레시피 북을 무작위로 섞을 때 사용되는 '규칙 번호'입니다. 이 번호를 고정하면, 코드를 실행할 때마다 항상 동일한 레시피들이 연습용/실전용으로 나뉘어 결과의 재현성을 보장합니다. 다른 셰프와 레시피를 공유하거나, 어제의 결과를 오늘도 똑같이 확인하고 싶을 때 필수적입니다.
- ▸ stratify=y: (Stratified Sampling, 층화 추출) 분류 문제에서 매우 중요한 옵션입니다. 만약 전체 레시피 100개 중 성공 요리(1)가 10개, 실패 요리(0)가 90개일 때, 무작위로 나누면 운 나쁘게 실전용 레시피에 성공 요리가 하나도 포함되지 않는 '평가 참사'가 발생할 수 있습니다. stratify=y는 원본 레시피 북의 성공/실패 비율(1:9)을 연습용과 실전용 모두에 동일하게 유지시켜 주어, 모델의 실력을 훨씬 더 공정하고 안정적으로 평가할 수 있게 합니다.

▶ 이렇게 출제됩니다

[예상 문제]

- X와 y 데이터셋을 훈련 데이터 70%, 검증 데이터 30%의 비율로 분리하시오.(단, random_state는 100으로 설정하고, 타겟 변수의 분포를 동일하게 유지하시오.)

```
[정답]
X_train, X_valid, y_train, y_valid = train_test_split(X, y,
                                        test_size=0.3,
                                        random_state=100,
                                        stratify=y)
```

▶ 파생 유형: 문제 유형에 따른 분리 전략

1. train_size 옵션 활용하기

대부분 test_size를 사용해 테스트 세트의 비율을 지정하지만, 반대로 train_size를 이용해 훈련 세트의 크기를 직접 지정할 수도 있습니다.

▸ 문제: 전체 데이터(X, y)에서 훈련 세트가 85%를 차지하도록 데이터를 분리하세요. 반드시 train_size 매개변수를 사용해야 합니다.(난수 시드는 123, 분류 문제라고 가정)

```
X_train, X_test, y_train, y_test = train_test_split(X, y, train_size=0.85, random_state=123,
                                                    stratify=y)
```

▸ 핵심: test_size=0.15 와 train_size=0.85는 동일한 분할 비율을 의미합니다. 두 매개변수 중 하나만 명시하면 됩니다. 둘 다 명시할 경우 합이 1.0이 되어야 합니다.

2. 분할 후 데이터 차원(Shape) 계산하기

데이터를 분할한 후, 각 데이터셋의 행과 열 개수(차원)를 확인하는 것은 기본적인 검증 과정입니다.

▸ 문제: 총 1,000개의 행과 20개의 특성(feature) 컬럼을 가진 데이터프레임 df가 있습니다. 이 데이터에서 타겟 변수 y를 분리하고, 나머지 특성 X를 훈련 70%, 테스트 30% 비율로 분할했습니다. 분할된 후의 X_train, X_test, y_train, y_test 각각의 .shape는 어떻게 출력될지 예측하고, 이를 확인하는 코드를 작성하세요.

```
# 예시 데이터 생성 (실제 문제에서는 주어진 df를 사용)
# import pandas as pd
# import numpy as np
# df = pd.DataFrame(np.random.rand(1000, 21), columns=[f'f_{i}' for i in range(20) + ['target'])
# X = df.drop('target', axis=1)
# y = df['target']
# 데이터 분할
X_train, X_test, y_train, y_test = train_test_split(X, y, test_size=0.3, random_state=42)

# 각 데이터셋의 shape 출력
print(f"X_train shape: {X_train.shape}")
print(f"y_train shape: {y_train.shape}")
print(f"X_test shape: {X_test.shape}")
print(f"y_test shape: {y_test.shape}")

#예측 결과:
X_train.shape: (700, 20)   (1000개의 70%는 700개, 특성 20개)
y_train.shape: (700,)      (X_train과 행의 개수가 동일)
X_test.shape: (300, 20)    (1000개의 30%는 300개, 특성 20개)
y_test.shape: (300,)       (X_test과 행의 개수가 동일)
```

3. 훈련 / 검증 / 테스트 세트로 3-Way 분할하기

실전에서는 모델 학습(train), 성능 튜닝(validation), 최종 평가(test)를 위해 데이터를 3개로 분할하는 경우가 많습니다. 이는 train_test_split 함수를 두 번 연달아 사용하여 구현할 수 있습니다.

▸ 문제: 전체 데이터(X, y)를 훈련 60%, 검증 20%, 테스트 20% 비율로 분할하세요. random_state는 42로 동일하게 유지해야 합니다.

▸ 힌트: 먼저 전체 데이터를 훈련+검증 세트(80%)와 테스트 세트(20%)로 나눕니다. 그 다음, 1단계에서 만들어진 훈련+검증 세트를 다시 훈련 세트(75%)와 검증 세트(25%)로 나눕니다. (전체 80% 중 75%는 60%, 25%는 20%에 해당)

```
# 1. 전체 데이터를 (훈련+검증) 세트와 테스트 세트로 분리
X_train_val, X_test, y_train_val, y_test = train_test_split(X, y,
                                                    test_size=0.2,
                                                    random_state=42,
                                                    stratify=y)

# 2. (훈련+검증) 세트를 훈련 세트와 검증 세트로 분리
# 남은 80% 중 20%를 검증용으로 떼어내야 하므로 test_size = 0.25 (0.2 / 0.8 = 0.25)
X_train, X_valid, y_train, y_valid = train_test_split(X_train_val, y_train_val,
                                                    test_size=0.25,
                                                    random_state=42,
                                                    stratify=y_train_val)

# 최종 비율 확인
print(f"훈련 세트 비율: {len(X_train) / len(X):.0%}")
print(f"검증 세트 비율: {len(X_valid) / len(X):.0%}")
print(f"테스트 세트 비율: {len(X_test) / len(X):.0%}")
```

4. 다중 배열 동시 분할하기

train_test_split은 두 개 이상의 배열(특성 데이터)을 동시에, 동일한 인덱스 기준으로 분할할 수 있습니다. 보통 모델을 만들 때 특성(X)과 정답(y)만 나누지만, 실전에서는 특성(X) 데이터 자체가 여러 종류로 나뉘어 있는 경우가 많습니다.

예를 들어, 어떤 사용자가 앱을 삭제할지 예측하는 모델을 만든다고 해봅시다.

데이터 1 (X_numeric): 사용자의 수치 정보. (예: 나이, 앱 사용 시간, 결제 금액)

데이터 2 (X_text): 사용자가 남긴 리뷰 텍스트. (예: "이 앱은 너무 좋아요", "자주 튕기네요")

정답 데이터 (y): 그래서 이 사용자가 앱을 삭제했나 안했나? (예: 삭제함/유지함)

여기서 가장 중요한 점은 1번 사용자의 수치 정보, 1번 사용자의 리뷰, 1번 사용자의 삭제 여부는 항상 한 세트로 같이 다녀야 한다는 것입니다.

만약 데이터를 따로따로 분리하다가 1번 사용자의 수치 정보는 훈련용에 들어가고, 1번 사용자의 리뷰는 테스트용에 들어간다면 데이터가 뒤섞여 엉망이 되겠죠?

▸ 문제: 모델에 입력할 특성 데이터가 수치형 특성(X_numeric)과 텍스트 특성(X_text)으로 나뉘어 있습니다. 이 두 데이터와 타겟 데이터 y를 동일한 기준으로 훈련 75%, 테스트 25%로 분할하는 코드를 작성하세요.(random_state=0)

```
# 분할할 모든 배열을 함수에 순서대로 전달
X_numeric_train, X_numeric_test,
X_text_train, X_text_test,
y_train, y_test = train_test_split(X_numeric, X_text, y,
                                   test_size=0.25,
                                   random_state=0)
```

▸ 위 코드는 train_test_split에게 "여기 X_numeric, X_text, y 3개의 데이터가 있는데, 같은 줄끼리 짝 맞춰서 훈련용과 테스트용으로 나눠줘" 라고 요청하는 것과 같습니다. 결과적으로 X_numeric_train의 첫 번째 줄은 X_text_train과 y_train의 첫 번째 줄과 항상 같은 사용자의 데이터가 됩니다.

▸ 꿀팁 & 주의사항

가장 흔한 실수: 순서 바꾸기!(데이터 누수, Data Leakage)

- 재료 손질(전처리)은 반드시 데이터 분리 이후에 해야 합니다. 특히 스케일링(유형 9)이나 결측치 대체를 분리 전에 해버리면, 실전 경연용(검증) 데이터의 정보(평균, 표준편차 등)가 연습(훈련) 과정에 미리 새어 들어가는 심각한 반칙이 발생합니다. 이것은 마치 셰프가 경연 전에 미리 재료를 받아보고 연습하는 것과 같습니다. '분리 → 손질' 순서를 반드시 지키세요.

- 재확인은 필수: 데이터 분리 후, 각 데이터셋의 크기를 .shape 속성으로 확인하는 습관을 들이세요. 의도한 비율대로 잘 나뉘었는지, 재료(컬럼)의 개수가 맞는지 등을 빠르게 확인할 수 있습니다.

print(&연습용 재료:&, X_train.shape)
print(&실전용 재료:&, X_valid.shape)
# X_train과 X_valid의 컬럼 수는 동일해야 합니다.
# X_train의 행 수는 y_train의 행 수와 동일해야 합니다.

데이터 스케일링(Data Scaling)

▶ Point: 재료들의 제멋대로인 계량 단위 통일하기

훌륭한 셰프의 레시피는 '간장 2스푼', '설탕 1컵', '소고기 300g' 처럼 계량 단위가 명확합니다. 하지만 우리가 받은 데이터의 각 재료(변수)들은 서로 다른 단위와 값의 범위(스케일)를 가집니다.

- 경력(years): 0 ~ 20 사이의 값

- 연봉(salary_krw): 3,000 ~ 15,000 사이의 값

- 성과 점수(performance_score): 0 ~ 100 사이의 값

사람은 '20년 경력'과 '연봉 15,000만원'의 의미를 알지만, 많은 머신러닝 모델은 단순히 값의 크기 자체에 영향을 받습니다. 숫자 범위가 훨씬 큰 '연봉'을 다른 재료들보다 더 중요한 재료라고 착각하여 편향된 레시피를 만들 수 있습니다. 이는 마치 모델이 "숫자가 크니 가장 중요한 재료겠지!"라고 순진하게 믿어버리는 것과 같습니다.

데이터 스케일링은 모든 재료들이 비슷한 범위의 값을 갖도록 '계량 단위를 통일'시켜주는 과정입니다. '1컵'은 '150g'으로, '2스푼'은 '30g'으로 변환하여 모든 재료를 '그램(g)'이라는 공통된 기준으로 맞춰주는 것과 같습니다. 이를 통해 모델이 모든 재료의 중요도를 공평하게 바라보고 편견 없이 학습하도록 돕습니다.

▶ 필수 코드(스케일링의 제1원칙: Fit on Train, Transform on Test!)

데이터를 스케일링할 때 가장 중요한 원칙은 데이터 누수(Data Leakage), 즉 '경연 대회 레시피 훔쳐보기' 반칙을 막는 것입니다. 검증 데이터는 '처음 보는 실전 경연용 레시피'와 같습니다. 이 레시피의 정보(평균, 최댓값 등)를 미리 알고 연습에 반영하면, 그건 공정한 실력 평가가 아닙니다.

- fit(): 연습용 재료(X_train)만 보고 계량 단위를 통일할 기준(예: 연습용 재료들의 평균과 표준편차)을 '학습'하는 과정. 즉, 우리 연습 주방만의 '표준 계량법'을 만드는 단계입니다.

- transform(): 학습된 기준을 사용하여 재료의 단위를 실제로 '변환'하는 과정.

- fit_transform(): fit()과 transform()을 한 번에 수행하는 편리한 기능.

따라서,

연습용 재료(X_train)에는 fit_transform()을 사용하여 '표준 계량법'을 만들고, 그 즉시 계량 단위를 통일합니다.

실전용 재료(X_valid)에는 transform()만 사용하여 연습 때 만든 '표준 계량법'을 그대로 가져와 적용합니다.

가. 표준화(Standardization): StandardScaler(가장 많이 사용!)

각 재료의 평균을 0, 표준편차를 1로 변환합니다. "이 재료는 우리 연습 주방의 평균 레시피보다 얼마나 더/덜 들어갔나?"를 나타내는 상대적인 표준 점수로 바꾸는 것과 같습니다.

```python
from sklearn.preprocessing import StandardScaler

# 1. StandardScaler 라는 계량 도구를 준비한다.
scaler = StandardScaler()

# 2. 연습용 재료(X_train)로 계량 기준을 배우고(fit) 바로 변환(transform)한다.
X_train_scaled = scaler.fit_transform(X_train)

# 3. 실전용 재료(X_valid)에는 연습 때 배운 기준으로 변환만(transform) 한다.
# (주의!) 여기서 fit을 다시 사용하면 실격(Data Leakage)입니다!
X_valid_scaled = scaler.transform(X_valid)
```

나. 정규화(Normalization): MinMaxScaler

모든 재료의 값을 0과 1 사이로 변환합니다. 우리 연습 주방에서 사용했던 가장 적은 양은 0, 가장 많았던 양은 1로 기준을 삼아, 모든 재료의 양을 0과 1 사이의 비율로 나타내는 것과 같습니다.

```python
from sklearn.preprocessing import MinMaxScaler

scaler = MinMaxScaler()
X_train_scaled = scaler.fit_transform(X_train)
X_valid_scaled = scaler.transform(X_valid)
```

▶ 이렇게 출제됩니다

[예상 문제]

StandardScaler를 사용하여 X_train 데이터는 학습 및 변환을, X_valid 데이터는 변환을 수행하여 각각 X_train_scaled, X_valid_scaled 변수에 저장하시오.

```python
[정답]
from sklearn.preprocessing import StandardScaler

scaler = StandardScaler()
X_train_scaled = scaler.fit_transform(X_train)
X_valid_scaled = scaler.transform(X_valid)
```

▶ 파생 유형: 특별한 재료를 위한 스케일러

이상치(Outlier)에 강한 스케일링: RobustScaler

- 만약 어떤 셰프가 실수로 레시피에 '소금 1000g'이라고 적었다면(이상치), StandardScaler가 계산하는 평균 소금양은 엄청나게 높아져 모든 레시피가 엉망이 될 것입니다. RobustScaler는 평균/표준편차 대신 '중앙값(median)'과 '사분위수 범위(IQR)'를 사용하여 스케일링하므로, 이런 극단적인 실수(이상치)의 영향을 덜 받아 더 안정적인 '표준 계량법'을 만들 수 있습니다.

1. 상황에 맞는 스케일러 선택하기(개념 이해)

어떤 스케일러를 사용할지는 데이터의 특성에 따라 달라집니다. 주어진 상황을 보고 가장 적절한 스케일러를 선택하는 이유를 생각해보는 문제입니다.

▶ 문제: 쇼핑몰의 '고객별 연간 구매액' 데이터를 분석하려고 합니다. 대부분의 고객은 1년에 50만원 미만을 소비하지만, 아주 가끔 수십억 원을 소비하는 VIP 고객(이상치, Outlier)이 몇 명 포함되어 있습니다. 이처럼 극단적인 값이 포함된 데이터를 안정적으로 스케일링하기 위해, 다음 중 어떤 스케일러를 사용하는 것이 가장 적합할까요? 그리고 그 이유는 무엇일까요?

```
#StandardScaler
#MinMaxScaler
#RobustScaler
```

▶ 정답: 3. RobustScaler

▶ 이유: StandardScaler나 MinMaxScaler는 데이터의 평균, 최솟값, 최댓값을 계산에 사용합니다. 만약 수십억 원 같은 아주 큰 이상치가 있다면, 평균과 최댓값이 이 이상치에 크게 영향을 받아 전체 데이터의 스케일링 결과가 왜곡될 수 있습니다. 반면에 RobustScaler는 중앙값(median)과 사분위수 범위(IQR)를 사용합니다. 이 값들은 극단적인 이상치가 있어도 거의 영향을 받지 않기 때문에, 데이터에 이상치가 많을 때 훨씬 안정적이고 일관된 스케일링 결과를 얻을 수 있습니다.

2. 코드의 결정적 오류 찾기(Data Leakage)

스케일링에서 가장 흔히 하는 실수는 바로 검증(테스트) 데이터에 fit을 적용하는 것입니다. 다음 코드에서 데이터 누수(Data Leakage)를 일으키는 부분을 찾아보세요.

▶ 문제: 아래는 데이터를 스케일링하는 코드입니다. 하지만 이 코드에는 모델의 성능을 비정상적으로 좋게 보이게 만드는 치명적인 실수가 포함되어 있습니다. 잘못된 한 줄은 무엇이며, 왜 잘못되었는지 설명하세요.

```
from sklearn.preprocessing import StandardScaler
scaler = StandardScaler()
# 1번 줄
X_train_scaled = scaler.fit_transform(X_train)
```

```
# 2번 줄
X_valid_scaled = scaler.fit_transform(X_valid) # <--- 이 줄에 문제가 있어요!
```

‣ 잘못된 부분: 2번 줄 X_valid_scaled = scaler.fit_transform(X_valid)

‣ 이유: 검증 데이터 X_valid에 fit_transform()을 사용한 것이 문제입니다. fit()은 "데이터의 평균, 표준편차와 같은 규칙을 배우는 과정"입니다. transform()은 "배운 규칙에 따라 데이터를 변환하는 과정"입니다. 스케일링의 규칙은 오직 훈련 데이터(X_train)로부터만 배워야 합니다. X_valid는 우리가 만든 모델의 실력을 평가하기 위한 '미지의 시험 문제'와 같아서, 이 데이터의 정보(평균, 표준편차 등)를 미리 fit으로 학습하면 안 됩니다. 이는 시험 문제를 미리 엿보는 것과 같은 데이터 누수(Data Leakage) 반칙 행위입니다.

‣ 올바른 수정: 검증 데이터에는 훈련 데이터로 이미 배운 규칙을 그대로 적용만 해야 하므로, fit 없이 transform()만 사용해야 합니다.

```
X_valid_scaled = scaler.transform(X_valid)
```

3. 스케일링 결과 되돌리기(Inverse Transform)

스케일링된 데이터로 예측을 수행한 후, 그 결과를 원래의 단위로 되돌려야 의미를 파악하기 쉬울 때가 있습니다. inverse_transform은 이럴 때 사용됩니다.

‣ 문제: MinMaxScaler를 사용하여 X_train 데이터를 0과 1 사이의 값으로 변환하여 X_train_scaled를 만들었습니다. 이제, 스케일링된 X_train_scaled를 다시 원래의 값 범위로 되돌려 X_train_original 변수에 저장하는 코드를 작성하세요.

```
from sklearn.preprocessing import MinMaxScaler
scaler = MinMaxScaler()
X_train_scaled = scaler.fit_transform(X_train)

# --- 아래에 코드를 작성하세요 ---
# inverse_transform() 메소드를 사용하여 원래 스케일로 복원합니다.
X_train_original = scaler.inverse_transform(X_train_scaled)
```

‣ 핵심: scaler 객체는 fit을 통해 변환 규칙뿐만 아니라, 거꾸로 되돌리는 규칙도 모두 기억하고 있습니다. 따라서 변환에 사용했던 scaler 객체를 그대로 사용하여 inverse_transform을 호출하면 됩니다.

4. 특정 컬럼만 선택하여 스케일링하기

실제 데이터에는 숫자형 컬럼과 범주형(문자) 컬럼이 섞여 있는 경우가 많습니다. 스케일링은 숫자형 데이터에만 적용해야 합니다.

‣ 문제: 다음과 같은 데이터프레임 X_train이 있습니다. 이 중에서 '나이'와 '연봉' 컬럼에만 StandardScaler를 적용하는 코드를 작성하세요.('성별' 컬럼은 그대로 두어야 합니다.)

```
#나이 연봉 성별
#0 25 5000  남
#1 42 8200  여
#2 31 6500  남


from sklearn.preprocessing import StandardScaler

# 스케일링할 컬럼 이름 리스트 생성
cols_to_scale = ['나이', '연봉']

# 1. 스케일러 객체 생성
scaler = StandardScaler()

# 2. 지정된 컬럼에만 fit_transform 적용 후, 결과를 다시 해당 컬럼에 덮어쓰기
X_train[cols_to_scale] = scaler.fit_transform(X_train[cols_to_scale])

# (참고) 검증 데이터에도 동일하게 적용
# X_valid[cols_to_scale] = scaler.transform(X_valid[cols_to_scale])
# 결과 확인
print(X_train)
```

▸ 핵심: 이처럼 데이터프레임의 특정 컬럼만 선택하여 fit_transform이나 transform을 적용하고, 그 결과를 다시 원래 자리에 대입(=)하는 방식은 데이터 전처리에서 매우 흔하게 사용되는 패턴입니다.

▶ 꿀팁 & 주의사항

가장 흔한 실수: 검증 데이터에 fit_transform() 사용하기

• 초보자가 가장 많이 하는 실수입니다. X_valid_scaled = scaler.fit_transform(X_valid) 코드는 실전 경연용 재료의 평균과 표준편차를 다시 계산하여 단위를 맞추는 것으로, 미래의 정보(시험지)를 훔쳐보는 행위와 같습니다. 모델의 성능이 과대평가되는 심각한 오류이므로 절대 사용하면 안 됩니다.

스케일링 후 데이터 타입

• scikit-learn의 스케일러는 변환 결과로 pandas 데이터프레임이 아닌 numpy 배열(array)을 반환합니다. numpy 배열은 head()나 .columns 같은 편리한 기능이 없는 순수한 숫자들의 집합입니다. 만약 컬럼 이름을 다시 사용하고 싶다면 pd.DataFrame(X_train_scaled, columns=X_train.columns) 와 같이 다시 데이터프레임으로 만들어주어야 합니다.

데이터 분석의 황금 순서

• '분리 → 스케일링' 순서를 반드시 지켜야 합니다. 셰프가 연습용과 실전용 레시피를 나눈 뒤에야 각 레시피의 재료를 손질하는 것과 같습니다.

PART 2

AICE Associate 대비 핵심 이론 및 필수 문법 마스터

어떤 모델에 스케일링이 필요할까?

- 필수: LinearRegression, LogisticRegression, SVM, KNN, 딥러닝 등 거리 기반이거나 가중치를 최적화 하는 대부분의 모델.

- 선택: DecisionTree, RandomForest 같은 트리 기반 모델은 각 변수를 독립적으로 보기 때문에 스케일 링의 영향을 거의 받지 않습니다. 하지만 스케일링을 한다고 해서 성능이 나빠지는 경우는 거의 없으므 로, "잘 모르겠으면 일단 스케일링을 한다"가 안전한 전략입니다.

머신러닝 모델 학습(Training)

▶ **Point: 수련생(모델)에게 레시피(데이터)를 가르쳐 요리사로 키우기**

지금까지 우리는 신선한 재료를 준비하고(데이터 로딩), 궁합을 확인하고(상관관계), 깨끗하게 손질(정제, 스케일링)했습니다. 이제 드디어 모델링(Modeling), 즉 실제 요리를 만들 차례입니다. 이 단계는 주방의 심장부인 화구 앞에서, 준비된 모든 재료를 가지고 하나의 완성된 요리를 창조하는 과정과 같습니다.

.모델 학습(Training).이란, 우리가 고용한 '수련생 셰프(모델)'에게 수많은 '연습용 레시피(훈련 데이터)'를 보여주며 '성공하는 요리의 법칙'을 스스로 깨우치게 하는 과정입니다. 이 학습이 끝나면, 수련생은 처음 보는 재료를 가지고도 배운 법칙을 응용하여 훌륭한 요리를 만들어낼 수 있는 진짜 셰프로 거듭나게 됩니다.

- 알고리즘(Algorithm): 수련생이 레시피를 배우는 '학습 방식' 또는 '요리 철학'입니다. RandomForest는 '여러 동료의 의견을 종합하는 방식', LinearRegression은 '재료와 맛의 관계를 직선 공식으로 찾는 방식' 등 다양한 학습 방식이 있습니다. 어떤 철학을 가진 셰프를 고용하느냐에 따라 요리의 스타일과 결과가 달라집니다.

- .fit(X_train, y_train): "자, 여기 연습용 재료(X_train)와 그 결과인 정답 평점(y_train)이 있다. 이 레시피들을 보고 열심히 공부해서 요리의 비밀을 터득해 보거라!"라고 지시하는, 바로 그 '학습 시작' 명령어입니다. 이 명령어가 실행되는 동안, 수련생은 밤새 레시피를 연구하며 자신만의 요리 노하우를 구축합니다.

▶ **필수 코드(모델 학습의 3단계)**

1단계: 어떤 수련생(모델)을 고용할지 결정하고 불러오기

```
# '랜덤 포레스트'라는 요리 철학을 가진 수련생을 고용하기 위해 라이브러리에서 불러온다.
from sklearn.ensemble import RandomForestClassifier
```

2단계: 수련생(모델)에게 초기 가이드라인(하이퍼파라미터) 설정해주기

```
# '랜덤 포레스트' 수련생을 생성한다.
# n_estimators=100: "100명의 동료 셰프와 함께 요리를 연구해봐."
# max_depth=5: "레시피는 너무 복잡하지 않게 5단계 깊이로만 생각해봐."
# random_state=42: "너의 창의성은 잠시 접어두고, 항상 42번 규칙에 따라 생각해봐."(결과 재현을 위해)
model = RandomForestClassifier(n_estimators=100, max_depth=5, random_state=42)
```

- 하이퍼파라미터: 셰프가 수련생에게 알려주는 '학습 가이드라인'입니다. "오븐은 180도로 예열하고, 20분만 굽는다"처럼, 요리를 시작하기 전에 미리 정해주는 규칙과 같습니다. 이 값에 따라 수련생의 성장

PART 2

AICE Associate 대비 | 핵심 이론 및 필수 모델 마스터

방향과 최종 실력이 달라집니다. AICE 시험에서는 보통 문제에서 특정 값을 지정해주므로, 그대로 설정하면 됩니다.

3단계: 학습 시작! .fit()

```
# 수련생(model)에게 연습용 재료(X_train_scaled)와 정답 평점(y_train)을 주고 학습(fit)을 시킨다.
model.fit(X_train_scaled, y_train)
```

- 이 한 줄의 코드가 실행되는 동안, 모델은 내부적으로 수많은 계산을 통해 데이터 속 패턴을 학습하고 최적의 예측 공식을 찾아냅니다. 수련생이 수많은 레시피를 맛보고, 실패하고, 성공하며 자신만의 노하우를 터득하는 과정입니다.

▶ 이렇게 출제됩니다

[예상 문제]

- RandomForestRegressor를 사용하여 아래의 하이퍼파라미터로 모델을 생성하고, X_train_scaled와 y_train으로 학습시키시오.(모델 변수명: model_rf)
  - ▸ n_estimators: 200
  - ▸ max_depth: 10
  - ▸ random_state: 100

```
[정답]
from sklearn.ensemble import RandomForestRegressor

model_rf = RandomForestRegressor(n_estimators=200, max_depth=10, random_state=100)
model_rf.fit(X_train_scaled, y_train)
```

▶ AICE 출제 예상! 수련생(모델) 상세 프로필

AICE 시험에서는 만들려는 '요리의 종류(y값)'에 따라 올바른 타입의 수련생(모델)을 선택하는 것이 매우 중요합니다.

1. 분류(Classification) 요리사

요리의 결과가 '성공/실패', '합격/불합격'처럼 정해진 카테고리 중 하나일 때 고용합니다.

- **LogisticRegression(로지스틱 회귀)**
  - ▸ 요리 스타일: "이 정도 재료 조합이면 성공 확률이 80%군!"처럼, 결과가 특정 카테고리에 속할 확률을 계산하여 경계선(예: 50%)을 넘으면 '성공', 아니면 '실패'로 판단하는 이성적인 요리사입니다. 이름에 '회귀'가 있지만 분류 모델이라는 점이 핵심입니다. 빠르고 해석이 쉬워 '기본기'를 확인할 때 좋습니다.
  - ▸ 주요 파라미터: random_state 외에는 특별히 설정할 것이 거의 없어 사용이 간편합니다.

▸ 이럴 때 좋아요: 모델이 왜 그런 예측을 했는지 설명하기 쉬워야 할 때, 빠르고 간단한 기준 모델이 필요할 때.

- **KNeighborsClassifier(KNN, K-최근접 이웃)**
  ▸ 요리 스타일: "이 레시피랑 가장 비슷한 옛날 레시피 5개를 찾아보니, 그중 4개가 성공이었어. 그럼 이것도 성공일 거야!" 라고 판단하는 경험주의 요리사입니다. 새로운 요리를 만들 때, 과거의 가장 유사한 K개의 사례를 보고 다수결로 결과를 예측합니다. '끼리끼리 모인다'는 단순한 원리를 따릅니다.
  ▸ 주요 파라미터:
    - n_neighbors: 몇 개의 가까운 레시피(이웃)를 참고할지 정하는 K값입니다. 가장 중요한 파라미터입니다. K가 너무 작으면 특이한 레시피 하나에 휘둘릴 수 있고(과적합), 너무 크면 요리의 개성을 잃어버리고 엉뚱한 예측을 할 수 있습니다(과소적합).
  ▸ 이럴 때 좋아요: 데이터의 특성 간 경계가 복잡하지 않고 직관적일 때 좋은 성능을 냅니다.

- **DecisionTreeClassifier(결정 트리)**
  ▸ 요리 스타일: "만약 A 재료가 10g 이상이면, B 재료를 확인한다. 아니라면, C 재료를 확인한다..."처럼 '예/아니오' 질문을 반복하며 레시피를 만들어가는 스무고개 전문가입니다. 규칙이 명확해서 왜 그런 결정을 내렸는지 이해하기 가장 쉽습니다.
  ▸ 주요 파라미터
    - max_depth: 스무고개 질문을 최대 몇 번까지 할지 정합니다. 너무 깊어지면 연습문제만 완벽하게 외우고 응용력이 떨어지는 편협한 요리사가 될 수 있습니다(과적합).
    - random_state: 질문 순서의 무작위성을 고정합니다.
    - 단점: 너무 세세한 규칙에 집착하는 경향이 있어, 새로운 데이터에 대한 예측력이 불안정할 수 있습니다.

- **RandomForestClassifier(랜덤 포레스트)**
  ▸ 요리 스타일: 한 명의 천재(DecisionTree)보다 여러 명의 평범한 요리사가 낫다는 '집단 지성' 철학을 가집니다. 수많은 결정 트리 요리사(DecisionTree)를 고용하여 각자 다른 방식으로 요리하게 한 뒤, 최종 결과를 다수결 투표로 결정합니다. 한 명의 셰프가 실수하더라도 다른 셰프들이 보완해주므로, 혼자일 때보다 훨씬 안정적이고 정확한 요리를 만듭니다.
  ▸ 주요 파라미터
    - n_estimators: 팀에 소속될 결정 트리 요리사의 인원수입니다. 많을수록 일반적으로 성능이 좋아지지만, 요리 시간(학습 시간)이 길어집니다.
    - max_depth: 각 요리사가 질문할 수 있는 최대 횟수입니다.
    - random_state: 요리사 팀을 구성할 때의 무작위성을 고정합니다.
  ▸ 이럴 때 좋아요: 대부분의 분류 문제에서 안정적이고 높은 성능을 보여주는 '만능 카드'입니다.

2. 회귀(Regression) 요리사
요리의 결과가 '가격', '매출액', '온도'처럼 연속적인 숫자일 때 고용합니다.

- **LinearRegression(선형 회귀)**
  - 요리 스타일: "설탕 1g은 단맛을 2점 올리고, 소금 1g은 짠맛을 3점 올린다"와 같이, 각 재료와 최종 맛 점수 사이의 '단순한 수학 공식(직선 관계)'을 찾아내는 기본에 충실한 요리사입니다.
  - 주요 파라미터: 특별히 설정할 것이 거의 없어 사용이 간편합니다.
  - 이럴 때 좋아요: 변수와 결과 간의 관계가 단순하고 직선적일 때, 모델의 해석이 중요할 때.

- **Ridge & Lasso(릿지 & 라쏘 회귀)**

  요리 스타일: 선형 회귀 요리사와 비슷하지만, "한 가지 재료에 너무 의존하면 요리를 망칠 수 있어!"라며 페널티를 부여하는 신중한 요리사입니다. 특정 재료의 영향력이 너무 커지는 것을 막아(과적합 방지), 더 안정적인 레시피를 만듭니다. 특히 라쏘는 중요하지 않은 재료의 영향력을 아예 0으로 만들어, 레시피에서 빼버리는 과감함도 보여줍니다(변수 선택).

- **주요 파라미터**
  - alpha: 페널티를 얼마나 강하게 부여할지 정하는 값입니다. 클수록 규제가 강해집니다.
  - 이럴 때 좋아요: 변수가 많아 과적합의 위험이 있을 때, 어떤 변수가 중요한지 파악하고 싶을 때 (Lasso).

- **KNeighborsRegressor(KNN 회귀)**
  - 요리 스타일: 분류 요리사와 마찬가지로, 새로운 레시피와 가장 비슷한 과거 K개의 레시피를 찾습니다. 그 후, 그 K개 레시피의 실제 평점들을 모아 '평균'을 내어 최종 점수를 예측합니다.
  - 주요 파라미터: n_neighbors(참고할 이웃의 수)

- **RandomForestRegressor(랜덤 포레스트 회귀)**
  - 요리 스타일: 분류 요리사와 동일하게, 수많은 결정 트리 요리사(DecisionTree)들의 예측값들을 모아 '평균'을 내어 최종 점수를 결정합니다.
  - 주요 파라미터: n_estimators, max_depth, random_state 등 분류 모델과 동일합니다.
  - 이럴 때 좋아요: 대부분의 회귀 문제에서 안정적이고 높은 성능을 보여주는 '만능 카드'입니다.
  - 핵심: 문제의 종류에 따라 모델 이름 끝에 'Classifier'가 붙는지 'Regressor'가 붙는지 정확히 구분하여 사용해야 합니다. 잘못된 타입의 요리사를 고용하면 요리를 아예 시작할 수 없습니다.

▶ **꿀팁 & 주의사항**

학습 데이터 확인: fit 메서드에는 반드시 스케일링이 완료된 훈련 데이터(X_train_scaled)를 넣어야 합니다. 스케일링되지 않은 원본 재료(X_train)를 주면, 일부 예민한 수련생(모델)은 배탈이 나거나(학습이 잘 안되거나) 편식을 하게 될(성능이 저하될) 수 있습니다.

- 앙상블 모델: AICE 시험에서는 RandomForest, XGBoost, LightGBM과 같은 앙상블(Ensemble) 모델이 자주 출제됩니다. 앙상블은 '백지장도 맞들면 낫다'는 철학으로, 여러 명의 수련생을 모아 집단 지성으로 더 나은 예측을 하는 강력한 기법입니다. 이 모델들의 이름을 알아두는 것이 좋습니다.

▶ **Point: 성공적인 요리의 '핵심 재료(Key Ingredient)' 찾아내기**

요리 경연에서 우승한 셰프에게 심사위원이 묻습니다. "오늘 요리의 성공 비결은 무엇이었나요?" 셰프는 "신선한 트러플 오일이 맛의 풍미를 한껏 끌어올렸습니다"라고 답할 수 있어야 합니다. 이처럼, 완성된 결과물의 성공 요인을 파악하고 그 근거를 설명하는 것이 바로 특성 중요도 분석입니다.

모델 학습(유형 10)이 끝난 후, 우리는 모델에게 "수많은 재료(변수) 중에서 어떤 것을 특히 중요하게 보고 예측했니?"라고 물어볼 수 있습니다. 모델이 찾아낸 '핵심 재료'를 아는 것은 단순히 예측을 맞추는 것을 넘어, 더 깊은 통찰력을 제공하고 분석의 신뢰도를 높여줍니다.

왜 중요할까?(설명 가능한 AI, XAI – eXplainable AI)

* 신뢰성 확보: 모델이 단순히 답만 맞추는 '블랙박스'가 아니라, 어떤 근거로 예측했는지 알 수 있어 결과를 신뢰할 수 있습니다. 예를 들어, 대출 심사 모델이 고객의 대출을 거절했을 때, "컴퓨터가 안된다고 합니다"가 아니라 "부채 비율이 가장 중요한 판단 기준이었고, 이 수치가 높게 나왔기 때문입니다"라고 설명할 수 있게 됩니다.

* 인사이트 발견: 어떤 변수가 예측에 큰 영향을 미치는지 파악하여 비즈니스 전략을 세우는 데 활용할 수 있습니다. 예를 들어, "고객 이탈 예측에 '총 사용 기간'이 가장 중요하므로, 장기 고객을 위한 혜택을 강화하여 이탈을 방지하자!"와 같은 구체적인 액션 아이템을 도출할 수 있습니다.

* 레시피 개선(피처 셀렉션): 중요도가 매우 낮은 재료(변수)들을 레시피에서 제외하여, 더 간결하고 효율적인 요리(모델)를 만들 수 있습니다. 불필요한 재료를 빼면 요리 시간(학습 속도)이 단축되고, 때로는 오히려 맛(성능)이 더 좋아지기도 합니다.

RandomForest, XGBoost와 같은 트리(Tree) 기반 모델들은 학습 과정에서 어떤 재료를 기준으로 맛을 구분하는 것이 가장 효과적인지 계속 계산하기 때문에, 학습이 끝난 후 이 특성 중요도 정보를 기본적으로 제공합니다.

▶ **필수 코드(핵심 재료 찾는 2단계)**

1단계: 모델의 생각(중요도) 추출하기: .feature_importances_

```
# (유형 10에서 model이 이미 학습되었다고 가정)
# model = RandomForestClassifier(...)
# model.fit(X_train_scaled, y_train)
```

```
# 학습된 모델 객체에서 특성 중요도를 추출 (숫자 배열 형태)
importances = model.feature_importances_
print(importances)
# 출력 결과 예시: array([0.03, 0.45, 0.01, 0.21, ...])
```

model.feature_importances_: 학습이 완료된 모델 객체에 저장된 '속성(attribute)'입니다. 각 재료(컬럼)가 최종 요리(예측)에 얼마나 기여했는지를 0과 1 사이의 점수로 나타내며, 모든 점수의 총합은 1이 됩니다. (함수가 아니므로 뒤에 ()가 붙지 않습니다.) 이 숫자 배열만으로는 어떤 값이 어떤 재료인지 알 수 없어, 다음 단계가 필수적입니다.

2단계: 중요도를 한눈에 보기 좋게 시각화하기

추출된 숫자 배열만으로는 어떤 값이 어떤 재료에 해당하는지 알기 어렵습니다. pandas 데이터프레임과 seaborn 시각화를 활용하면 '핵심 재료 랭킹'을 명확하게 볼 수 있습니다.

```
import pandas as pd
import seaborn as sns
import matplotlib.pyplot as plt

# 1. 재료(컬럼) 이름 가져오기 (스케일링 전 X_train에서!)
feature_names = X_train.columns

# 2. '재료명'과 '중요도 점수'를 짝지어 데이터프레임으로 만들기
feature_importance_df = pd.DataFrame({'feature': feature_names, 'importance': importances})

# 3. 중요도(importance)가 높은 순으로 정렬 (내림차순)
feature_importance_df = feature_importance_df.sort_values(by='importance', ascending=False)

# 4. seaborn의 barplot으로 시각화
plt.figure(figsize=(10, 8))
sns.barplot(x='importance', y='feature', data=feature_importance_df)
plt.title('Feature Importances')
plt.show()
```

- feature_names = X_train.columns: 스케일링 전의 X_train 데이터프레임에서 컬럼 이름을 가져오는 것이 중요합니다. (스케일링 후에는 numpy 배열로 바뀌어 컬럼 정보가 사라짐)

- sort_values(by='importance', ascending=False): importance 컬럼을 기준으로, ascending=False(내림차순) 즉 큰 값이 위로 오도록 정렬합니다. 이 한 줄의 코드로 가장 중요한 재료부터 순서대로 나열된 랭킹표가 완성됩니다.

▶ 이렇게 출제됩니다

[예상 문제]

• model_rf 모델 학습 후, 가장 중요한 특성(feature)의 이름을 찾아 answer 변수에 저장하시오.

```
[정답]
# 위 시각화 코드와 동일하게 feature_importance_df를 생성했다고 가정
# 정렬된 데이터프레임의 가장 첫 번째 행(iloc[0])의 'feature' 값을 가져온다.
answer = feature_importance_df.iloc[0]['feature']
```

▶ 파생 유형: 모든 셰프가 속마음을 보여주진 않는다!

• 속마음을 잘 보여주는 셰프(모델): DecisionTree, RandomForest,

• 속마음을 잘 보여주지 않는 셰프(모델): LogisticRegression, LinearRegression, SVR, KNeighbors 등.

(심화) 선형 모델들은 .coef_ 속성을 통해 각 재료의 영향력(가중치)을 확인할 수 있습니다. 이 값은 +이면 긍정적, –이면 부정적 영향을 준다는 방향성까지 알 수 있지만, feature_importances_와는 척도가 달라 직접적인 비교는 어렵습니다. np.abs(model.coef_) 처럼 절댓값을 취해 영향력의 크기만을 비교하기도 합니다.

1. 상황: 아파트의 여러 특성(크기, 방 개수 등)을 바탕으로 '가격'을 예측해야 합니다.

요구사항: RandomForestRegressor를 사용하여 아래 조건으로 모델을 만들고 학습시키세요.

▸ n_estimators=100
▸ max_depth=8
▸ random_state=42

```
from sklearn.ensemble import RandomForestRegressor
# 모델 객체 생성 (요구사항에 명시된 하이퍼파라미터 설정)
# - n_estimators: 생성할 트리(모델)의 개수
# - max_depth: 각 트리의 최대 깊이 (과적합 방지)
# - random_state: 결과 재현을 위한 난수 고정
model_reg = RandomForestRegressor(n_estimators=100, max_depth=8, random_state=42)

# 모델 학습 (fit)
# - X_train_scaled: 스케일링된 훈련용 특성 데이터
# - y_train: 훈련용 정답(타겟) 데이터
model_reg.fit(X_train_scaled, y_train)
print("RandomForestRegressor 모델이 생성 및 학습되었습니다.")
print(model_reg)
```

2. 상황: 고객 데이터를 바탕으로 '이탈 여부(1:이탈, 0:유지)'를 예측해야 합니다.

▸ 요구사항: DecisionTreeClassifier를 사용하여 max_depth를 5로 제한하여 모델을 만들고 학습시키 세요. (random_state=42)

```python
from sklearn.tree import DecisionTreeClassifier
# 모델 객체 생성 (요구사항에 맞는 모델과 하이퍼파라미터 선택)
# - '이탈 여부'는 분류 문제이므로 DecisionTreeClassifier를 사용해야 함
# - max_depth=5: 모델이 너무 복잡해져 훈련 데이터에만 과적합되는 것을 방지
model_clf = DecisionTreeClassifier(max_depth=5, random_state=42)

# 모델 학습
model_clf.fit(X_train_scaled, y_train)
print("DecisionTreeClassifier 모델이 생성 및 학습되었습니다.")
print(model_clf)
```

3. 상황: 주어진 데이터와 가장 유사한 K개의 이웃을 참고하여 '제품의 불량 여부'를 예측해야 합니다.

▸ 요구사항: KNeighborsClassifier를 사용하여, 참고할 이웃의 수를 7개(n_neighbors=7)로 설정하여 모델을 만들고 학습시키세요.

```python
from sklearn.neighbors import KNeighborsClassifier
# 모델 객체 생성
# - n_neighbors: 예측 시 참고할 가장 가까운 데이터(이웃)의 개수, KNN의 핵심 파라미터
model_knn = KNeighborsClassifier(n_neighbors=7)

# 모델 학습
# - KNN은 random_state 파라미터가 없지만, 알고리즘 특성상 결과는 동일하게 나옴
model_knn.fit(X_train_scaled, y_train)
print("KNeighborsClassifier 모델이 생성 및 학습되었습니다.")
print(model_knn)
```

4. 요구사항: 학습된 model_reg 모델에서, 가장 중요도가 높은 특성 3개의 이름을 리스트 형태로 top3_features 변수에 저장하세요.

```python
import pandas as pd
# 학습된 모델에서 특성 중요도 추출
importances = model_reg.feature_importances_

# 특성 이름과 중요도를 짝지어 데이터프레임 생성
# (컬럼 이름은 스케일링 전 데이터인 X_train에서 가져와야 함)
feature_names = X_train.columns
feature_importance_df = pd.DataFrame({'feature': feature_names, 'importance': importances})

# 중요도 기준으로 내림차순 정렬
```

```
feature_importance_df = feature_importance_df.sort_values(by='importance', ascending=False)

# 정렬된 데이터프레임의 맨 위 3개 행('feature' 컬럼)을 선택하여 리스트로 변환
top3_features = feature_importance_df.head(3)['feature'].tolist()
print("가장 중요한 특성 Top 3:")
print(top3_features)
```

5. 요구사항: 학습된 model_clf 모델에서, 예측에 거의 영향을 주지 않은 가장 중요도가 낮은 특성 2개의 이름을 worst2_features 변수에 저장하세요.

```
import pandas as pd
importances = model_clf.feature_importances_
feature_names = X_train.columns
feature_importance_df = pd.DataFrame({'feature': feature_names, 'importance': importances})

# 중요도 기준으로 '오름차순' 정렬 (ascending=True)
# - 가장 작은 값이 맨 위로 오게 됨
feature_importance_df_asc = feature_importance_df.sort_values(by='importance', ascending=True)

# 오름차순 정렬된 데이터프레임의 맨 위 2개 행('feature' 컬럼)을 선택하여 리스트로 변환
worst2_features = feature_importance_df_asc.head(2)['feature'].tolist()
print("가장 중요도가 낮은 특성 2개:")
print(worst2_features)
```

6. 요구사항: 학습된 model_reg 모델에서, 중요도 점수가 0.05 이상인 모든 특성의 이름을 리스트로 significant_features 변수에 저장하세요.

```
import pandas as pd
importances = model_reg.feature_importances_
feature_names = X_train.columns
feature_importance_df = pd.DataFrame({'feature': feature_names, 'importance': importances})
# Boolean Indexing을 사용하여 중요도(importance)가 0.05 이상인 행들만 필터링
significant_df = feature_importance_df[feature_importance_df['importance'] >= 0.05]

# 필터링된 데이터프레임에서 'feature' 컬럼을 리스트로 변환
significant_features = significant_df['feature'].tolist()
print("중요도 0.05 이상인 주요 특성들:")
print(significant_features)
```

▶ 꿀팁 & 주의사항

- 중요도 점수의 함정: 특성 중요도는 '절대적인 영향력'이라기보다는 '해당 모델이 학습하면서 내린 판단'에 가깝습니다. 모델의 종류나 하이퍼파라미터에 따라 중요도는 달라질 수 있습니다. 또한, 서로 궁합이 잘 맞는(상관관계가 높은) 두 재료가 있다면(예: '집 평수'와 '방 개수'), 모델이 중요도를 두 재료에 나누어 부여하여 각각의 중요도가 실제보다 낮게 나올 수 있으므로 해석에 주의가 필요합니다.

- 시각화의 힘: 숫자만 나열된 표보다 막대그래프로 시각화하면 어떤 재료가 압도적으로 중요한지, 혹은 어떤 재료들이 비슷한 수준인지 직관적으로 파악할 수 있어 분석의 깊이를 더해줍니다. 특히 보고서나 발표 자료를 만들 때, 이 그래프 하나가 수많은 설명을 대체할 수 있습니다.

▶ Point: 미식가(평가 지표)를 초빙해 요리의 '성적표' 매기기

수련생 셰프(모델)가 드디어 요리를 완성했습니다. 하지만 셰프가 "내 요리는 최고야!"라고 주장하는 것만으로는 부족합니다. 이 요리가 손님에게 나갈 수 있을지는 미슐랭 가이드의 심사위원처럼, 객관적이고 깐깐한 미식가(평가 지표)의 냉정한 평가를 통과해야만 합니다. 모델 성능 평가는 바로 이 과정입니다. 미리 떼어놓았던 '실전 경연용 레시피(X_valid, y_valid)'를 통해, 모델이 만든 요리(y_pred)가 정답과 얼마나 일치하는지 여러 기준(평가 지표)으로 채점합니다.

이 평가를 통해 우리 모델이 실전에 투입될 준비가 되었는지, 아니면 레시피를 수정하거나(하이퍼파라미터 튜닝) 다른 셰프를 고용해야(다른 모델 사용) 할지, 데이터에 기반한 합리적인 의사결정을 내릴 수 있습니다.

평가 과정

- 학습된 모델에게 실전용 재료(X_valid_scaled)를 주어 요리(예측)를 만들게 함: y_pred = model.predict (X_valid_scaled)
- 모델이 만든 요리(y_pred)와 원래 레시피의 정답 평점(y_valid)을 비교하여 점수 계산

sklearn.metrics 라이브러리에 모든 미식가(평가 함수)가 모여 있으며, 평가함수(실제정답, 예측값) 순서로 사용하는 것이 기본입니다.

A. 분류(Classification) 요리 평가: "정확하면서도 놓치지 않는가?"

'성공/실패'를 맞추는 분류 요리는 단순히 '맞췄다/틀렸다'로만 평가하지 않습니다. 어떤 종류의 실수를 했는지가 매우 중요합니다. 예를 들어, 상한 음식을 괜찮다고 하는 실수는 손님을 병원에 보내는 치명적인 결과를 낳을 수 있습니다.

- **[혼동 행렬 (Confusion Matrix)]: 모든 평가의 기본이 되는 '심사표'**

	예측: 실패(Negative)	예측: 성공(Positive)
실제: 실패(Negative)	TN (진짜 실패)	FP (가짜 성공)
실제: 성공(Positive)	FN (놓친 성공)	TP (진짜 성공)

- ▸ TP (True Positive): 성공할 요리를 성공이라 예측.(잘함)
- ▸ TN (True Negative): 실패할 요리를 실패라 예측.(잘함)
- ▸ FP (False Positive): 실패할 요리를 성공이라 예측.(치명적 실수 1, 알람 오작동)
- ▸ FN (False Negative): 성공할 요리를 실패라 예측.(치명적 실수 2, 진짜 위험을 놓침)

PART 2

AICE Associate 대비 핵심 이론 및 필수 문법 마스터

- **[주요 미식가(평가 지표)]**

지표 (Metric)	함수	의미(요리 비유)
정확도 (Accuracy)	accuracy_score	전체 요리 중 몇 개나 성공/실패를 맞췄나? (가장 기본적이지만, 함정이 있음)
정밀도 (Precision)	precision_score	셰프가 '성공!'이라고 외친 요리 중, 진짜 성공한 요리의 비율은? (FP를 줄이는 게 중요할 때)
재현율 (Recall)	recall_score	실제로 성공한 모든 요리 중, 셰프가 '성공!'이라고 찾아낸 비율은? (FN을 줄이는 게 중요할 때)
F1 점수 (F1 Score)	f1_score	정밀도와 재현율을 모두 고려한 종합 점수. (두 종류의 실수를 모두 피하고 싶을 때)
ROC AUC	roc_auc_score	이 셰프가 성공과 실패 요리를 얼마나 잘 '구별'해내는가? (전반적인 변별력)

- **[코드 예시]**

```python
from sklearn.metrics import accuracy_score, f1_score, roc_auc_score, confusion_matrix

# 1. 예측값 생성
y_pred = model.predict(X_valid_scaled)

# ROC AUC 계산을 위한 확률값 예측(성공할 확률만 선택)
y_pred_proba = model.predict_proba(X_valid_scaled)[:, 1]

# 2. 평가
print(f&정확도: {accuracy_score(y_valid, y_pred):.4f}&)
print(f&F1 점수: {f1_score(y_valid, y_pred):.4f}&)
print(f&ROC AUC: {roc_auc_score(y_valid, y_pred_proba):.4f}&)

# 3. 혼동 행렬 시각화
sns.heatmap(confusion_matrix(y_valid, y_pred), annot=True, fmt='d')
plt.show()
```

- **주의**

roc_auc_score는 모델이 얼마나 확신을 가지고 예측하는지를 평가하기 때문에, predict()의 결과 (0, 1)가 아닌, predict_proba()의 결과(확률)를 사용해야 합니다.

B. 회귀(Regression) 요리 평가: "오차가 얼마나 적은가?"

'가격', '매출액' 같은 숫자를 예측하는 회귀 요리는 '정답과 얼마나 가깝게 예측했는가' 즉, '오차 (Error)'의 크기로 평가합니다. 10점 만점 요리를 9.5점으로 예측하는 것과 2점으로 예측하는 것은 큰 차이가 있기 때문입니다.

- **[주요 미식가(평가 지표)]**

지표 (Metric)	함수	의미(요리 비유)
MAE (평균 절대 오차)	mean_absolute_error	평균적으로 정답과 몇 점 정도 차이 나나? (오차의 절대값 평균)
MSE (평균 제곱 오차)	mean_squared_error	오차를 '제곱'해서 평균. (10점짜리를 2점으로 예측하는 큰 실수를 더 크게 꾸짖음)
RMSE (평균 제곱근 오차)	np.sqrt(MSE)	MSE에 루트를 씌운 값. (MAE처럼 점수 단위로 해석 가능. 가장 많이 사용)
R^2 (결정 계수)	r2_score	이 셰프의 레시피가 요리 맛의 변동을 얼마나 잘 설명하나? (1에 가까울수록 좋음)

- **[코드 예시]**

```python
from sklearn.metrics import mean_squared_error, r2_score
import numpy as np

# 1. 예측값 생성
y_pred = model.predict(X_valid_scaled)

# 2. 평가
mse = mean_squared_error(y_valid, y_pred)
rmse = np.sqrt(mse)
r2 = r2_score(y_valid, y_pred)

print(f&RMSE: {rmse:.4f}&)
print(f&R² Score: {r2:.4f}&)
```

▶ 파생 유형

1. 상황: model_clf라는 이름의 분류 모델 학습이 완료되었습니다.

- 요구사항: X_valid_scaled 데이터를 사용하여 예측을 수행한 후, 다음 세 가지 성능 지표를 계산하고 소수점 넷째 자리까지 출력하세요.
- 정확도(Accuracy)
- F1 점수(F1 Score)
- ROC AUC

```python
from sklearn.metrics import accuracy_score, f1_score, roc_auc_score
# 1. 모델을 사용하여 예측값 생성
# - predict()는 최종 예측 클래스(0 또는 1)를 반환
y_pred = model_clf.predict(X_valid_scaled)
```

```
# - predict_proba()는 각 클래스에 속할 확률을 반환
#   ROC AUC 계산을 위해서는 양성(1) 클래스에 대한 확률이 필요하므로 [:, 1]로 선택
y_pred_proba = model_clf.predict_proba(X_valid_scaled)[:, 1]

# 2. 성능 지표 계산
# - accuracy_score(실제값, 예측값)
acc = accuracy_score(y_valid, y_pred)

# - f1_score(실제값, 예측값)
f1 = f1_score(y_valid, y_pred)

# - roc_auc_score(실제값, 양성 클래스 예측 확률)
roc_auc = roc_auc_score(y_valid, y_pred_proba)

# 3. 결과 출력
print(f"정확도: {acc:.4f}")
print(f"F1 점수: {f1:.4f}")
print(f"ROC AUC: {roc_auc:.4f}")
```

2. 상황: model_reg라는 이름의 회귀 모델 학습이 완료되었습니다.

▸ 요구사항: X_valid_scaled 데이터를 사용하여 예측을 수행한 후, 다음 세 가지 성능 지표를 계산하고 소수점 넷째 자리까지 출력하세요.

▸ 평균 절대 오차(MAE)

▸ 평균 제곱근 오차(RMSE)

▸ 결정 계수(R^2)

```
from sklearn.metrics import mean_absolute_error, mean_squared_error, r2_score
import numpy as np
# 1. 모델을 사용하여 예측값 생성
y_pred = model_reg.predict(X_valid_scaled)

# 2. 성능 지표 계산
# - mean_absolute_error(실제값, 예측값)
mae = mean_absolute_error(y_valid, y_pred)

# - RMSE는 직접적인 함수가 없으므로, MSE를 계산한 후 제곱근을 취함
mse = mean_squared_error(y_valid, y_pred)
rmse = np.sqrt(mse)

# - r2_score(실제값, 예측값)
r2 = r2_score(y_valid, y_pred)

# 3. 결과 출력
print(f"MAE: {mae:.4f}")
```

```
print(f"RMSE: {rmse:.4f}")
print(f"R² Score: {r2:.4f}")
```

3. **상황:** 공장의 부품 불량 여부를 예측하는 분류 모델을 만들었습니다. 이 모델의 최우선 목표는 실제 불량인 부품(Positive)을 단 하나라도 놓치지 않고 찾아내는 것입니다. 정상 부품을 불량으로 잘못 판단하는(FP) 것은 괜찮지만, 불량 부품을 정상으로 판단(FN)하는 것은 절대 안 됩니다.

  ▸ **질문:** 이 경우, 모델의 성능을 평가하기 위해 가장 중요하게 확인해야 할 지표는 정밀도(Precision)와 재현율(Recall) 중 무엇일까요?

> **정답:** 재현율 (Recall)
> **해설:**
> 재현율(Recall)은 실제 양성(불량)인 것들 중에서 모델이 얼마나 잘 양성(불량)으로 예측했는가를 측정하는 지표입니다. (TP / (TP + FN))

  ▸ 이 문제의 핵심은 '불량품을 놓치는 것(FN, False Negative)이 최악의 결과'라는 점입니다. 재현율은 이 FN을 최소화하는 데 초점을 맞춘 지표이므로, 이런 상황에서는 재현율을 가장 우선적으로 고려해야 합니다.

4. **상황:** 주택 가격을 예측하는 회귀 모델을 평가하고 있습니다. 이 모델은 대부분의 주택 가격은 ±500만원 내외의 작은 오차로 잘 예측하지만, 아주 가끔 특정 주택의 가격을 수억 원 단위의 매우 큰 오차로 잘못 예측하는 경향이 있습니다.

  ▸ **질문:** 모델의 큰 실수를 억제하는 능력을 중점적으로 평가하고 싶을 때, MAE와 RMSE 중 어떤 지표를 사용하는 것이 더 적합할까요?

> **정답:** RMSE (평균 제곱근 오차)
> **해설:**
> MAE는 오차의 절대값에 대한 평균을 계산합니다. (예: 오차 10과 오차 1의 평균은 5.5)
> RMSE는 오차의 제곱에 대한 평균을 계산한 후 루트를 씌웁니다.
> 오차를 '제곱'하기 때문에, 100, 1,000처럼 큰 오차가 발생했을 때 그 값이 훨씬 더 커져 전체 평균에 큰 영향을 미칩니다. 즉, RMSE는 MAE보다 큰 오차(Outlier)에 대해 더 큰 페널티를 부여합니다.
> 따라서, 모델이 가끔 저지르는 큰 실수를 민감하게 측정하고 이를 개선하는 것을 목표로 할 때는 RMSE를 주요 지표로 삼는 것이 더 적합합니다.

5. 요구사항: 학습된 분류 모델 model_clf의 예측 결과(y_pred)와 실제 정답(y_valid)을 사용하여, 혼동 행렬(Confusion Matrix)을 생성하고 이를 히트맵으로 시각화하는 코드를 작성하세요. (숫자가 보이도록 annot=True, 정수 형태로 fmt='d' 옵션을 사용하세요.)

```python
import seaborn as sns
import matplotlib.pyplot as plt
from sklearn.metrics import confusion_matrix
# 1. 모델의 예측값 생성 (이미 생성되었다면 생략 가능)
y_pred = model_clf.predict(X_valid_scaled)

# 2. 혼동 행렬 계산
# - confusion_matrix(실제값, 예측값)
cm = confusion_matrix(y_valid, y_pred)

# 3. Seaborn의 heatmap을 이용한 시각화
# - annot=True: 각 셀에 숫자 표시
# - fmt='d': 숫자를 정수(decimal) 형태로 표시
sns.heatmap(cm, annot=True, fmt='d')
plt.xlabel('Predicted')
plt.ylabel('Actual')
plt.title('Confusion Matrix')
plt.show()
```

▶ 꿀팁 & 주의사항

어떤 미식가(지표)가 중요할까?(상황별 심층 분석)

분류

- 재현율(Recall)이 중요할 때: 암 진단, 불량품 검출처럼, 실제 양성(Positive) 샘플을 하나라도 놓치면 큰일 나는 경우. "놓치는 것(FN)이 최악이다."

- 정밀도(Precision)가 중요할 때: 스팸 메일 필터, VIP 고객 추천처럼, 모델이 양성(Positive)이라고 예측한 결과는 확실히 믿을 수 있어야 하는 경우. "잘못된 예측(FP)으로 고객에게 불편을 주면 안 된다."

- 정확도(Accuracy)의 함정: 만약 100개의 요리 중 99개가 성공이고 1개만 실패인 경우, 모델이 모든 요리를 "성공!"이라고 예측해도 정확도는 99%가 나옵니다. 하지만 이 모델은 실패를 전혀 예측하지 못하는 쓸모없는 모델입니다. 이처럼 데이터가 불균형할 때는 F1 Score나 ROC AUC를 보는 것이 훨씬 정확합니다.

회귀

- RMSE vs MAE: RMSE는 오차를 제곱하기 때문에, 10점짜리를 2점으로 예측하는 등 큰 실수를 저질렀을 때 MAE보다 훨씬 높은 페널티를 부여합니다. 따라서 모델이 큰 실수를 절대 하면 안 되는 상황에서 RMSE를 주요 지표로 사용합니다. 반면, 전반적인 평균 오차를 직관적으로 파악하고 싶을 때는 MAE가

유용합니다.

- R^2 : R^2 가 0.7이라는 것은 우리 모델의 재료(변수)들이 최종 맛 점수의 변동 중 약 70%를 설명할 수 있다는 의미입니다. 나머지 30%는 우리가 모르는 다른 요인(날씨, 셰프의 컨디션 등)에 의해 결정된다는 뜻으로, 모델의 설명력을 가늠할 수 있는 좋은 지표입니다.

유형 13 딥러닝 모델 설계 및 학습

▶ Point: '전문 번역팀'을 구성하여 복잡한 의미 파악하기

지금까지 우리가 만든 머신러닝 모델이 '한 명의 유능한 번역가'였다면, 딥러닝 모델은 여러 전문가로 구성된 거대한 '전문 번역팀'과 같습니다. 복잡한 문장 "나는 어제 친구와 함께 도서관에서 재미있는 책을 읽었다"를 번역한다고 상상해 봅시다. 한 명의 번역가는 단어, 문법, 뉘앙스를 모두 혼자 처리해야 하지만, 전문 번역팀은 업무를 체계적으로 분담하여 훨씬 높은 수준의 결과물을 만들어냅니다.

• 1팀(입력층): 문장을 받아 '나', '어제', '친구', '책' 등 기본 단어(특성)로 분해하고, 각 단어의 기본적인 의미를 파악합니다. 이것이 분석의 가장 원초적인 재료가 됩니다.

• 2팀(은닉층 1): 1팀이 넘긴 단어들을 조합하여 '누가(나는)', '무엇을(책을 읽었다)' 같은 기본적인 문장 구조(패턴)를 파악합니다. 개별 단어에서는 보이지 않던 관계를 찾아냅니다.

• 3팀(은닉층 2): 2팀이 파악한 문장 구조를 바탕으로 '즐거운 분위기에서 자발적으로 한 행동'이라는 더 깊은 뉘앙스와 맥락(추상적인 패턴)을 이해합니다.

• 4팀(출력층): 앞선 모든 팀의 분석을 종합하여, "Yesterday, I read an interesting book at the library with my friend."라는 완벽한 최종 번역문을 내놓습니다.

이처럼 딥러닝은 여러 층(Layer)을 거치며, 단순한 특징(단어)에서 시작해 점점 더 복잡하고 추상적인 특징(문맥, 뉘앙스)을 학습하는 강력한 모델입니다. 층이 깊어질수록 더 고차원적인 이해가 가능해집니다.

AICE 시험에서는 tensorflow.keras를 사용하여 이 번역팀을 구성합니다. 팀 구성 과정은 크게 팀 설계 → 업무 지침 수립(컴파일) → 실전 훈련(학습) 3단계로 진행됩니다.

▶ 필수 코드 (전문 번역팀 구성의 3단계)

```python
import tensorflow as tf
from tensorflow.keras.models import Sequential
from tensorflow.keras.layers import Dense, Dropout

# --- 1단계: 번역팀 설계 ---
# Sequential() 이라는 이름의 프로젝트 팀을 먼저 생성합니다.
# 이 설계도 위에 층을 차곡차곡 쌓아 올립니다.
model = Sequential()

# 1팀(입력층) 구성: 64명의 단어 분석 전문가(Dense)를 고용합니다.
# input_shape: 번역할 문장에 포함될 수 있는 최대 단어(특성)의 개수. 팀의 '입구' 크기를 정합니다.
# activation='relu': 전문가들이 사용하는 '창의력 활성제'. 단순 조합을 넘어 새로운 의미를 찾게 돕습니다.
# 이 활성제가 없으면 층을 아무리 깊게 쌓아도 결국 단순한 조합밖에 하지 못합니다.
```

```
model.add(Dense(64, activation='relu', input_shape=(X_train_scaled.shape[1],)))

# (선택) 과적합 방지를 위한 특별 훈련: Dropout
# 20%의 전문가를 무작위로 휴식시켜, 특정 에이스에게만 의존하지 않고 팀 전체의 번역 능력을 키웁니다.
# 이는 팀이 연습 문제만 외우는 것을 방지하고, 어떤 새로운 문장이 와도 대처할 수 있는 응용력을 길러줍니다.
model.add(Dropout(0.2))

# 2팀(은닉층) 구성: 1팀의 분석을 받아 문장 구조를 파악할 32명의 전문가를 고용합니다.
model.add(Dense(32, activation='relu'))

# 3팀(출력층) 구성: 최종 번역문을 내놓을 전문가를 고용합니다. (번역 종류에 따라 다름!)
model.add(Dense(1, activation='sigmoid'))  # 예: '긍정/부정'으로 판별하는 이진 분류 번역

# --- 2단계: 업무 지침 수립 (컴파일) ---
# 팀의 프로젝트 매니저(compile)가 업무 방식을 지시합니다.
model.compile(optimizer='adam',            # optimizer: 어떤 방식으로 번역 실력을 향상시킬 것인가?
('adam' 방식이 가장 효율적)
              loss='binary_crossentropy',  # loss: 번역이 정답과 얼마나 다른지 평가하는 기준은? (오답노트
채점 방식)
              metrics=['accuracy'])        # metrics: 훈련 과정을 어떤 지표로 모니터링할 것인가? (실시간
성적표)

# --- 3단계: 실전 훈련 (학습) ---
# epochs=10: 전체 연습용 번역 문서를 10번 반복해서 훈련한다. (반복 학습 횟수)
# batch_size=32: 32개의 문장을 한꺼번에 번역해보고 피드백(오답노트 정리)을 한 번씩 받는다. (학습 단위)
# validation_data: 매 훈련 세트가 끝날 때마다 실전 시험용 문서로 중간고사를 본다.
history = model.fit(X_train_scaled, y_train,
                    epochs=10,
                    batch_size=32,
                    validation_data=(X_valid_scaled, y_valid))
```

▶ AICE 출제 예상! 번역 결과물 종류별 최종 보고서(필수 암기!)

번역팀의 성과는 '3팀(출력층)'과 '업무 지침(손실 함수)'을 번역 종류에 맞게 설정하는 것에 크게 좌우됩니다.

번역 종류	3팀(출력층) 설계	업무 지침(Loss Function)	왜 그렇게 해야 할까?
회귀 (점수 예측)	Dense(1)	'mean_squared_error' ('mse')	최종 결과물이 하나의 '점수'이므로 전문가 1명이면 충분하고, 오차는 '실제 점수와의 거리'로 측정하는 것이 합리적입니다.
이진 분류 (긍정/부정)	Dense(1, activation='sigmoid')	'binary_crossentropy'	최종 결과가 '긍정일 확률' 하나만 있으면 되므로 전문가 1명이면 충분합니다. sigmoid는 그 확률을 0~1 사이 값으로 만들어 주고, binary_crossentropy는 이 확률 기반 예측에 최적화된 오답노트 채점 방식입니다.

다중 분류 (여러 카테고리)	Dense(카테고리수, activation='softmax')	'categorical_crossentropy'	'A, B, C' 각 카테고리별 담당 전문가가 필요하므로 카테고리 수만큼 전문가를 배치합니다. softmax는 각 전문가의 점수 총합이 1이 되도록 하여, 'A일 확률, B일 확률, C일 확률'로 변환해줍니다.

- relu: 1, 2팀(은닉층)에서 가장 보편적으로 사용되는 '창의력 활성제'(활성화 함수)입니다.
- sigmoid: 최종 번역 점수를 0과 1 사이의 '긍정 확률'로 만들어주어 이진 분류에 사용됩니다.
- softmax: 여러 번역 결과의 점수 총합이 1이 되도록 만들어주어, 각 카테고리가 정답일 확률을 나타내는 다중 분류에 사용됩니다.

▶ 이렇게 출제됩니다

[예상 문제]

- tensorflow.keras를 사용하여 아래 구조를 가진 이진 분류 모델을 설계하고 컴파일하시오.
  - ▸ 입력층: 16개 노드, relu 활성화 함수
  - ▸ 출력층: 1개 노드, sigmoid 활성화 함수
  - ▸ optimizer: adam
    - loss: binary_crossentropy

```
[정답 코드]
model = Sequential()
model.add(Dense(16, activation='relu', input_shape=(X_train_scaled.shape[1],)))
model.add(Dense(1, activation='sigmoid'))
model.compile(optimizer='adam', loss='binary_crossentropy', metrics=['accuracy'])
```

▶ 파생 유형

1. 과적합 방지를 위한 드롭아웃(Dropout) 추가

요구사항: 아래의 신경망 모델 구조에서, 첫 번째 Dense 층과 두 번째 Dense 층 사이에 30%의 비율로 노드를 비활성화하는 Dropout 층을 추가하여 과적합을 방지하세요.

```
import tensorflow as tf
from tensorflow.keras.models import Sequential
from tensorflow.keras.layers import Dense, Dropout
# 주어진 데이터의 특성 개수 (예시)
# input_dim = X_train_scaled.shape[1]
model = Sequential()

# 첫 번째 Dense 층 (입력층)
```

```
model.add(Dense(128, activation='relu', input_shape=(input_dim,)))

# --- 여기에 Dropout 층을 추가하세요 ---
# Dropout(rate): 비활성화할 뉴런의 비율을 지정합니다. 0.3은 30%를 의미합니다.
# 이 층은 훈련 중에만 작동하여 모델이 특정 뉴런에 과도하게 의존하는 것을 막아줍니다.
model.add(Dropout(0.3))

# ----------------------------------------
# 두 번째 Dense 층 (은닉층)
model.add(Dense(64, activation='relu'))

# 출력층
model.add(Dense(1, activation='sigmoid'))
model.summary() # 모델 구조 확인
```

2. 데이터 형태에 맞는 input_shape 설정

요구사항: X_train 데이터의 형태(shape)가 (5000, 15)로 주어졌습니다. 즉, 5000개의 샘플과 15개의 특성(feature)을 가지고 있습니다. 이 데이터를 입력받을 수 있도록 첫 번째 Dense 층의 input_shape를 올바르게 설정하세요.

```
[정답 코드]
import tensorflow as tf
from tensorflow.keras.models import Sequential
from tensorflow.keras.layers import Dense

# 데이터 형태 정의
num_samples = 5000
num_features = 15
X_train_shape = (num_samples, num_features)
model = Sequential()

# --- input_shape를 올바르게 수정하세요 ---
# input_shape는 모델이 처음으로 입력받을 데이터 1개의 형태를 지정합니다.
# (샘플 수, 특성 수) 형태에서 샘플 수를 제외한 (특성 수,)를 튜플로 전달해야 합니다.
# 이 경우, 특성이 15개이므로 (15,)로 지정합니다.
model.add(Dense(32, activation='relu', input_shape=(X_train_shape[1],)))

# ----------------------------------------
model.add(Dense(1, activation='sigmoid'))
model.summary()
```

3. 조기 종료(EarlyStopping) 콜백 사용하기

요구사항: 모델 훈련 시, 검증 세트의 손실(val_loss)이 3번의 epoch 동안 개선되지 않으면 훈련을 자동으로 중단하도록 EarlyStopping 콜백을 설정하고, model.fit()에 적용하세요.

```
[정답 코드]
import tensorflow as tf
from tensorflow.keras.models import Sequential
from tensorflow.keras.layers import Dense

# EarlyStopping 콜백을 임포트합니다.
from tensorflow.keras.callbacks import EarlyStopping
model = Sequential([
    Dense(64, activation='relu', input_shape=(X_train_scaled.shape[1],)),
    Dense(32, activation='relu'),
    Dense(1, activation='sigmoid')
])
model.compile(optimizer='adam', loss='binary_crossentropy', metrics=['accuracy'])

# --- EarlyStopping 콜백 객체를 생성하세요 ---
# monitor='val_loss': 검증 세트의 손실 값을 모니터링합니다.
# patience=3: 3 epoch 동안 성능 개선이 없으면 훈련을 중단합니다.
early_stopping_cb = EarlyStopping(monitor='val_loss', patience=3)

# ------------------------------------------
# model.fit()의 callbacks 인자에 리스트 형태로 콜백을 전달합니다.
history = model.fit(X_train_scaled, y_train,
                    epochs=100, # 충분히 많은 epoch를 설정해도 조기 종료됨
                    validation_data=(X_valid_scaled, y_valid),
                    callbacks=[early_stopping_cb])
```

4. 최상의 모델 저장(ModelCheckpoint) 콜백 사용하기

요구사항: 모델을 훈련하는 동안 검증 세트의 정확도(val_accuracy)가 가장 높을 때의 가중치(weights)만 'best_model.keras' 라는 파일로 저장하도록 ModelCheckpoint 콜백을 설정하고 적용하세요.

```
[정답 코드]
import tensorflow as tf
from tensorflow.keras.models import Sequential
from tensorflow.keras.layers import Dense

# ModelCheckpoint 콜백을 임포트합니다.
from tensorflow.keras.callbacks import ModelCheckpoint
model = Sequential([
```

```
        Dense(64, activation='relu', input_shape=(X_train_scaled.shape[1],)),
        Dense(32, activation='relu'),
        Dense(1, activation='sigmoid')
])
model.compile(optimizer='adam', loss='binary_crossentropy', metrics=['accuracy'])

# --- ModelCheckpoint 콜백 객체를 생성하세요 ---
# filepath: 모델을 저장할 파일 경로
# monitor='val_accuracy': 검증 세트의 정확도를 모니터링합니다.
# save_best_only=True: 모니터링하는 지표가 이전보다 개선되었을 때만 모델을 저장합니다.
model_checkpoint_cb = ModelCheckpoint('best_model.keras', monitor='val_accuracy', save_best_only=
True)

# -------------------------------------------------
# 여러 개의 콜백을 리스트에 담아 전달할 수 있습니다.
history = model.fit(X_train_scaled, y_train,
                    epochs=20,
                    validation_data=(X_valid_scaled, y_valid),
                    callbacks=[model_checkpoint_cb])
```

5. 다중 분류(Multi-class Classification) 모델 설계

‣ 상황: 붓꽃의 품종을 3가지('setosa', 'versicolor', 'virginica') 중 하나로 예측해야 합니다.
‣ 요구사항: 아래 조건에 맞게 다중 분류 모델을 설계하고 컴파일하세요.
‣ 은닉층: 16개 노드, relu 활성화 함수
‣ 출력층: 3개의 클래스를 예측해야 하며, 활성화 함수는 softmax 사용
‣ 손실 함수(loss): categorical_crossentropy 사용

```
import tensorflow as tf
from tensorflow.keras.models import Sequential
from tensorflow.keras.layers import Dense

# 클래스의 개수
num_classes = 3
model = Sequential()

# 입력층 및 은닉층
model.add(Dense(16, activation='relu', input_shape=(X_train_scaled.shape[1],)))

# --- 다중 분류를 위한 출력층을 설계하세요 ---
# Dense의 첫 번째 인자는 클래스의 개수(3)여야 합니다.
# activation='softmax'는 각 클래스에 속할 확률을 계산하며, 모든 확률의 합이 1이 되도록 만듭니다.
model.add(Dense(num_classes, activation='softmax'))
```

```
# ------------------------------------------
# --- 다중 분류를 위한 컴파일 설정을 하세요 ---
# loss='categorical_crossentropy'는 다중 분류 문제에서 사용되는 표준 손실 함수입니다.
model.compile(optimizer='adam', loss='categorical_crossentropy', metrics=['accuracy'])

# ------------------------------------------
model.summary()
```

▶ 꿀팁 & 주의사항

- 과적합(Overfitting)의 비유: 번역팀이 연습용 문서만 완벽하게 암기해서, 막상 실전 시험에서는 처음 보는 단어에 당황하여 오역을 남발하는 현상입니다. history 객체를 시각화하여 연습 점수(loss)는 계속 오르는데 실전 점수(val_loss)는 떨어지기 시작하면 과적합을 의심할 수 있습니다. 이는 팀이 응용력을 잃고 있다는 위험 신호입니다.

- input_shape는 1팀에만! input_shape는 번역팀의 정문 크기를 정하는 것으로, 첫 번째 Dense 층에만 설정해야 합니다. 2팀부터는 아래층에서 올라오는 분석 결과를 그대로 받기 때문에 별도의 입구가 필요 없습니다. 이 규칙을 어기면 팀원들이 혼란에 빠져 에러가 발생합니다.

- history 객체: model.fit()의 결과를 history라는 변수에 저장하면, 번역팀의 '업무 일지'(학습 과정)를 기록할 수 있습니다. 이 일지를 분석하면 우리 팀이 잘 성장하고 있는지(loss가 감소하는지), 혹시 편식(과적합)을 하고 있지는 않은지(val_loss와의 격차가 벌어지는지) 등을 파악할 수 있습니다.

▶ **Point: 훈련된 번역팀에게 '실전 번역' 의뢰하기**

우리는 수많은 연습 문서(훈련 데이터)로 전문 번역팀(모델)의 훈련을 마쳤습니다. 이제 드디어 실제 고객으로부터 '처음 보는 새로운 번역 의뢰(새로운 데이터)'가 들어왔습니다. '추론(Inference)'은 바로 이 과정, 즉 학습이 완료된 모델을 사용하여 새로운 데이터에 대한 예측값을 만들어내는 실전 단계입니다. 이 단계의 성공 여부가 우리 번역팀의 진짜 가치를 증명하며, 지금까지의 모든 노력이 결실을 맺는 순간입니다. 이 예측 결과를 바탕으로 우리는 고객 이탈을 방지하고, 대출 승인 여부를 결정하며, 제품 불량을 예측하는 등 실제적인 가치를 창출하게 됩니다.

▶ **예측의 제1원칙: "훈련 때와 똑같은 방식으로!"**

번역팀에게 새로운 문서를 주려면, 그 문서가 훈련 때 사용했던 문서와 '완전히 동일한 양식'이어야 합니다. 훈련 때 사용했던 사전과 문법 규칙을 실전에서도 똑같이 적용해야 일관성 있는 번역이 가능하기 때문입니다. 모델은 자신이 배운 방식 외에는 이해하지 못합니다.

새로운 데이터 전처리 체크리스트(매우 중요!)

• **단어(컬럼)의 개수와 순서가 동일한가?**

  ▸ 모델은 첫 번째 숫자는 '나이', 두 번째 숫자는 '소득'이라고 순서대로 학습했습니다. 만약 순서가 바뀌면, 모델은 '소득'을 '나이'로 오해하여 완전히 엉뚱한 번역을 내놓게 됩니다.

• **용어(범주형 변수)가 동일한 방식으로 변환되었는가?**

  ▸ 훈련 시 '서울'을 [1, 0, 0]으로 변환했다면, 새로운 데이터의 '서울'도 정확히 [1, 0, 0]으로 변환해야 합니다.

• **빠진 단어(결측치)가 동일한 방식으로 처리되었는가?**

  ▸ 훈련 시 결측치를 '평균값'으로 채웠다면, 새로운 데이터의 결측치도 훈련 데이터의 평균값으로 채워야 합니다. 새로운 데이터의 평균을 다시 계산하면 안 됩니다.

• **훈련 때 사용했던 '바로 그 표준 문법서(스케일러)'로 문장 구조를 표준화했는가?**

  ▸ 이것이 가장 중요합니다. 새로운 문서를 표준화할 때, 새로운 문법서를 만들거나(fit_transform) 기준을 다시 배우면(fit) 절대 안 됩니다. 이는 마치 번역팀이 고객의 새 문서 스타일을 보고 갑자기 자신들의 번역 기준을 바꿔버리는 것과 같습니다. 반드시 훈련 때 만들었던 표준 문법서(scaler)를 그대로 가져와 적용(transform)해야 합니다.

▶ 필수 코드(실전 번역의 2단계)

1단계: 새로운 문서 준비 및 표준화

```python
import numpy as np

# 새로운 번역 의뢰서(데이터)가 한 줄의 문장(numpy 배열)으로 도착했다.
# 이 배열의 값 순서는 훈련 때 사용한 X_train의 컬럼 순서와 정확히 일치해야 한다.
new_data_raw = np.array([[5, 80000, 2000, 150, 12.0, ...]])

# (중요!) 유형 9에서 훈련 데이터로 만들었던 '바로 그' scaler 객체를 사용한다.
# 새로운 문서에 대해서는 transform()만 적용하여 훈련 때와 동일한 기준으로 표준화한다.
new_data_scaled = scaler.transform(new_data_raw)
```

2단계: 번역(예측) 수행: .predict()

```python
# 훈련된 번역팀(model)에게 표준화된 새 문서를 주고 번역(예측)을 지시한다.
prediction_result = model.predict(new_data_scaled)
```

▶ 번역 결과 보고서 해석하기(문제 유형별)

.predict()의 결과는 번역의 종류에 따라 다르게 나옵니다. 이 결과를 문제의 요구사항에 맞게 해석하는 것이 중요합니다.

가. 회귀(점수 예측)

```python
# 번역 결과는 예측된 '점수' 그 자체입니다.
# [[3500.7]] 와 같은 2차원 배열로 나오므로, 값만 추출해야 합니다.
predicted_score = prediction_result[0][0]
print(f&예상 점수: {predicted_score:.2f}&)

# 비즈니스 의미: 우리 모델은 이 중고차의 예상 가격을 3500.7만원으로 예측했습니다.
```

나. 딥러닝 이진 분류(긍정/부정 확률)

```python
# 번역 결과는 0과 1 사이의 '긍정일 확률' 값입니다.
# [[0.85]] -& 이 문서는 85% 확률로 '긍정'입니다.
predicted_prob = prediction_result[0][0]
print(f&긍정일 확률: {predicted_prob:.4f}&)

# 확률을 바탕으로 최종 판정 (보통 0.5를 기준으로)
final_prediction = 1 if predicted_prob & 0.5 else 0

# 비즈니스 의미: "이 고객의 이탈 확률은 85%로 매우 높습니다. 즉시 유지 캠페인 대상에 포함시켜야 합니다."
```

다. 머신러닝 분류(최종 판정 vs 확률)

머신러닝 분류 모델은 두 가지 방식으로 보고서를 제출할 수 있어 더 유용합니다.

▸ 언제 무엇을 쓸까? 최종 결정이 필요할 때는 predict(), 하지만 확률에 따라 대응 수위를 조절하고 싶을 때(예: 이탈 확률 60% 고객과 90% 고객에게 다른 혜택 제공)는 predict_proba()가 훨씬 더 유용한 정보를 제공합니다.

```
# 번역 결과는 각 카테고리일 확률의 배열. 총합은 1
# [[0.1, 0.2, 0.7]] -& 'A'일 확률 10%, 'B'일 확률 20%, 'C'일 확률 70%
prediction_probs = prediction_result[0]

# 가장 확률이 높은 카테고리의 인덱스를 최종 번역 결과로 선택
final_prediction = np.argmax(prediction_probs)
print(f&최종 번역 카테고리: {final_prediction}&) # 결과: 2 (즉, 'C')
```

라. 딥러닝 다중 분류(카테고리별 확률)

```
# 1. 최종 판정 보고서: .predict()
# &이 문서는 '긍정(1)'입니다.& 라고 최종 결론만 보고합니다.
final_prediction = model.predict(new_data_scaled)  # 결과: array([1])

# 2. 상세 확률 보고서: .predict_proba()
# &이 문서는 '부정(0)'일 확률 15%, '긍정(1)'일 확률 85%입니다.&
# 결과: [[0.15, 0.85]]
prediction_probs = model.predict_proba(new_data_scaled)
```

▸ np.argmax(): 배열에서 가장 큰 값의 위치(인덱스)를 찾아주는 numpy 함수. softmax 결과 해석에 필수적입니다.

▶ 꿀팁 & 주의사항

에러 해결: ValueError: shape mismatch

• 이 에러는 "새로 받은 문서의 양식(컬럼 수)이 훈련 때와 다릅니다!"라는 뜻입니다. 가장 흔한 원인은 원-핫 인코딩입니다. 훈련 데이터의 '도시' 컬럼에 ['서울', '부산', '인천']이 있어 3개의 컬럼이 만들어졌는데, 새로운 데이터에 '서울'만 있다면 컬럼이 1개만 생겨 에러가 납니다. 이 경우, 새로운 데이터에도 '부산', '인천' 컬럼을 만들고 값을 0으로 채워 컬럼의 개수를 강제로 맞춰주어야 합니다.

• 데이터 순서의 중요성: numpy 배열은 컬럼 이름이 없는 '숫자 목록'일 뿐입니다. 따라서 new_data_raw를 만들 때, 그 값들의 순서가 학습 때 사용한 X_train의 컬럼 순서와 정확히 일치하는지 반드시 확인해야 합니다. 순서가 다르면 모델은 소금을 설탕으로, 후추를 밀가루로 오해하여 완전히 엉뚱한 번역 결과(예측)를 내놓게 됩니다.

|저|자|소|개|

신 성 진

약력

데이터사이언티스트, 사회조사분석사 1급, 경영지도사
중앙대학교 심리학과
서울과학종합대학원 대학교 AI 빅데이터 석사

現) • 이패스코리아 AICE 전임교수
  • ㈜한국데이터사이언티스트협회 대표이사
  • 국가직무능력표준(NCS) 직업훈련 강사(빅데이터 / 마케팅 / 사무관리)
  • Google Appsheet Partner GMW global 부사장
  • 중소벤처기업부 경영지도사(마케팅) – 현장클리닉 전문위원
  • 서울특별시 창업 지원사업 평가위원회 평가위원
  • NCS 강사 인공지능분야

前) • 유한건강생활 경영지원실장(CFO)
  • 데이터분석 / 경영전략 컨설턴트(이매진팩토리, 포즈마케팅그룹, 셜록앤왓슨)
  • 명지대학교 응용소프트웨어학부 겸임교수
  • 한양대학교 ERICA 산학협력 클러스터 사업단 겸임교수
  • 한양대학교 경영학과 겸임교수
  • 동서울대학교 경영대학 겸임교수
  • 한국야쿠르트, 대웅제약, 삼양식품, 매일유업 실무(마케팅, 영업, 신사업, 데이터분석)

김 용 재

약력

데이터사이언티스트
국민대학교 BIT 대학원 비즈니스 IT, 트레이딩 시스템 공학 석사

現) • 이패스코리아 AICE 전임교수
  • ㈜한국데이터사이언티스트협회 컨설턴트
  • Google Appsheet Partner GMW global Development 책임
  • 경찰청 데이터분석 자문
  • 서일대학교 생명화학공학 겸임 교수

前) • 한성대학교 Python, 기초 통계, 데이터분석초빙강사
  • 이글루코퍼레이션 AI연구원(데이터 분석 / LLM / 모델 개발 및 최적화)
  • 싱스웰 연구원(임베디드 개발 및 시스템 설계)

2025 이패스 AICE Associate 실전모의고사 10

초판 1쇄 인쇄 | 2025년 9월 19일
초판 1쇄 발행 | 2025년 10월 15일

지 은 이 | 신성진, 김용재
발 행 인 | 이 재 남
발 행 처 | (주)이패스코리아
　　　　　　 서울시 영등포구 경인로 775 에이스하이테크시티 2동 10층
　　　　　　 전화 1600-0522　팩스 02-6345-6701
　　　　　　 홈페이지 www.epasskorea.com
　　　　　　 이메일 book@epasskorea.com
등록번호 | 제318-2003-000119호(2003년 10월 15일)